笔发江山气 帐含桃李风
——怀念藏学宗师王尧先生

沈卫荣　徐忠良　任小波／编

上海远东出版社

图书在版编目（ＣＩＰ）数据

笔发江山气 帐含桃李风 —— 怀念藏学宗师王尧先生 / 沈卫荣, 徐忠良, 任小波编. —— 上海：上海远东出版社，2016
ISBN 978－7－5476－1216－3
Ⅰ.①笔… Ⅱ.①沈… ②徐… ③任… Ⅲ.①王尧（1928－2015）－纪念文集 Ⅳ.① K825.81－53

中国版本图书馆 CIP 数据核字 (2016) 第 275327 号

笔发江山气 帐含桃李风 —— 怀念藏学宗师王尧先生

沈卫荣 徐忠良 任小波 编　　苏毅谨等 撰文
责任编辑 / 徐忠良　王锦云　装帧设计 / 熙元创享文化
出版　上海世纪出版股份有限公司远东出版社
地址　中国上海市钦州南路 81 号
邮编　200235
网址　www.ydbook.com
发行　新华书店　上海远东出版社
　　　上海世纪出版股份有限公司发行中心
印刷　北京华联印刷有限公司
装订　北京华联印刷有限公司

开本：710×1000　1/16　印张：25.5　插页：13　字数：256 千字
2017 年 1 月第 1 版　2017 年 1 月第 1 次印刷
印数：1—2050 册
ISBN 978－7－5476－1216－3 / K.164
定价：76.00 元

版权所有　盗版必究（举报电话：62347733）
如发生质量问题，读者可向工厂调换。
零售、邮购电话：021－62347733－8538

王尧先生（1928.5.13—2015.12.17）

王堯教授逝世周年祭

治史通漢藏 識見兩圓融
筆發江山氣 帳含桃李風

王堯教授為余相知 始於上世紀六十年代 因緣得讀先生治藏史諸作 旁及禪宗 以其有識故能發揮史料 以其有見故能評斷史實 先生復能作育英材 當今國內藏學名家泰半出其門下 逝世週年 尚懷此痛 丙申冬 談錫永鞠躬

谈锡永上师"王尧教授逝世周年祭"

与恩师于道泉先生

与季羡林、胡坦先生

与赵朴初先生

与费孝通先生

与饶宗颐先生

与叶嘉莹先生

与东噶活佛

与石泰安教授

与李方桂、阿旺顿珠先生

与Steinkellner教授

与于伯赫博士、邦隆活佛

与张琨教授夫妇

与东噶活佛、其美活佛等

与 Sagaster 教授等

与学诚法师、健阳乐住上师在中国人民大学国学院

与健阳乐住上师在中国人民大学国学院

1990年代与萧克将军及《中华文化通志》编委会同仁在广州

2008年与李巍、谈锡永、冯其庸，金维诺、屈全绳先生
在中国人民大学参加汉藏佛学研究中心成立大会

与范德康教授在东京

1996 年 8 月在中央民族大学会见御牧克己教授

笔发江山气 帐含桃李风 | 013

2003年9月11日在牛津大学第十届国际藏学会发表演讲

与丹珠昂奔在中央民族学院

1998 年 7 月与沈卫荣、陈楠、谢继胜参加印第安纳大学第八届国际藏学会

2001 年 5 月主持中央民族大学历史系硕士研究生论文答辩

与谈锡永上师、沈卫荣、陈楠在中国人民大学

2007年出席四川大学中国藏学研究所博士研究生论文答辩

2007年在中国人民大学讲座后与师生合影

2010年出席中国人民大学国学院硕士研究生论文答辩

2013年夏在中国人民大学参加学术活动

2014年6月出席北京大学
《他空见与如来藏：觉囊派人物、教法、艺术和历史研究》首发仪式

2014年在北京大学讲座

在家中

为学生题词

2008年冬在中国人民大学庆祝王尧先生八十大寿

在北京四季青敬老院

与家人在一起

与家人在一起

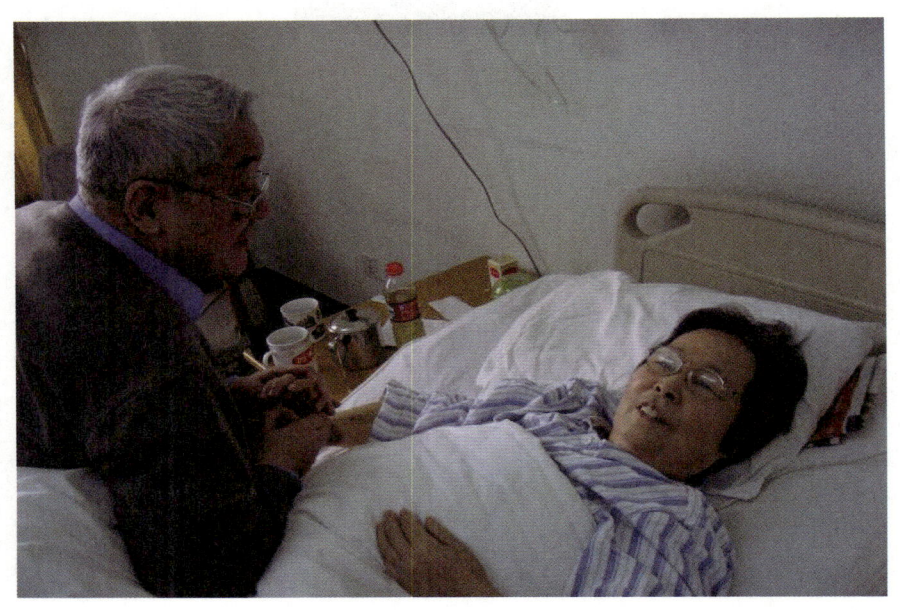

在医院陪伴夫人

与家人在一起

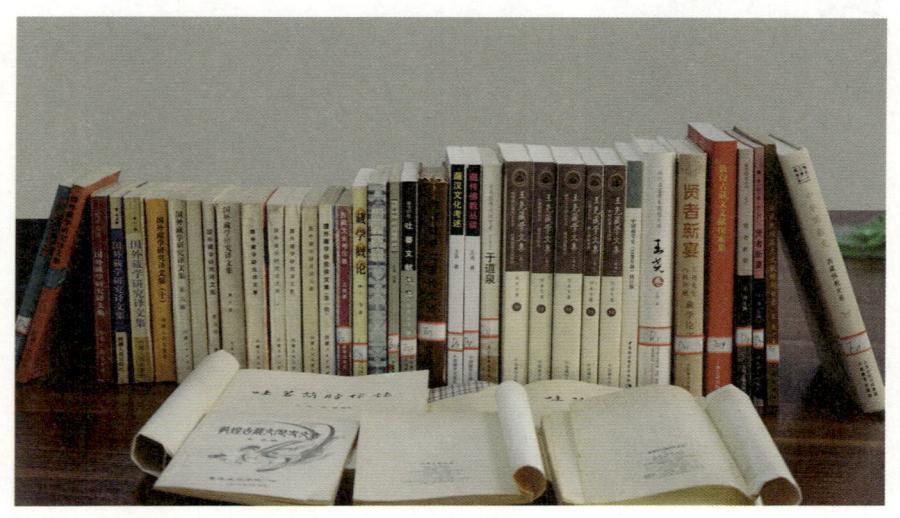

王尧先生著作

目 录

少年同窗成永诀——忆王尧 / 苏毅谨……………………………………001

忆良师益友王尧教授 / 陈践……………………………………………003

忆尧公 / 姜义华……………………………………………………………011

继承先生遗志，传承未尽事业 / 拉巴平措……………………………016

千古藏学一宗师——王尧先生头七祭 / 屈全绳………………………021

深切怀念王尧先生 / 降边嘉措…………………………………………031

追忆王尧先生点滴 / 巴桑旺推…………………………………………046

深切缅怀王尧先生 / 徐文堪……………………………………………052

忆念王尧先生 / 柴剑虹…………………………………………………059

难忘的电话号码——对王尧老师生前身后的纪念 / 李家振…………066

纪念王尧老师 / 陈庆英…………………………………………………072

怀念恩师王尧先生 / 陈楠………………………………………………097

我记忆中的王尧老师 / 谢继胜…………………………………………101

20世纪中国藏学最耀眼的一颗星星陨落了 / 沈卫荣……………………111

怀念恩师王尧先生 / 熊文彬……………………………………………119

缅怀王尧老师——我的藏学引路人 / 褚俊杰…………………………132

追念热爱祖国、西藏和爱护学生的恩师王尧先生 / 王启龙……………139

缅怀恩师，继承精神 / 冯智……………………………………………144

此情可待成追忆——纪念王尧老师 / 黄杰华………………………148

因缘港大，花开藏院——悼念恩师王尧教授 / 林锦江………………166

我心中的王尧先生 / 任小波……………………………………………171

从此无人唤我赵国人——回忆与王尧先生的交往 / 石岩刚……………177

老王，一路走好 / 范德康………………………………………………184

忆王尧先生对我的教导与关怀 / 荣新江………………………………186

追思王尧先生 / 乌云毕力格……………………………………………196

王尧先生与四川大学中国藏学研究所 / 霍巍…………………………200

治学有境界，育才菩萨心——追忆王尧先生 / 张云…………………210

我与王尧老师二三事 / 班班多杰………………………………………216

落其实者思其树，饮其流者怀其源——我和王尧先生 / 王家鹏………229

法门寺的悼念——怀念王尧先生 / 韩金科……………………………237

皆因有了王尧先生 / 马丽华…………………………………………246

愧对王尧先生——兼记《法藏敦煌藏文文献》的出版 / 府宪展…………251

天长地远魂飞苦，恩师遥遥隔青天——悼王尧先生 / 徐忠良…………266

王尧先生印象记 / 高秀芹…………………………………………275

匆匆远行的王尧先生 / 张世林………………………………………280

追忆藏学大师王尧先生 / 何喜报……………………………………286

回忆父亲二三事 / 王敵………………………………………………290

王尧先生和《中国文化史丛书》二三事 / 廖梅……………………301

依然白发一书生 / 刘茜………………………………………………309

王尧先生追思会发言摘登 /《中国藏学》编辑部…………………324

  廉湘民…………………………………………………326

  喜饶尼玛………………………………………………329

  耿识博…………………………………………………332

  宗性……………………………………………………333

  耿昇……………………………………………………334

  杜永彬…………………………………………………336

  罗文华…………………………………………………341

张长虹⋯⋯⋯⋯⋯⋯⋯⋯⋯⋯⋯⋯⋯⋯⋯⋯⋯⋯⋯⋯⋯⋯343

巨匠陨落化甘露，桃李芬芳在人间

　　——缅怀王尧先生 /《中国西藏》编辑部⋯⋯⋯⋯⋯⋯⋯⋯347

　　扎洛⋯⋯⋯⋯⋯⋯⋯⋯⋯⋯⋯⋯⋯⋯⋯⋯⋯⋯⋯⋯⋯⋯347

　　苏发祥⋯⋯⋯⋯⋯⋯⋯⋯⋯⋯⋯⋯⋯⋯⋯⋯⋯⋯⋯⋯⋯349

挽诗挽联选摘⋯⋯⋯⋯⋯⋯⋯⋯⋯⋯⋯⋯⋯⋯⋯⋯⋯⋯⋯⋯352

王尧先生学术成就评述 / 陈楠⋯⋯⋯⋯⋯⋯⋯⋯⋯⋯⋯⋯⋯⋯356

王尧先生论著目录 / 任小波 整理⋯⋯⋯⋯⋯⋯⋯⋯⋯⋯⋯⋯365

编后记⋯⋯⋯⋯⋯⋯⋯⋯⋯⋯⋯⋯⋯⋯⋯⋯⋯⋯⋯⋯⋯⋯⋯401

少年同窗成永诀——忆王尧

苏毅谨
王尧先生少年同窗，现居上海

惊闻王尧学兄在北京仙逝，黯然神伤，蓦然无语。少年同学一个个悄然离去，也是人世规律，有句豪言叫人定胜天，可在生死之间谁也胜不了天。年轻的时候，都说雄心壮志可胜天。王尧兄的一些往事，涌上心头。这些年每次他来上海，我们都会见个面。去年5月他来上海，将自己的藏文大藏经赠予复旦大学收藏。其间，我请他在扬州饭店品尝我们苏北家乡菜肴，共同回忆少年往事，非常开心，好像都回到学生时代。临别相约，明后年再聚，谁料这一别竟成永诀。

王尧是我中学同班同学，同龄同室，我们读的学校属于师范学校，全体寄宿，我和他住的是上下铺，我住上他住下。他老家在涟水，学校在淮阴，也算是个城市。他衣着比较土气，总以为是个乡下人而已。只因有次与另一位涟水同学有点小矛盾，那同学叫他不要以势压人，我们却惊异他还有什么"势"。再一打听才知，他家是当地富豪，很有权势。但他毫无一点纨绔习气，平易朴实，时而幽默地开个玩笑。我当时个子矮小睡上铺，爬上铺不方便，我提出与他交换上下铺。他先说，我在你头上，岂不又以势压人了？我以为他不肯换。他又说，哦，你父亲是校长，爬上去就算我高攀了！像同学间这类玩笑俏皮，虽时隔70多年，仍恍如昨日。当时我们同室要好的，还有一位庞朴学兄，去年刚离世，是中国孔子学研究的权威。前些年还有想法一起结伴回乡，故地重游，现在已是无法实现的遗憾了。

抗战时期，王尧先转学安徽就读，又去南京上大学。解放后，到北京中央民族学院改专业攻藏语藏学，20世纪50年代在西藏工作，又回中央民族学院任教，著作等身，桃李满天下。他为人低调，从不张扬，他精通藏学，与班禅、达赖多有交往。他也曾帮助班禅大师学习汉文，但他谦虚地说，只是一名普通工作人员而已。时代变迁，人世沧桑，老同学云散四方，一度也失去联系好多年。"文革"后，通过庞朴又和王尧联系上了。他的经历非常丰富，不仅在大学教书，也参与海内外一些西藏问题的协调事务，做了很多贡献，所以退休后荣任国务院参事，继续为国家发挥余热。他是一位踏踏实实做事做学问的人，一个成绩卓越、非常了不起的藏学家！

安息吧！王尧学兄！

写于 2015 年 12 月

忆良师益友王尧教授

陈践
中央民族大学藏学院教授

2015年12月17日下午,惊闻王尧教授去世的噩耗,作为与他相识、共事60余年的老朋友、老同事,我怎么都无法接受这个消息,特别是1977年他带领我进入敦煌古藏文的研究领域,在长达30多年的合作中,他既是良师,又是益友。他的离去,我的心情是沉痛的,但有幸在他健在时,我在《我的自叙》小书中专门写了介绍他的一个章节,并请他过目,他看了十分高兴。今天,就将这篇短文作为对他的缅怀与追忆吧。

艰辛的藏学历程

王尧教授出身于书香门第。他上小学以后,每到寒暑假,其祖父便将3个孙子(王尧及其堂兄弟)召集在一起,请人教他们学古文。1948年,王尧考入南京大学中文系,很快就担任了学生会主席,由于他诗文俱佳,才华横溢，成为诸多女孩子心中的"白马王子"，颇受众宠。得知他要投笔从戎赴藏时，同学们既不舍又难以理解。1951年5月，他自愿报名来中央民族学院藏语班学习，又成了几个男生的偶像。当时的社会背景是天天讲阶级斗争的年代，他这个冒尖的人物自然就成为了被列为"搞小集团"的对象，遭受批判。他吸取教训，一心只读藏文书，但仍然是历次运动的"最佳人选"。他心烦意乱，后悔从中文跳到藏文，是选错了道路，想跳槽到位于西北兰州的西北民族学院工作。于道泉教授是教研组长，对他关怀照顾有加。有一年，王尧刚领完工资去医院探望住院的病妻，却不慎在公交车上工资被盗，分文未剩，于老得知情况，便从他的工资中取出一部分让王尧度日。当他向于老汇报打算去西北民族学院工作时，于老淡淡地说："到哪儿都一样！"于是，王尧打消了换岗的念头，继续留在中央民族学院。我有时也劝他说："你不但有语言天赋，还有别人所缺少的深厚中文功底，多一项优势，容易出成果，就像你翻译的《萨迦格言》《八大藏戏》，特别是吐蕃时期三大文献，译文还半文半白，你的特长都用在了刀刃上，大家都说《吐蕃金石录》汉译文典雅。"后来，他也认同了我的看法。

藏学界的伯乐

韩愈在《马说》中写道："世有伯乐，然后有千里马。千里马常有，而伯乐不常有。"王尧教授直接或间接培养的博士生，如今均已成为了博士生导师。他们都很有成就，各名校十分乐意将其作为"引进人才"。他不仅教授他们藏文，还时常提供给他们国外藏学研究信息；推荐他们到国外对口大学深造；或推荐到名校任教。自己出国讲学时，让博士生三口之家常住在他家里。当他的爱徒端智嘉毕业回乡，因工作不顺自尽时，他十分痛惜，流泪不止地说："如果留在北京工作，也许悲剧不会发生！"他常常将国外藏学知名论文带回，让学生翻译出版，以补贴学生生活费用。总而言之，他培养出了多名藏学不同学科的领军人才。

王尧教授是我业务上的领路人，他已经铺垫好了吐蕃时期三大文献资料（碑刻钟铭、木简、敦煌古藏文写卷），让我从易到难地一步一步往前走，正因为如此，我进入了吐蕃文献研究的殿堂，避免了走弯路。我们合作长达30余年，共同出版的著作有8本。后来，他全身心投入《藏传佛教》研究和授课，而我仍然默默耕耘在这块老土地上。2011—2013年，我完成了兰州大学教育部人文社会科学重点研究基地重大项目——"敦煌藏文占卜文书整理与研究"。2012—2014年，我又完成了国家社会科学基金重大项目——"敦煌吐蕃文献分类整理与研究"的子课题"敦煌吐蕃社会经济文书"。我之所以能有以上成果，与王尧教授1977年带领我进入吐蕃藏文文献宝库是分不开的，我十分感激他。我不是千里马，是他手下一员老兵，所谓的"老骥伏枥"而已。

宏观的藏学理念

我校藏语文系"吐蕃文献选读"这门新课，是王尧教授构建的。"文革"后，学术气氛开始活跃起来。

1975年，西北大学两名考古系的学生，来我们教研组找王尧教授学习古藏文。王尧将《吐蕃金石录》编写成书，刻写蜡版印刷成教材供他们上课使用。"文革"期间，他在沙洋"五七干校"劳动时，完成了《敦煌本吐蕃历史文书》的初译稿，后来在青海民族学院内部出版。他手头也有托马斯（F.W. Thomas）《有关西域的藏文文献和文书》第2卷中的木简部分；1979年，他又从新疆自治区博物馆带回了中国考古人员在新疆米兰罗布泊发掘的藏文木简照片。也就是说，至此他已经基本上掌握了三大古藏文文献资料。但是如何将这些珍贵资料整理出版，并编写出"吐蕃文献选读"课程的教材，是需要人力的。1977年前后，王尧教授就找到我，希望我能够和他一起来完成这项神圣的工作。对于王尧教授的邀请，我欣然同意。后来我向他询问找我合作的原因，他的解释是：我是教研组内唯一一名学安多方言的教员，我的丈夫格桑居冕是康巴人。王尧自己则是学卫藏方言的，我们在专业上各有互补。他还戏称："你们家可是个方言库。"事后证明，他此时已经有了像雄鹰一样展翅翱翔天宇的宏愿，如果无人顶班坚守，教研组是不会同意他长期出国讲学的。1982 年，王尧教授应聘到维也纳大学藏学—佛学系任客座教授一年。在他出国后，我将我们修改了 4 遍的《吐蕃文献选读》油印讲义，改用现代藏语解读和翻译，交由民族出版社出版。当时该社的藏文室，因条件限制只能出版藏文书籍。因此，我们另将藏文本的《敦煌本藏文文献》也交付该社出版的同时，我们则把汉文本《敦煌吐蕃文献选》交付四川民族出版社出版。

1980 年，《敦煌本吐蕃历史文书》出版后，王尧和我又陆续发表了一系列解读敦煌藏文文献的论文，引起了藏学界的关注。对此，才旦夏茸（Tshe tan zhabs drung）大师也有所闻。他德高望重，在甘青一带名气很大。最初，他对这批文献持否定态度，认为不过是去西藏传经的禅宗僧人写了些藏文埋在沙子下，后被发掘出来，说是吐蕃文献而已。20 世纪 80 年代初期，第五届佛教大会在北京召开，他与毛尔盖·桑木旦（dMu dge bSam gtan）大师都是会议代表。会议期间，王尧担任翻译，特意带了 P.T.134 号《乌冬赞发愿文》及其他一些敦煌藏文宗教文书的复印件，交给大师看，并解释说：自公元 786 年吐蕃占领敦煌，至 848 年吐蕃对敦煌的统治结束，藏文作为官方文字前前后后在敦煌使用了近百年的时间，留下许多吐蕃时期的宗教、历史、经济、法律、医药、文学文献；这些文献大部分被英法学者盗往国外，他们的研究比我们要早，用碳十四可以测出其年代。大师询问："这些复印件何人看过？"王尧回答："东噶活佛、格桑居冕、陈践都已经看过了。"过了几天，大师欣然对王尧说："传说朗达玛（乌冬赞）是信仰佛教的，这次见到文献记载了。敦煌藏文文献是我们藏族的古文献。"后来，我曾给大师写过信，请教几个古词的词义。他热情地给我回了一封长信，其结束语为："当我遇到千岁的老人时，一定代你询问这些词的涵义！"这种说法，大概出自《白史》。

1983年，是值得纪念的一年，王尧教授和我合作编译撰著的《吐蕃文献选读》《敦煌本藏文文献》和《敦煌吐蕃文献选》3本著作出版了。由于前两本均为古藏文文献的录译汇编，民族出版社的责任编辑要求我作为作者下印刷厂校对。当时，既要上课又要下印刷厂，确实忙不堪言。那时王尧教授出国讲学，搜集国外藏学研究资料，对古藏文的研究很有帮助，的确起到了"他山之石，可以攻玉"的作用。就在这一年，季羡林先生主持召开"中国敦煌吐鲁番学会"成立筹备会议。我去北京大学参加会议，见到季老秘书的桌子上放有一张季老担任各种学会会长、顾问、主席等职务的表格，大约有30多个。我当时感叹不已，季老讲授梵文、翻译印度史诗《罗摩衍那》，还承担了这么多的社会工作，真是了不起。我告诉季老，王尧和我已经翻译了敦煌古藏文本《罗摩衍那》，他听了十分高兴。过了一年多，他让秘书打电话给我，说需要一份藏文《罗摩衍那》的译文，他要去德国参加一个学术会议。我在约定的时间送到他家里，他幽默地对我说："没有你们的译文，我开会就去不成了！"

以上内容，原本收录为本人自叙小书中的一节，我曾将其交予王尧教授过目。他看完后，动情地说："我没有你写的那么好！"

王尧教授十分重视海外藏学研究，为了达到知己知彼的目的，无论是前往奥地利、德国、美国、加拿大、日本、挪威，还是到香港、台湾地区的大学讲学、参加国际藏学会议，总是不忘把当地藏学资料收集起来，带回国内。为此，自1985年始，他主编出版了《国外藏学研究译文集》，让国内研究藏学的师生读到国外著名藏学家诸如乌瑞、石泰安、毕达克、佐藤长、山口瑞凤、森安孝夫等人的藏学名作，对提高国内藏学研究起到了很好的促进作用。

王尧教授也十分重视关心国内藏学研究，为了给国内藏学研究者提供一个交流的平台，使得他们的长篇大论能够刊发，又主编出版了《贤者新宴》（出版几期后，因经费问题停刊）。他喜欢阅读各类书籍，古今中外，均有涉猎，知识面颇为广博，文章内容丰富多彩，如《红楼梦》《金瓶梅》等只要出现与西藏有关词语，他就能写一些独具匠心的短文。他是一位能读能写能讲，博学多才的国际著名藏学家，他的仙逝是藏学界的重大损失，但独独留下的《王尧藏学文集》（5卷本，2012年6月中国藏学出版社出版）是我们宝贵的精神财富，我想他会在天堂关注藏学发展的。

　　王尧教授讲授的"藏传佛教"，无论是在国外用英语讲，还是在北京大学"文殊院"用汉语讲，均得到中外学子们的热烈欢迎。试想，这样一位众星捧月式的学者于2014年8月因患脑溢血成为不能讲课、不能写作、生活不能完全自理的病者，饱受病痛折磨，他的内心是多么的痛苦！2015年12月10日下午，藏学研究院包永贵书记约我一同前往医院看望王尧教授，只见他心情沉重地说一些"过一天算一天""生不如死"的话，我真诚地安慰他说："我们大家要给你过米寿（88岁的雅称）呢！"包书记提议要给两位相识、共事60多年的老同事拍个照留念。这是我们两人单独第一次合影，也是最后一次，因为第二天他就进了重症监护室，12月17日下午6时，王尧教授就谢世了。回去时，我对包书记说："请您将照片妥善保存好，留个纪念。"

　　王尧先生一路走好！

忆尧公

姜义华
复旦大学历史学系教授

2014 和 2015 年,对于参与百卷本《中华文化通志》编撰出版工作的同人说来,特别伤感。因为在这两年中,有四个典的主编先后离我们而去。2014 年 2 月 18 日,是《地方文化典》主编宁可往生;9 月 11 日,是《宗教与民俗典》主编汤一介往生;2015 年 1 月 9 日,是《学术典》主编庞朴往生;12 月 17 日,是《民族文化典》主编王尧往生。加上早在 2008 年 12 月 30 日就已往生的《科学技术典》主编陈美东,十个典的主编已经走了一半,心中怎能不倍感痛惜。

庞公在济南病倒已久,两次去泉城出差要前往看望,都被劝阻,未能如愿,他的离去,不算突然。尧公则不然。2014 年 5 月 13 日,他 86 岁高龄,还曾风尘仆仆专程来到复旦大学历史地理研究所,举行自己所藏《藏文大藏经》的捐赠仪式,并作了学术讲座,回顾他藏学研究的经历。之后,他又精神矍铄地赶去浙西,看望他的大哥。而从北京往返,竟都是一人独自乘坐高铁。看到他这样康健，我还与他相约，下次去北京，一定和孙长江等老友一起好好聚聚。不料，竟没有等到这一天。

和尧公相交已经30多年了。他念念不忘总一再提起的，就是当年在我家中喝的那一碗"嫂夫人亲自炖煮的活鲫鱼汤"。那是1983年3月，尧公与庞公等一行来到复旦，讨论准备上马的《中国文化史丛书》总体设想和选题计划。因为条件简陋，我亲自上阵，在家中烧了一桌家常菜招待大家。有扬州拌干丝、扬州狮子头，有我们全家出动一只一只挑出来的拌螺丝肉，最后上的便是那道活鲫鱼汤，鲜嫩的鱼肉，如奶一样的浓汤。尧公一直念念不忘的便是这道汤。很想再为尧公炖一锅这样的汤，但已很难买到同样的野生活鲫鱼，而且，让尧公二三十年后再爬一次没有电梯的五层楼，也实在于心不忍。

关于《中国文化史丛书》，我曾提出一个陆续出版一百卷的总构想，建议对中国历代文化、各地域文化、各民族文化及思想学术、科技、宗教、文学艺术等等有一较全面的反映。但当时，主要通过编委个人向较为熟悉的作者组稿，选题量级经常参差不齐，宽窄悬殊，不易成为系统。出了三十多种，终于难于为继。

但我认为，实现百卷总构想还是有可能的。1991年1月，当萧克将军就筹建中华炎黄文化研究会一事征询我的意见时，我即提出了编撰一百卷

《中华文化通志》的建议，得到他的鼎力支持。我一一登门，请求李学勤、宁可、刘泽华、孙长江、庞朴、陈美东、刘梦溪、汤一介出山分任《历代文化典》《地域文化典》《制度文化典》《教化与礼仪典》《学术典》《科学技术典》《艺文典》《宗教与民俗典》主编，第三典《民族文化典》主编自然非尧公莫任。

《中华文化通志》从1991年启动到1999年完成，这九年和尧公往来最频繁、关系最密切。编委会每年要举行一到两次，其间还举行过两次全体作者大会，在深圳举行过开笔恳谈会。尧公除去出国在外，全部积极参加，踊跃贡献意见，发挥了非常重要的作用。

《民族文化典》，我起初的构想是列蒙族、藏族、维族、回族、壮族、彝族、傣族以及西南各族、东北各族、西北各族十卷文化志，立意是中华文化是生活在中国国土上的各民族共同创造的，因此，应当为他们逐一立志。但只有十卷篇幅，如何安排更为妥贴？正是根据尧公的建议，大体按照语族进行了分类，55个少数民族不仅都要写到，而且全部在封面上列名。

《中华文化通志》先由编委会确定了十典百志总目，然后在全国招标，招聘作者。《民族文化典》作者人数最多，共有45位，占全体作者人数的近四分之一。尧公在中央民族大学两次召集这些作者开会，一次专门商定各志编写大纲，一次重点交流各志编写经验，研究各志修改、平衡篇幅、统一体例等问题。1994年2月在广东花都召开的《中华文化通志》第二次全体作者大会上,王尧以《中华文化发展的新机遇》为题作了讲话,这个讲话未曾公开发表,20多年后的今天读来,仍那么鲜活有力:

中华民族是在近百年的外患内忧的煎熬锻炼之下形成为自为、自觉的统一共同体的民族的。溯诸历史,作为自在的民族却已是几千年,经过亿万人共同创造的杰作。我们这一群满怀忧患意识的知识群体来编撰《中华文化通志》,此时此刻,就是要从文化角度把我们的历史、文化中的优良传统阐扬出来,让我们先人的智慧和精神火花得到精粹的凝练,发挥其感染力,把我们民族的思想、感情、观念和义绪,传诸子孙后代,当然也昭示世界人民。

他就《民族文化典》的重要性特别指出:

自觉的民族形成有两个支撑点:一个是风雨同舟、患难与共;一个是互利互助、有福同享。

他说,我国各族人民血肉相连,"依个人拙见,最重要的有以下三点":经济上的互补性,政治上的向心力,文化上的宽容性。对这三点,他都作了具体论述。例如,对第三点,他强调:

中华民族文化实际上是各民族文化的总汇，是在历史上不断的民族融合、交流滚动而形成的，你中有我，我中有你，而中华文化的绚丽多姿，正是各族优秀文化得到发展的最好证明。从音乐、舞蹈、服饰、饮食、体育活动、风俗民情、语言、宗教、建筑、医药，无一不是体现"兼容并蓄，蔚然杂陈"的形态。"有容乃大"，中华文化就是一座大花园，园中百花怒放，斗艳争妍！

整个《民族文化典》，充分体现了尧公的这一见解。

尧公是真正的藏学大家，毕生从事古藏文资料收集和研究，在吐蕃历史文献、敦煌文献、古代藏文、吐蕃文化、吐蕃史研究方面都有杰出的贡献，但从没有一点大学者的架子，总是那么和颜悦色，诚恳待人。更令人感动的是，他在推动汉藏相互深度认同及增进团结，维护国家统一方面，做了许多不为一般人所知的重要工作。他曾陪同胡耀邦总书记去西藏考察，但从未听到他借此炫耀。他几次非常郑重地和我讨论过如何做好达赖喇嘛工作的问题。为支持中华文化研究，他同班禅喇嘛做过深入的沟通。一九八九年政论风波后，台湾地区一位高僧受到牵连，尧公专程来上海，要我无论如何要设法向有关部门反映，要允许他回家乡探望他的老母亲。后来这位高僧终于成行，尧公特别高兴。

尧公走了，但他仍然活在我们心中，活在他所为之献身的事业之中。

继承先生遗志,传承未尽事业

拉巴平措
中国藏学研究中心原总干事

王尧先生不幸于去年年底离开了我们,我们感到惋惜,感到悲痛。这是因为我们失去了一位侃侃而谈的良师益友,中国藏学失去了一位骁勇善战的大将。先生走了,我认为唯一能够使先生安心的,也是能让我们自己心里感到安慰的,就是继承他的遗志,把他的精神发扬光大,把他的学风发扬光大,把他追求的治学梦想继续传承下去。

我认为王尧先生在藏学领域做了大量的工作,为我国藏学的发展和兴旺作出了重要的贡献。首先,他作为解放以后新中国培养出来的第一代藏学家,在培养藏学新人,建设新中国藏学家队伍方面作出了积极的贡献。我是西藏民主改革以后国家培养的第一批藏学研究生。当时有许多老一代藏学家健在,我们有幸直接聆听他们的教诲。王尧先生作为我毕业论文的指导老师,手把手地传授了学术研究的经验和方法,使我终生受益。当时,先生让我研究萨迦世系,这个题目很大,也很重要,在先生的指导下,我完成了毕业论文。遗憾的是在十年浩劫中，这一研究成果丢失了。

总之，王尧先生一直在藏学人才培养的第一线工作，培养出来的学生一茬又一茬，可以说现代藏学领域人才队伍的成长，凝结着他和他所在团队付出的宝贵心血。

其次，他作为中央民大的教授，一直潜心研究，努力攻关，发表了许多重要的研究成果。我个人认为，其中有一个重要的特点就是藏学经典著作的翻译整理、校注和研究工作。这一方面直接掌握和运用经典著作本身，把自己的学术工作建立在扎实的资料基础上，而且经过翻译、校注、研究、教学把经典著作介绍给广大的读者，把我们的藏学研究引向更加深入和可靠的领域。

再次，王尧先生是改革开放后第一个参加国际藏学会议的中国专家，为中国藏学走出去，迈出了重要的一步。第一次是1981年，维也纳召开第二届纪念乔玛的国际藏学研讨会，他为研讨会准备了两篇文章。一篇是《藏语 Mig（目）字古读考》，另一篇是《宋少帝赵㬎遗事》。1985年，王尧先生和东噶先生一道参加了在德国的慕尼黑召开的第四届国际藏学会议。活佛东噶先生不仅论文题材新颖，而且发表演说时也语出惊人，全场为之震惊。这个消息又是王尧先生带回到了国内，振奋了国内藏学界。总之，他是第一批到国际藏学会议上和国外同仁面对面地介绍中国藏学发展和进步,也直接了解国外藏学研究状况和发展趋势的人。这首先归功于邓小平的改革开放政策,也使王尧先生他们成为了中国藏学界对外开放和开展国际学术交流的开路先锋。

最后,我认为王尧先生作为藏学家,为藏区的发展进步,尤其是藏族文化事业的发展做出了自己的努力。他一直十分关注藏族地区的发展稳定、关注藏区群众的生活改善,关注藏族文化的发展进步。我注意到,他在一次国际藏学会议上的论文是《黄河源上两大湖——扎陵、鄂陵名称位置考实》,纠正外国探险家的错误,并向联合国进行报告的情况。在另一次国际藏学会议上,王尧先生提交的论文是藏语莎士比亚名剧《罗密欧与朱丽叶》在拉萨上演,受到热烈欢迎的情形。心系藏区,心系藏族人民,心系藏区的每一个进步,这是藏学工作者的基本素质。他还有一个鲜明的特点,那就是说藏话,而且很地道、流利。无论是下基层调研,还是出国讲学,大家都愿意接近他,听他用藏话发表见解。这也是一个名副其实藏学家的基本功吧。

我们追思他的学术思想和贡献,我觉得有几点值得我们很好地学习和发扬:

一是鲜明的学术立场。我认为学术研究是用研究者的世界观、价值观和人生观指导的,没有一个学术研究可以离开自己的立场和观点。特别是藏学研究这样的学科，对学者的立场观点提出了更高的要求。王尧先生无论是研究古文献，还是研究现实问题，其爱国主义的立场，维护民族团结的立场，维护国家统一的立场是显而易见，是一以贯之的。

二是严谨的治学态度。治学态度严不严谨，反映了一个学者对自己所从事的学术工作的态度，也反映了对社会是否负责任的态度。王尧先生在指导我论文时，有许多十分重要的教诲。其中有一句话是我终生都难以忘记的，他说：对于一个事物的肯定或否定，都不能简单化，说一个事物存在很容易，只要有一条理由就可以；说一个事物不存在，你需要把所有存在的理由都否定掉，这是何等的不容易！这说到底就是要坚持实事求是的科学态度。

三是科学的治学方法。王尧先生有诸多学术成就，《敦煌本吐蕃历史文书》《吐蕃金石录》《宗喀巴评传》《西藏文史考信集》等十余种著作和数百篇论文。这些研究成果都建立在科学的研究方法基础上，在历史学、文献学、社会学、统计学、文化学等综合运用各类学科的研究方法，加之以深入的社会调查和科学合理的去粗取精、去伪存真，努力做到有所发现、有所突破、有所创新，做出自己的贡献。

四是孜孜不倦的精神。王尧先生的回忆录《我所结识的喇嘛》一文中，他在谈到东噶先生时说：我和他的友谊，介乎师友之间。我真把他当作老师来尊敬,他对我亲切如兄弟一般。在我的几本著作中,都有他写的诚恳友爱的十分关怀的序言。他最后说,至今人们还是十分怀念这位勤恳一生的藏学工作者,他是我永远难忘的喇嘛朋友。王尧先生自己这么说,我们旁观者也能深深地感受到这一点。这里更多的原因,我认为是两位孜孜不倦的学者碰到了一起。王尧先生需要向东噶先生请教藏学领域的许多知识,而东噶先生则也需要常常向王尧先生求教国学领域的许多知识。两位不同民族的学者,互相学习,取长补短,为我们树立了学习的榜样。

总之,王尧先生留给我们的学术成就和精神财富是多方面的。我们要踏着王尧先生等前辈们的足迹,在习近平总书记和党中央的领导下,沿着四个全面战略布局和全面建成小康社会总体部署,围绕中央涉藏工作大局,做好中国藏学工作这篇大文章,完成好国家、民族、时代赋予我们的责任!

千古藏学一宗师——王尧先生头七祭

屈全绳
成都军区原副政委，中将

沈卫荣教授告知王尧先生撒手人寰的那天晚上，我一时茫然，枯坐良久，只顾自言自语，怎么说走就走了呢！

按说我已年逾古稀，有了"存亡惯见浑无泪"的阅历，但先生的音容笑貌在脑中盘桓，痛惜之情始终无法自抑。几经辗转难寐，索性披衣下床，想把心底的哀痛诉诸笔端。未料刚刚写下题目，眼睛便模糊起来。拭去眼角的泪水，再次动笔还是没有写成。孤灯长夜，闭目卧床，念兹在兹，何时入睡竟浑然不知。

今天是王尧先生的头七，按照民间传说，先生的魂灵是要回家探望的。但探望谁呢？夫人已先他而去，子女大概也返回欧洲，孤魂归来难免凄凉，一如他终老前的单身日子那样。于是我在唏嘘中不禁发问，中国有几个王尧？一代藏学宗师的最后时光，何以不能得到及时救治和重点关照？是缺钱吗？肯定不是。那缺什么呢？

对学界泰斗生前不能尽心关爱施仁，身后却精心编织哀荣，真是匪夷所思！

近十多年来，随着对季羡林、冯其庸、王尧先生的求教增多，他们在我心中已臻圣贤。他们是中华民族的活瑰宝，是中国文化的活载体；他们在各自学术领域所做出的历史性贡献，不仅让同辈高山仰止，就是后学翘楚恐怕一时也难以企及。于是祝福他们跨入期颐之年，走进人瑞之列，便成为我的宿愿。然而天意难测。本以为在今年王尧先生米寿庆宴上，还有机会再请他释疑解惑，未料先生却于寒岁的冷寞中悄然离去！这是继季羡林先生之后，逝去的又一位我心中的学界偶像。

王尧先生学贯汉藏，蜚声中外，在世界藏学界久享盛誉。我对先生的敬慕攀附，缘起《汉藏交融——金铜佛像集萃》大型图册的策划。2007年春，经冯其庸先生举荐，该图册由故宫博物院佛教造像鉴定专家王家鹏研究员与中国人民大学国学院沈卫荣教授，依托李巍先生收藏的明清金铜佛像合作编撰。其主旨在于借助这批珍贵文物，拓展汉藏佛教你中有我、我中有你的研究视野，对汉藏民族交融、佛教交融的历史进行新的探索，把这一领域的研究不断推向深入。王家鹏与沈卫荣都是王尧先生的弟子，沈卫荣更是先生经年嫡传的高徒，是国内外藏学界的后起之秀，两人珠联璧合，殊为难得。季羡林、饶宗颐、冯其庸、王尧、谈锡永等名宿得知这一喜讯兴奋不已，先后命笔题词撰文，期待大作早日告成。

编撰工作开始之前，王尧先生已两度仔细参观过佛像展示，感慨置身于这批金铜佛像时，顷刻之间仿佛到了别有洞天的艺术殿堂。当请他为图册题辞时，先生却表示题辞不足以表达心情，他要专门写文章谈谈感受。不久，年过八旬的老先生便以"汉藏佛教交融 汉藏佛像辉映"为题，撰写了一篇美文。先生在文中希望，把图册编成世界一流的佛教造像范本，编成流芳千秋的传世之作。文章言简意赅，哲理通达，令人百读不厌。后来我主编《汉风藏韵》一书，将此文列为首篇先飨读者。

王尧先生得知我在驻疆、驻川部队首脑机关工作期间，曾多次进出西藏，先后造访过几十座蒙藏寺庙，于是我们的共同语言日渐增多，及至后来已无话不谈。有一次我向先生介绍参观古格王国遗址的情况，他听得仔细，问得仔细，并对自己有生之年不能亲往考察而深感遗憾。我把参观古格王国遗址后吟成的诗句请先生指点。诗中写道："吐蕃衰微遗苍凉，古格王国落八荒。雪山夕照听鸦啼，不该裂土乱封疆。"先生听完即席点评："裂土封疆可谓找到了古格亡国的根子。吐蕃、古格是这样，中原历代王朝有哪朝哪代又不是这样呢？家天下者难免社稷不保！"

王尧先生60多年的学术生涯，始终贯穿着维护国家统一和民族团结的原则。我曾在先生的文章中看到过这样一段话："我们的国家是由五十六个民族组成的一个多民族、多元文化统一的国家,不管是汉藏还是藏族,我们都是中华民族的一个组成部分;不管是汉人,还是藏人,我们都是中国人。""汉藏两个民族不管在政治上、经济上,还是在文化上、宗教上早已紧密相连,不可分割。"先生在他的文章中指出:国际上"一些可能是出于无知,或者是别有用心的人舌灿莲花,不顾历史事实地否认明代汉藏两个民族间十分紧密的政治和宗教关系"。"这显然是对中华民族文明发展的历史,特别是对明代汉藏关系史缺乏起码的了解而自以为是的谬论"。王尧先生依据文献史实和实际亲历的这些论断,有如金石掷地,在国际藏学界引起强烈反响,收到了拨乱反正、还原历史真实的效果。藏传佛教北美宁玛派主持谈锡永上师告诉我,王尧先生在国际学术会议上以流畅藏语所作的学术报告,使他的海外"粉丝"与日俱增,赢得了国际藏学界正直同行们的真诚敬重。

王尧先生把"汉藏交融,美美与共"的哲理作为学术导向,始终坚持不渝。我多次聆听先生借用费孝通"各美其美,美人之美;美美与共,天下大同"的名言,赞颂藏文化源远流长,璀璨厚重,是中华文化园地中的一朵奇葩。他经常语重心长地勉励学子,研究藏地藏人藏学藏传佛教,一定要发掘藏文化的珠玑瑰宝,努力做到眼无遗珠。王尧先生在这方面更是率先垂范,堪称师表。集藏区民间格言哲理大成的著名诗集《萨迦格言》,就是由他耗费心血译成汉文，连续几个月在《人民日报》文艺版上连载的。这也是王尧先生研究藏传文化的一个标志性成果。在王尧生看来，"展示汉藏、藏汉佛教艺术特点，不但对于我们重温汉藏佛教互相交流和融合的历史，建立汉藏两个民族间文化和情感上的亲和关系大有助益，而且对于我们今天构建中华民族这一全国人民共同的民族认同，树立起各个民族同为中国人的民族自豪感具有极其重要的意义。"王尧先生的博大胸怀和宽阔视野，是同他与西藏僧俗群众心连心、同呼吸、共命运的深厚感情分不开的。

王尧先生专攻藏学，毕生从事古藏文资料的收集与研究，发表论文数百篇，出版专著十多部。有些文章和专著被公认为藏学的必读经典，是这一领域无出其右的拓荒者。就连南宋末代小皇帝赵㬎被元蒙俘虏后，千里颠沛到萨迦寺埋名落发，融通藏文，成为卓有成效的译师这一千古悬案，也是王尧先生从浩如烟海的古藏文资料中发掘的。每次讲到这个故事，老先生总有一番感慨，叹息赵㬎后来蒙冤罹难是悲中之悲。否则，他可能成为旷世译师。即使今天看来，赵㬎对汉藏文化交流的贡献也是不可磨灭的。王尧先生通过发掘文献资料，捕捉蛛丝马迹的治学态度，获得了国内外藏学界的一致认同。他钩沉探微的治学定力和博大精深的学术功底，堪称学界一大楷模。

王尧先生博古通今，兼融汉藏。他与海外藏学研究的权威机构和学术名流一直保持着密切联系，时刻关注藏学研究的触角和成果，同时也时刻关注国学研究的方向和方法。前几年王尧先生看到国学研究领域一时热度爆棚，鱼龙混杂，常常于喜忧之中发出感叹。认为国学不能把范围搞小了，把内容搞少了，更不能把博取噱头的说书调侃视作国学研究之道，批评随意诠释国学经典的"讲堂"是"文化快餐"。他与季羡林、冯其庸先生同时主张，要用"大国学"的视野研究国学，弘扬国学。2008 年 6 月 27 日，受冯其庸先生之托，我同李巍先生专程去 301 医院就国学研究有关问题向季羡林先生请教。季先生在交谈中说道："国学不等于儒学、汉学，中华文化具有广泛的包容性。用大国学的观念看，不光包括儒释道，还应当涵盖少数民族的主流文化，反映中华民族文化的交融。"我把季先生的看法转告冯其庸、王尧先生后，两人都很高兴，鼓励我把同季先生的访谈写成文章发表，以矫正国学研究中的小视野和片面性。后来我在《文景》杂志和香港文汇报发表了《哲人归大夜 千古传圭璋》的文章，传递了几位先生的"大国学"观点，对国学研究的内容拓展和方法求实还是有所助益的。

作为一代藏学宗师，王尧先生始终奉"传道授业解惑"为人师圭臬，终生身体力行，不曾懈怠。他对尧门弟子教诲不倦，对旁门学子问道不烦，对有所作为的门生多有嘉勉。有一年我翻阅白寿彝先生主编的《中国通史》，发现陈庆英、沈卫荣的名字赫然在列。陈、沈两位教授都是王尧先生的得意弟子，我不清楚这部通史还有多少名人在列，但尧门两弟子同时并列《中国通史》却实属罕见。王尧先生见我对此事颇为吃惊，禁不住粲然一笑，说："荀子讲青出于蓝而胜于蓝。韩愈讲得更明白，弟子不必不如师，师不必贤于弟子。我给他们几位搭过梯子，但能爬到高处，主要还是凭他们自己的努力。现在看来他们这一代人只要继续用功，完全有实力攀上藏学研究的新高峰！"从这番谈话中不难看出，先生对陈庆英、沈卫荣教授的骄人业绩是深感欣慰的。

写到这里，我不由得想起《读书》杂志刊发的王尧先生为沈卫荣教授撰写的一篇书评。书评的题目是《语文学的持守与创获》，所评沈卫荣的著作为《西藏历史和佛教的语文学研究》。在这之前，先生曾问我对沈卫荣教授的专集《寻找香格里拉》一书的看法，我当即告知诸多心得，尤其是回应顾彬的那篇文章使我获益匪浅。先生点头称道，说他打算为该书写一篇评论向读者推荐。后来虽未读到先生的书评，但该书脱销再版，估计先生是知道的。收到先生《语文学的持守与创获》的书评时我发现，该篇评论的内容，其实涵盖了《寻找香格里拉》与《西藏历史和佛教的语文学研究》的主要篇目。在这篇书评中，年过八旬、归隐林下的王尧先生按捺不住高兴，竟戏称他也成了沈卫荣的"粉丝"。这样亦庄亦谐的激赏，足以看出王尧先生对沈卫荣海外学成归国的兴奋心情。在先生看来，"卫荣毅然归国，冀为中国西域研究尤其是藏学事业培育薪火，实为至佳的人生选择"。这样的抬爱较之其先师于道泉对高徒王尧的抬爱可谓有过之而无不及。沈卫荣教授以深掘精进的学术成果回报尊师厚爱，也使王尧先生看到了弟子们锲而不舍的求索精神。

在编撰明清金铜佛像的大型图册中，王尧先生多次讲过，汉藏交融历史过程中出现的金铜佛像，是中华民族大一统的真凭实证，是明代汉藏两个民族间十分紧密的政治、宗教和文化关系的象征。对这批金铜佛像的归宿，王尧先生十分关注，多次嘱咐藏家选择汉藏佛教交融重镇建立博物馆永久保存。对我提出的"把藏品变为展品，让文物传承文化"的主张，王尧先生亦给予首肯，认为这是让文物"重见天日"，让观众"饱享眼福"的最好选择。并且把他当年为了弄清大黑天神（摩诃葛剌）被蒙古人奉为"国之护法"的根由，抱着"上穷碧落下黄泉"的精神，查找浩瀚资料、遍访"国师"遗迹的艰辛向我作了介绍。后来佛像图册举行开光发行仪式，王尧先生高兴得修饰尊容，正装出席，当场发表热情洋溢的讲话，肯定陈放在面前的金铜佛像图册，是他平生见到的海内外最好的图册，堪称汉藏佛教交融的最新硕果。

王尧先生是一位令人起敬的贤者、学者、长者。他身体伟岸，面相方正，举止儒雅，谈吐幽默。但凡涉及藏学佛学问题，他从不居高临下，总会于古今中外的名人名著名言中引经据典，娓娓道来，令人如沐春风，口服心服。由于早年遍历藏区河山，广交藏民僧俗，精通藏文藏语，加上不同凡响的人格魅力和表达技巧，先生自上世纪八十年代以来，在国际藏学界的声望与日俱增，高朋云集，成为中国在国际藏学界的不二权威。二十多年前，哈佛大学梵文与印度学系资深教授兰纳德（Leonard W.J. van der Kuijp）的中文名字叫"王德古"，但总觉得不大称心。因仰慕王尧先生的学问，后来恳请先生另为其赐一中文名字。兰纳德是加拿大籍荷兰人，先生见盛情难却，略加思索，便借用荷兰语的谐音，建议兰纳德将中文名字改为"范德康"，之后又对此名含义详加解释。范德康听后喜不自胜，将其中文新名遍告天下朋友。从此，很多人只知这位梵文和印度学大家的中国名字，却不知道他的荷兰真名。一次在京诸友雅聚，我问范德康教授如何报答王尧先生赐给他的中文名字？答曰："敬酒！以醉为敬！"说完站起来请王尧先生浅酌，自己毕恭毕敬连干数杯，在场诸君皆大欢喜。

　　往事如缕，难以尽述。

　　2015年12月17日晚，王尧先生在不忍割舍的藏学氤氲中倒下了！

　　王尧先生走了！他走出了我的视线，但永远走不出我的怀念。

　　王尧先生辞世隔日，我曾口占一首七绝表示哀痛，今录于后，作为对先生的永久怀念：

悼王尧

投身雪域正风华,露宿风餐共落霞。

一代宗师归大夜,千贤抛泪咏萨迦。

深切怀念王尧先生

降边嘉措
中国社会科学院民族文学研究所研究员

王尧先生离开我们已经一年了,但是他的音容笑貌、举止谈吐,连他那不算明亮却充满智慧和机敏的目光,那特有的手势,依然时时浮现在我眼前,恍如昨日,挥之不去。从我认识王尧先生,到他不幸逝世,整整60年一个甲子。我们一起经历了太多的事,多少往事,涌上心头,感慨万千,千言万语,万语千言,一时不知从何说起。

关于王尧先生的学术成就,他的同事和学生,多有论述,讲得都很好,我就不再赘言。仅就记忆所及,回顾我与王尧先生的一些交往,以表达我对他深深的怀念之情。

初次相见

我与王尧第一次见面,是在1955年六七月。我们一起参加第一届全国人民代表大会第二次会议,承担翻译任务。那时还没有成立民委翻译局,而民族出版社人手不够,经中央有关部门批准,从全国各地抽调翻译人员,有蒙、藏、维、哈、朝、彝、傣等几种少数民族文字的翻译人员,而最多的是藏文组的。喜饶嘉措大师被聘请为藏文翻译组顾问,国家民委副主任萨空了(蒙古族)兼任组长,平措旺杰任副组长。藏文组成员当中,有昂旺格桑、黄明信,还有曲洛(汉名李春先)、郭和卿等在国民党时代南京蒙藏委员会担任过翻译的老翻译家。此外,聘请的专家有中国佛教协会的法尊法师、巨赞法师等人,青海的桑热嘉措(省教育厅副厅长)、才旦夏茸,四川的木格桑登、扎西泽仁(西康省藏族自治区[即现在的四川省甘孜藏族自治州]党委宣传部长)等在藏区有名的专家学者。中央民族学院参加翻译的有于道泉教授和王尧。于道泉是著名教授,而王尧当时还是在校学生。我们西南民族学院被调来参加翻译的有格桑悦希老师、戴贤和我三人。还有西北民族学院的高炳晨老师和五六个学生。当时西藏尚未进行民主改革,公路也刚刚修通,交通不便,所以没有请西藏的专家,只有彭哲同志一个人参加,他是张经武将军的专职藏文翻译。张经武是全国人大代表,直接参加会议,彭哲就被派来参加大会的翻译工作。

整个翻译组安排在京西宾馆。这座宾馆至今还在,地址、名称都没有变。藏文翻译组最年轻的是戴贤和我,那一年我们俩都只有17岁,其次就是王尧，他比我们大几岁。当时我们都是新手，不能担任主要翻译，只能做一些辅助性的工作，如校对、核对、抄写。那时没有藏文打字机，更没有电脑，要用铅字排印，而排字工人都是汉族，他们不懂藏文，看不懂楷书，更看不懂草书，而老专家们只会写草书和小楷，就由我们这些新手抄写成工工整整的正楷藏文。抄完了要校对，工人排了版，又要校对，而且要反复校对多次。要求严格，工作量大，又很繁琐细致。当时参加抄写、校对的有十几个人，还忙不过来，常常加班到深夜。第二年我和戴贤被调到民族出版社，从事翻译、编辑工作，一干就干了24年。直到1981年初离开出版社，那时才有电脑，有藏文软件，再也不用铅字排版印刷，开始了藏文印刷的电子排版时代。我们经历了一个时代，结束了一个时代。后来的同志开创了一个新的时代。

当时给我的感觉是，王尧热情、好学、好交友。民院少数民族语言文学系藏文班第一期学员都是很优秀的，后来都成了我国藏学界和教育界的骨干和中坚力量。在几十名学员中，只选王尧一个人跟随于道泉教授一起来，说明学校领导也十分看重他。王尧用一切机会与来自各地的专家和翻译人员交流，而且他尽量用藏语。虽然那时他的藏语说得还不流利，词汇量还不够。他学的是拉萨话，而且还会一些敬语。在与人交谈时，他能够把自己所知道的词汇和表达方式充分加以运用，用得恰到好处，给人一种懂得很多的印象。这一点，给我很深的印象。王尧勤于学习，也善于学习，而且能够把自己懂得的知识发挥到极致。以后学习英语，也是这样。这种特点和优点，贯穿在王尧一生的教学和科研工作之中。

一起搜集、整理和翻译新民歌

1955年，中央决定成立民委翻译局。1956年格桑悦希老师、戴贤和我也被调到北京工作。1958年在毛主席亲自推动和关心下，全国开展了"新民歌运动"。中央统战部和国家民委的领导同志对这个活动非常重视，决定在全国少数民族地区开展"采风活动"，藏族地区是一个重点。当时，中宣部做了两个意义深远、影响至今的决定：第一，在全国藏区开展藏族英雄史诗《格萨尔》的搜集、整理工作，争取尽快搞出一部分成果，作为国庆十周年的献礼。鉴于当时西藏还没有进行民主改革，责成青海省有关部门负责。第二，编写《藏族文学史》，责成国家民委负责。国家民委又把这个任务交给中央民族学院，那时王尧他们都已毕业并留校工作，学校指定少数民族语言文学系主任马学良教授担任编写组组长、主编，成员有佟锦华、耿予方、徐盛（多吉）、王尧等。民委还责成民族出版社负责出版，社里又指定图旺和我担任责任编辑。这样，我与王尧等同志就有了正式的、直接的工作关系。

当时是"大跃进"时代,"大跃进"的思维和"大兵团作战"、群众运动的治学方式,也影响了我们。北京大学中文系学生三个月就写出一部洋洋一百多万字的《中国文学史》,并以此来批判胡适搞了大半辈子才写出的几十万字"半部文学史"。虽然早在1955年我们到北京参加翻译时,在全国范围内就开展了批判"两胡"(即胡风、胡适)的运动,但那时我们大多数人都不知道胡适是何许人。王尧却很熟悉,给我们讲胡适,讲北大"大跃进"的经验。当时大家都认为,《藏族文学史》以"大跃进"的速度,用"大兵团作战"的方式,很快就可以完成。我记得很清楚,当时王尧很积极,热情很高,马学良教授也很器重他。在同学中,他的汉文最好,文笔流畅,他主动担任藏文典籍的汉译工作。《萨迦格言》是他们学藏文时的课本,马先生就让王尧先翻译《萨迦格言》,作为《藏族文学史》的第一部资料本,总结经验,再全面铺开。

不久,1959年3月拉萨发生"3·10"事件,中央以国务院总理周恩来的名义发布命令,决定实行民主改革。民院的学生都被派到西藏去参加民主改革,同时继续进行"采风",搜集民主改革后产生的新民歌。佟锦华、耿予方、徐盛、王尧等都参加了新民歌的搜集、翻译工作。中共西藏工委和国家民委对这个工作都非常重视,上升到政治任务的高度。由中共西藏工委书记张经武将军亲自撰写前言,以《藏族新民歌》作书名,用汉、藏两种文字对照出版。西藏开始平叛改革以后，翻译任务很重，图旺的事很多，这本书的责任编辑，就由我担任。

大家知道，1959年之后西藏平叛改革的任务很重。1958年发动"大跃进"，接着是"三年经济困难"，国民经济遇到严重困难，连吃饭都发生问题，《藏族文学史》的编写工作实际上就停下来了。1958年根据中宣部指示开始编写的《藏族文学史》的实际成果，只有一本《藏族新民歌》。而王尧翻译的《萨迦格言》，后来正式出版了。从那以后，王尧退出了文学史的编写工作，自己"单干"。而在当时的政治形势下，这种"单干"，是"个人主义""成名成家"的典型，受到了批评。而其他同志，则继续坚持文学史的编写工作，并作为终生的事业。从这件事，也可以看出王尧的个性和他与其他同学的差异。

研究敦煌藏文文献

"文革"十年，中央民族学院是重灾区。王尧因种种原因，受到的冲击和伤害比其他同志更多更大，自不待言。教学和科研基本上都停止了，很多教职人员的业务都荒废了、生疏了。但是，在民院藏文教研室有两个另类，那就是王尧和庄晶。王尧借着编写《藏族文学史》的名义，潜心研究藏文历史文献，重点是敦煌藏文文献。庄晶则专心研究仓央嘉措，翻译

《仓央嘉措情歌及秘传》。在当时的政治形势下，这些学术工作，几近"地下活动"，只能偷偷地进行。

1960年民族出版社书刊质量检查运动之后，上级明确规定民族出版社的主要任务是翻译出版马列著作、毛主席著作以及党和国家重要的文献，不准出版其他读物，更不能出版"封、资、修"的东西。"文革"结束，十一届三中全会以后，经上级领导批准，民族出版社开始放宽图书出版限制，允许适当出版一些其他方面的读物。我当时是藏文室图书组组长，王尧、庄晶他们两位都找到我，要求出版他们的著作。那时还实行军管，有革命委员会，我就去找刘主任汇报。刘主任是一位很厚道的"老八路"，他不懂藏文，也不熟悉出版业务，他说："你就当这两本书的责任编辑，好好把关，你看没有问题就出版吧，我来签字，出了问题我负责。"出版社一直严格实行三审制，上级早就明确规定所有涉藏图书都要经出版社领导审批签字，才能够印制出版。这样，在出版社领导的关心和支持下，王尧和陈践老师合著的《敦煌本吐蕃历史文书》以及庄晶老师的《仓央嘉措情歌及秘传》得以正式出版。这是王尧出版的第一部重要的藏学著作。这两部书也是我在民族出版社24年编辑出版生涯中出版的最后一批著作。

社科院少数民族文学所的第一位兼聘副研究员

1980年，我受聘为中国社会科学院少数民族文学研究所副研究员。1981年1月8日，我到院里报到。不久，院里任命我担任藏族文学室主任，同时担任全国《格萨尔》协调小组（后来改为"领导小组"）副组长兼办公室主任。一套班子，两个牌子。名称不小，任务很重，但实际上只有三个人。当时院里有一个政策，可以招聘外单位科研人员，给予相应的职称。那时中央民族学院也开始评职称，佟锦华、耿予方等老师都被评为副教授，他们都是党员。唯有王尧和庄晶没有评上。庄晶老师愤而离校，移居澳门，找亲戚去了。王尧来找我，希望聘为他副研究员。

那时，民族文学所和民族所实行社科院和国家民委双重领导，社科院任命贾芝为所长，民委派马学良担任副所长兼学术委员会主任。我向两位所长汇报，王尧是马先生的学生，马先生对王尧和学校的情况十分清楚，对王尧很关心、很同情。他说王尧的学术水平很好，完全应该评为副教授，学校里情况比较复杂，我们所可以聘请他。贾老很尊重马先生的意见。于是我就去院部，办了手续。王尧成为了我们所第一位兼聘副研究员，也是我们整个社科院第一批兼聘的高级职称研究专家。后来，我们所又聘请佟锦华、耿予方为副研究员。按当时的政策，兼聘人员与工资不挂钩，不占用正式编制，但有学术身份，可以参加研究所和院里组织的所有学术活动，承担研究课题，使用科研经费，在学术界也有一定的影响。王尧以文学所副研究员的身份，先后与民族所、历史所等有关部门联系，并成为他们的兼聘副研究员。

几年后，学校评正高职称教授时，王尧又遇到了困难，佟锦华、耿予方等都评上了，王尧却没有评上，理由是他参加社会活动太多，上课太少，课时不够。他的敦煌藏文文献研究著作，属于历史学，不属于文学，他又较少参加《藏族文学史》的编写。当时社科院也取消了兼聘研究专家的政策。经中央民院领导协调，王尧到历史系评教授。由于是跨学科评职称，学校担心有人会议论或攀比仿效，通过马先生要我写一份推荐信，理由是：第一，王尧的重要学术著作敦煌藏文文献研究我是责任编辑，要我说明这部著作的价值和意义，以及王尧在藏学研究领域的贡献和影响；第二，说明王尧是我们所的兼聘副研究员，参加了两个国家级重大科研项目，一是《藏族文学史》的编写，二是《格萨尔》的研究，这两个课题都与藏族历史密切相关。

王尧知识面广，信息量大，外语好，口才好，汉语、藏语都讲得很好。我之所以强调一位汉族老师汉语讲得好，是因为老一辈藏学家们大部分是西北、西南地区的人，普通话讲得好的没有几个，他们说话口音很重，一般藏族朋友听不明白。王尧也是南方人，却能够说一口纯正的普通话。在讨论《藏族文学史》和《格萨尔》时，他旁征博引，论证学科建设的重要性，对有关领导理解我们的研究情况，关心、支持我们的课题，很有好处。我按照学校的要求和马先生的提示，做了客观和尽可能好的评价。这样，王尧在历史系评上了教授。

到日本参加国际藏学会议

1989年6月，第五届国际藏学会议在日本成田举行。多杰才旦、东噶洛桑赤列、王尧、童恩正和我等6名(西藏还有一位)大陆藏学家获得了邀请。

那时，我们对国际藏学会议的真实情况不太了解，普遍的看法是：它受"美帝国主义和达赖集团的支持和控制"，每次开会，达赖喇嘛都致电祝贺；都是美国人、印度人和国外藏人参加，没有邀请中国学者；为"藏独"造舆论，是国外敌对势力进行反华反共、分裂祖国的一个工具。究竟是应邀参加会议，还是拒绝邀请，进行抵制呢？我们收到邀请的学者之间也相互交换了意见。东噶·洛桑赤列、王尧、童恩正和我的意见一致，觉得应该接受邀请参加会议。

王尧和童恩正教授外文好，信息比较多，他们和东噶·洛桑赤列教授出国访问的机会比较多，在国外藏学界有较大影响，对国外学术界的情况也比较了解。他们抱有比较开放和宽容的态度，认为对国外藏学界和"国际藏学会"不宜采取比较简单的立场,"国际藏学会"基本上是一个学术团体,我们应该采取接触、对话和参与的态度。我也赞成他们的意见。现在人家主动邀请我们,这是一个机会,改革开放的潮流不可逆转,我们不能自我孤立,应该走向世界。因此,我们决定接受邀请。我专门向所领导和社科院胡绳院长、郁文书记汇报了相关情况后,获得了他们的同意。

到东京后,我和王尧、童恩正教授会合。见面后,我向他们简要介绍了国内的情况,又向中国驻日本大使馆文化处汇报。文化处一位同志说,他们也得到邀请,打算派一个同志参会,让我们先去。"国际藏学会"是上世纪70年代由10个欧美的青年藏学家发起成立的,全是外国人。据了解,前4届会议也是外国尤其是美国学者居多。藏族学者很少,他们都是长期居住在国外的学者,有的甚至是在国外长大的,藏语讲不好,所以会议语言是英语。王、童英语很好,已经写好英文稿,决定用英语讲。

我到东京后,组委会安排我发言。因时间仓促,我只带了藏文和汉文稿,没有翻译成英文,他们要帮助我翻译成英文。没有同声传译,让我站在台上,请一位学者代为宣读。我随即提出既然是藏学会议,会议语言应该首选藏语,要求用藏语宣读论文。王尧和我还提出,应该把汉语也作为会议语言,组委会都同意了。大会规定每人发言时间为20分钟,给了我30分钟,我讲15分钟,翻译15分钟。我宣读的论文是《〈格萨尔〉与藏族文化》,

这是在国际藏学讲坛上第一次比较全面地论述《格萨尔》在藏族文化史上的地位和作用。后来以这篇论文为基础，写成了一部专著，由胡绳院长亲自题写书名，在内蒙古大学出版社出版，1994年获国家教委颁发的优秀图书奖。

第五届国际藏学会议以后，藏、汉、英三种语言成为正式的会议语言。我成为在国际藏学会上用藏语发表论文的第一个中国大陆学者。公正地讲，前几次会议，人家也不是不让用藏语和汉语，会议是欧美国家一些中青年藏学家发起组织的，与会人员几乎全是外国人，没有一个从大陆去的学者，只有少数几位从印度和其他地方去的藏胞，他们都懂英文，也就省去了翻译。

开幕那天，按惯例，主办方宣读达赖喇嘛致大会的贺信。多杰才旦同志此前提出了抗议。王尧、童恩正和我退场抗议。从第六届国际藏学会起，取消了宣读达赖喇嘛贺信这一环节。后来听说达赖喇嘛也不再给国际藏学会致贺信。

王尧先生在这方面的贡献，大家都比较熟悉，讲得也很多。我只想说一件事。我与王尧一起参加过几次国际藏学会议，他懂英文，与外国学者的交往也比较多，被选为国际藏学会中国方面的理事。但回国后，却发挥不了什么作用。经我国政府批准，他参加在日本召开的第五届国际藏学会议之后，一直积极推动在国内主办一次国际藏学会议，多方奔走，到处呼吁。

但是，直到他逝世也未能实现，留下了永久的遗憾。

王尧先生的遗愿和遗憾

王尧先生不幸病逝，大家都很悲痛，用各种形式表示怀念和哀悼，死后备受哀荣。但是，人们是否知道，王尧生前曾受尽冷落，甚至屈辱。有志难酬，才华不能得到充分发挥。有人批评王尧是藏学界的"杂家"。知识面很广，涉及的领域很宽，说明他博学多才。我很理解王尧，他有他的苦衷。由于客观原因，他往往不能够做自己想做、自己擅长的学问。他知识渊博，极为勤奋，思维敏捷，笔头子快，又乐于助人，如有邀请，只要能排出时间就尽量参加，不论什么活动，他都能够应付。有人曾挖苦他，到处去"打工"。作为一位有真才实学、想有所作为，而且有很高学术地位和社会声望的藏学家，这种角色，也让他十分尴尬，甚至痛苦。他曾亲口用汉藏两种语言对我说："我是在支差（乌拉）。"他没有说是"打工"，而是说"支差"。在旧西藏，在封建农奴社会，贫苦农奴没有人身自由，必须给农奴主支付乌拉差役。一位藏学家说出这样的话，充分表现了他内心的无奈和痛苦。

王尧不甘平庸，有强烈的家国情怀。从积极的方面讲，有上进心，责任感，勤于学习，他不放过任何一个学习机会。他的同学说，就是把他打趴在地，他也要抓一把土。"文革"期间，他是民院著名的"老运动员"，被定性为"走白专道路的典型"，被批判为"成名成家思想""个人主义"。他不被允许参加任何政治活动，更不被允许参加教学，只能做一些"资料性"的工作。但他却利用这个机会，学习专业，学习英文。20 世纪 50 年代，民院也和其他高校一样，聘请了苏联专家，大家都要学俄文。60 年代以后，他已经开始偷偷地自学英文。没有英文专业书，他就读英文版《毛泽东选集》和《毛主席语录》。有很多地方不懂，又无处求教，他就硬着头皮学，能够成段地背诵。后来，他又向我要藏文版《毛泽东选集》《毛主席诗词》和《毛主席语录》，他还用汉、英、藏三种文字对照着学习，有时还和我讨论翻译中的一些问题。学校里的一些左派人士，尤其是一些与他有过节的人认为他不是为了"改造思想""提高觉悟"而学毛著，而是"别有用心"，继续走"白专道路"，就经常提出批评，还向工宣队、军宣队告状。但他读的全是"红宝书"，也拿他没有办法，只能警告他要"端正学习态度和动机"。

那个时期，我们都属于民委系统，学校不招生，民院老师没有什么事，我们时有接触。王尧曾多次私下对我说："学习总是好的，知识总会有用的，知识怎么能够没有用呢？"他又鼓励我说："机会总是给有准备的人的。"他打着手势给我说：现在商店里没有多少货物，我们手头也没有什么钱。

但是今后一旦货物丰富了,货架上东西多了,你手头却没有钱,只能眼睁睁地看着有钱人把东西买走。知识就是我们文化人的本钱,什么时候也不要放弃学习。果然,"文革"结束之后,在整个中央民院少数民族语言文学系,第一个出书,第一个走上讲坛,用藏、汉两种语言给学生讲课的是王尧。他有时还用几句英语加以补充和强调,深受学生欢迎。在全国藏学界,第一个用汉、英、藏三种语言与港、澳、台同胞及海外藏学同仁进行学术交流,并把港、澳、台及海外藏学研究的信息带回大陆的,也是王尧。可是,他做成的这么多出彩和有影响力的事,也遭到不少人的嫉妒,给自己招来不少麻烦。

纵观王尧先生一生,逆境多于顺境。他的才华没有得到充分施展,他的家国情怀很少有人理解,他报效国家民族的心愿未能很好地实现。这不但是他个人的损失,至少是我国藏学界的一个重大损失。王尧老师,您做了您能做的一切。但愿您能够在另一个世界,不再受那么多的委屈,心灵得到安宁!

2016 年 11 月 21 日

追忆王尧先生点滴

巴桑旺堆
西藏社会科学院民族研究所研究员

我与先生结识于 1985 年。是年，有幸与先生一同参加在北京牛街国家民委招待所召开的中国少数民族简史丛书之一《藏族简史》的审稿会。由于对先生慕名已久，会议间隙作为晚辈向先生几番讨教吐蕃史研究中的学术问题，先生侃侃而谈，诲人不倦的风范令我至今难忘。

先生垂询我走上学术之路的因缘时，我惶惶不安地向先生汇报：我没有大学或研究生的显赫学历，只是一名西藏拉萨中学老三届高中生（1966年毕业），在农村经过一年插队落户的知青生活锻炼后，在拉萨市做了9年的基层水利工作。期间由于对藏学的兴趣，虽谈不上十年磨剑，但一直在认真读书，且锲而不舍。1980 年，我有缘参加全国社科系统招考科研人员的统考，才成为藏学队伍中一名新兵。当我谈及，1978 年全国恢复招收研究生考试，我以大学本科同等学历报考中央民族学院民族史专业硕士研究生未果，若是考上了，可能有幸成为先生的入门弟子。先生听了，会心一笑，不置一词，却夸藏族学者有藏语作为母语的长处，对藏学研究多有裨益，可少走弯路。嘱咐我多留心在藏区发现的新史料，尤其是新发现的碑铭史料。

先生的嘱咐，缘于我与已故黄文焕先生在1981年西藏山南地区洛札之行时新发现的一处吐蕃摩崖石刻。1982年，我根据抄录的摩崖石刻文字，在《西藏研究》（汉文版）第2期发表了一篇《新发现的洛札吐蕃摩崖石刻》。对此，先生十分关注，对石刻所处地理环境、洛札地方历史背景等详细询问，我一一作了答复。我自知初涉研究领域，学识有限，文章写得稚嫩，全然是一篇藏学新兵的习作。文中解读粗浅，多有误读错释之处。先生却以宽容之语气，对拙文中一些碑铭词汇的解读与我商榷，实则解析难点，指出文中不足之处，令我深受感动。

我此生走上吐蕃史研究的学术道路，与先生的《吐蕃金石录》的指引分不开。1982年文物出版社的出版的《吐蕃金石录》还没有问世前，友人送我一本中央民族学院内部发行的油印本《吐蕃金石录》。我如获至宝，眼界为之大开，由此跟随先生之后，走入了吐蕃碑铭研究领域。2012年西藏人民出版社出版了拙著《最新吐蕃碑铭汇编》（藏文），书中对前辈学者包括先生著作中的个别碑铭录文作了校勘。当我作此类文墨时，深感今日我等后辈是站在先生等前辈学术巨匠的肩膀上献上一面之得、一孔之见。

与先生第一次见面以来，由于拉萨、北京相隔千里，与先生会面，聆听教诲的机会不是常有。好在借国内外学术会议之机，有好几次相见的缘分。尤其是1992年第六届挪威国际藏学会、1995年第七届奥地利格拉茨国际藏学会、2003年第十届英国牛津国际藏学会，我皆有幸与先生结伴同行。虽每次只有短短数日，却机会难得，又有共同话题，源于言之离不开吐蕃，离不开"金石"，皆是先生与我共同的兴趣所在。

与先生的交往中，有几件事至今记忆犹新。

一是2000年在京西宾馆召开的国务院新闻办主办的一次西藏对外宣传会议上，我与先生喜得相遇。会议间隙，先生约我移步到一块僻静的角落，避开人群，谈论学术问题。多是先生解疑释惑，我在一方静静聆听。先生询问西藏新发现的吐蕃《昌钦石碑》的相关问题，我一一作答。先生喜形于色，甚感惬意。先生言，《吐蕃金石录》中不曾收录后藏地区碑铭，今日喀则地区拉孜县辖境发现的《昌钦石碑》可补缺憾。

二是2003年我与先生同行参加英国牛津第十届国际藏学会，先生向会议提交的论文是吐蕃僧相"钵阐布"三个字的藏文对音问题研究。以先生这般的大家，对一个"小问题"如此孜孜以求，令我辈在如何治学方面感受良多。

三是2009年我编辑的《当许噶塘蚌巴奇本苯教古文书汇编》（藏文）

一书由西藏藏文古籍出版社出版后，我以一种报喜的心态向先生寄送了一本。先生收到书后，随即寄来一函，给予高度评价：

巴桑旺堆教授：

　　非常感谢您在第一时间内寄来您编纂、校订、出版的《当许噶塘蚌巴奇本苯教古文书汇编》。这是一部十分重要的吐蕃文献无疑。由此，它的出现，必将对藏族古代史、思想史、宗教史、文化史的研究产生巨大影响，必将引起藏学界同仁的兴趣，对藏学研究发展有不可估量的推动作用，而且更加丰富了中华民族文化宝库。我对您和诺布才仁同志，以及其他关心这一领域研究工作的同仁表示衷心的感谢和热烈的祝贺！

　　书短情长，书不尽意。

王尧
2007.10.14 北京

《文书汇编》收录的4份古苯教文书，于2006年发现于山南地区措美县境内一残破佛塔维修过程中，原属塔内装藏品。值得惊喜的是，这4份文书属于古代苯教文书。依据其内容、文风、书写风格，我推断应是西藏境内第一次发现的吐蕃晚期苯教文书。先生以其对古藏文文献的深厚知识，断言《文书汇编》是"十分重要的吐蕃文献无疑"。如今对《文书汇编》研究的进展，似乎验证了先生的断言。《文书汇编》出版后，引起了国际知名苯教学者的高度关注。法国学者喀尔美·桑丹教授特地来信对《文书汇编》中收录的苯教文献的价值给予了充分的肯定，美国学者约翰·贝莱泽于 2013 年已把《文书汇编》译成英文，国内攻读藏学的一些研究生还以《文书汇编》中的内容作为论文的选题。

先生在国内外藏学界以藏文功底深厚而闻名，一口流利的拉萨口语更使无数学人折服，更使一些语音不全、语言混杂的藏人无地自容。先生曾言："藏语文是深入藏学的那把'钥匙'"，可谓至理名言。对今日有志于从事藏学研究的后辈，是一个受益终生的忠告。

由于先生精通藏语，又是藏学界知名学者，1980 年 5 月经胡德平先生推荐随胡耀邦总书记到西藏调研，期间作了许多有益工作。后来有人对先生的工作有所非议，先生从不以为然。倒是今人对耀邦同志的不公，先生一直耿耿于怀，曾借用唐人刘禹锡的"人世几回伤往事，山形依旧枕寒流"的诗句来抒发感慨不平之情。

先生与十世班禅大师有着深厚的情谊，多次与班禅大师就藏学研究、西藏社会发展问题交流意见，又曾为班禅大师作过翻译。十一世班禅喇嘛基于这等情谊，于先生仙逝之后发来唁电："我与王尧先生有两世因缘，祈祷先生早登极乐！"

先生一生，与藏学结下深厚缘分。黑发积霜织日月，著书立言写春秋。

辛勤一辈，甘乳一生。如今，先生长逝已近一年，与先生点点滴滴的交往，恍如隔日，历历在目。以此短文，献给先生的在天之灵。借用一首小诗，以表绵绵思念：

蚕丝吐尽春未老，烛泪成灰秋更稠。

春播桃李三千圃，秋来硕果满天下。

深切缅怀王尧先生

徐文堪
汉语大词典编纂处编审

藏学大家王尧先生于 2015 年 12 月 17 日因病于北京逝世。噩耗传来，令人不胜悲痛。身为后辈，二十余年来，笔者有幸与他多次晤面深谈，亲承馨欬，获益良多。现就记忆所及，回忆与先生交往的几个片段，以示敬仰怀念之情。

王尧先生是杰出的学者，在中国藏学的诸多领域作出了开拓性的贡献。先生 1928 年出生于江苏涟水，原就读于南京大学中文系。建国初期，响应国家号召，只身北上，前往中央民族学院（现中央民族大学）学习，师从于道泉（1901—1992）先生和藏族学者曲吉洛卓（李春先）、格桑居冕、土登尼玛诸先生；又在贡嘎山跟随贡嘎上师学习藏文和藏传佛教。1954 年间，先生协助法尊法师（1902—1980）、于道泉、黄明信、桑热嘉措法师等前辈完成《中华人民共和国宪法》的藏文翻译工作，后又在张建木（1917—1989）先生和东噶·洛桑赤列（1927—1997）先生的课堂教学中担任辅导工作。此外,他还在北京大学随王力(1900—1986)先生研习汉语史。

由于长年累月的刻苦学习和钻研,先生在上世纪五十年代后期就已经成为一位相当成熟的藏学专家。笔者知道王先生大名,始于六十年代在大学求学期间。因对少数民族的历史、语言和文化有兴趣,先后拜读了先生所撰《藏语的声调》(载《中国语文》1956年第6期)和《藏语数词中的"垫音"》(载《少数民族语文论集》第二集,北京中华书局1958年版)两文,又偶然买到了先生编著的《藏剧故事及研究》(中国戏剧出版社1962年版),笔者还在图书馆专门研读了先生的《西藏萨迦格言译注》(青海人民出版社1958年版)。《萨迦格言》是萨班·贡噶坚赞(1182—1251)撰写的哲理诗,藏族高僧贡噶活佛亲自向先生讲授这一重要著作。贡噶上师是康区木雅(弥药,Mi nyag)人,先生是他的传人之一。上师于1957年阴历正月二十九日在贡噶寺圆寂,因此,王先生的《译注》显得尤其意义深远,特别是当时国内用汉文出版的藏学著作稀少,远远落后于国外的研究水平。

"文革"结束以后,迎来了改革开放的历史新时期。王先生的藏学研究也进入了新阶段。早在六十年代"文革"之前,中央民族学院就举办了两期藏文研究班。在七八十年代,王先生主要将精力放在吐蕃时期(公元11世纪以前)藏文文献的研讨上,这是当时中国藏学界一个极其薄弱的领域。吐蕃时期的文献主要有三大类,一是敦煌等地发现的遗书中的古藏文写卷，二是吐蕃时期遗留至今的金石铭刻，三是新疆等地发掘出土的古藏文简牍。先生对其中最著名的敦煌本吐蕃历史文书关注已久，早在四十年代，法国学者巴考（J. Bacot, 1877—1965）、杜散（Ch. Toussant）和英国学者陶慕士（F.W. Thomas, 1867—1956）就已通力合作完成一本重要著作 *Documents de Touen-houang relatifs a l'histoire du Tibet*, Paris. Libraire orientaliste Paul Geunther, 1940—1946。王先生在于道泉先生处获得此书后，孜孜不倦反复研读，又得到马雍（1931—1985）先生的帮助，参考原书法译文的汉语译文，深入进行考证。"文革"后的1980年，陈践先生也参加了这一工作，与先生一同改进译文，增加注释。经过两位先生的悉心努力，《敦煌本吐蕃历史文书》于1980年由民族出版社出版。该书由我国民族语言研究的杰出先驱、著名汉藏语研究大家和书法家闻宥（1901—1985）先生题署书名。之后，王先生得到机会前往巴黎和伦敦两地检阅藏文原卷，对此书进一步改订，并附原卷照片，于1992年出版了增订本。此外，王先生编著的《吐蕃金石录》和《吐蕃简牍综录》于1982年和1986年相继问世（均由文物出版社出版），与此书合成三卷一套的吐蕃文献丛书。王、陈二位先生还编著了《吐蕃时期的占卜研究》（香港中文大学出版社，1987年）、《敦煌吐蕃文书论文集》（四川民族出版社，1988年）等。这些论著是对中国和世界藏学研究的重要贡献，特别在中国藏学史上具有里程碑意义。

我第一次与王先生见面是在 1993 年夏天，当时是与同事去香港参加国际亚洲和北非人文学大会（由香港大学主办）。由于与会的内地学者较多，港大为了方便大家报到，特地约定在注册当天派大巴来广州迎接。由此，我与同事提前一天到广州，在中山大学招待所住了一宿，晚间在大学食堂进餐时，同桌的正是王先生（在座的还有曾任国家民委副主任的藏族学者丹珠昂奔先生）。先生与我们一见如故，十分热情地与我们交谈，餐后，又在餐桌旁交流了大约一个小时。交谈之中，我向先生取得的学术成就表示仰慕，先生则谦抑地说这些工作算不了什么，并一再说起赵元任（1892—1982）、闻宥、李方桂（1902—1987）和于道泉等诸先生，对于这些前辈的成绩以及对他的关怀一直铭记于心，还说他与这些前辈相比真是高山仰止，不可同日而语。先生还提到他二十世纪八十年代以来在国外任教和访学的情况，盛赞奥地利学者斯坦克尔耐（E. Steinkellner）、匈牙利学者乌瑞（G. Uray, 1921—1996）等人的学问，说他们都掌握多种语言，有人还会汉语，值得我们认真学习。先生在国外参加藏学会议时曾结识牛津大学的藏学家迈克·阿瑞斯（Michael Aris, 1946—1999）博士，1992 年还去过他家中一次。此君正是举世闻名的缅甸政治家昂山素季的丈夫。先生还说到他在 1985 年参加慕尼黑举行的藏学会议时见过昂山素季一面，那时她给人的印象是纤弱文静，像个女大学生。

1993年初识之后，我有幸在参加一些学术活动时，于北京、上海、兰州等地几次与先生晤面。先生总是热情洋溢、谈笑风生。对同辈学人，如四川大学的汉语史专家张永言先生、中科院地理所的黄盛璋先生等非常亲切尊重，对后辈青年学者则爱护关怀，谆谆教导，而且从不以权威自居，固执己见，经常认真听取和接受别人在学术问题上的不同意见。先生拥有广阔的国际视野，是中国藏学与国际藏学之间的沟通桥梁。由他主编的《国外藏学研究译文集》，由西藏人民出版社出版了20辑，对于国内学者了解国外藏学研究的成绩和动态起了不可替代的作用。

20世纪90年代中叶，我协助王元化（1920—2008）先生编辑《学术集林》丛刊，特地向先生约稿，他立刻寄来了《从"血亲复仇"到"赔偿命价"看藏族传统思想与社会变迁》（刊登于《学术集林》第8辑，上海远东出版社1996年版），给予我们极大的支持。因为我在上海出版系统（汉语大词典出版社）工作，先生曾与我商量，想把他和陈庆英先生共同主编的《西藏历史文化辞典》在上海出版，对此我感到十分荣幸，并开始上下奔走，联系安排出版事宜，可惜因为种种原因，未能如愿。先生还向我推荐过谭世宝先生的佳作《悉昙学与汉字音学新论》，我阅后虽然对书中的一些观点稍有不同的看法，但该书确实是一部有价值的学术专著，于是联系上海的几家出版社希望出版，可惜碍于当时出版业的大环境，也是无功而返。

最终，王、陈二先生合编的《西藏历史文化辞典》在 1998 年由浙江人民出版社和西藏人民出版社合作出版。谭先生的著作则历经十余年始得问世（北京中华书局 2009 年版）。得知二书出版的消息之后，笔者如释重负，却因为有负长者所托，感到愧疚之极。

2003 年春夏之交，我前往香港大学中文系访学，在一次会议上又遇到了先生。那时他正在港大佛学研究中心讲学。我与先生在香港聚谈几次，还参加了先生主持的学术讲座，与他讨论古代西藏文化与中亚文明特别是粟特文明的相互联系，得益甚多。

与先生最后两次见面，是在 2014 年 7 月间。当时他不顾高龄患病，亲自来沪，向复旦大学历史地理研究所捐赠藏文德格版《大藏经》。我还参加了先生主持的复旦博士研究生毕业论文答辩。答辩会后他说起华裔著名语言学家张琨教授夫妇的往事。张琨先生是我国少数民族语言特别是藏语研究的大家。他在美国耶鲁大学留学时还学过拉丁文和梵文，对梵文造诣极深，他的博士论文《迦絺那衣法的比较研究》是一部名著，1957 年在荷兰出版，可惜国内知者甚少。尽管张先生发表在台湾地区《史语所集刊》上的论文为大陆学界熟知，但他的治学经历却不为人知。我从先生那里得知张先生出国之前就编写过一本《藏语语法》，但任何书目上都似乎未见著录。在复旦的那天，先生谈兴颇高，精神和身体看上去也不错。不曾想此番一别，竟成永诀！

现在国内的藏学研究已经取得突飞猛进的发展，考古发掘不断获得新成果（如都兰吐蕃墓等等），青年学者也在不断成长。不过我们依然还有许多不足之处，如古藏语文献研究方面，国外学者如柯蔚南（W.S. Coblin）、Sam van Schaik、J. Dalton、Nathan W. Hill（丘内藤）以及武内绍人、岩尾一史等学者的工作就非常值得借鉴。在藏语研究方面，应该把传统的语文学方法和现代语言学理论结合起来，把历时探讨和共时探讨结合起来，并进行深入的田野调查和比较研究，力求取得新突破。若能如此，相信假以时日，我国藏学研究一定可以到达国际学界首屈一指的水平，或许这就是对王尧先生最好的纪念。

2016 年 4 月 24 日于上海

忆念王尧先生

柴剑虹
中国敦煌吐鲁番学会副会长兼秘书长、中华书局编审

2015年12月17日夜十时许，忽然接国家图书馆古籍馆萨仁高娃副馆长电话，告知王尧先生于4小时前仙逝的噩耗。一个多月前我还和尧老通过电话，听到他乐观而自信的声音，岂料竟成永诀！心痛不已，彻夜难眠，第二日凌晨，先写下一首小诗表达对尧老的悼念之情：

尧老一生最赤诚，心系吐蕃中华魂。
踏遍青藏三江路，炼就般若四谛身。
坦坦荡荡谈大局，孜孜矻矻撰弘文。
一夕羽化登仙去，化作人间杜宇声。

23日，尧老告别仪式在八宝山梅厅举行，银幕放映了王老生前影像，在和众多尧老亲友及学生一起瞻仰老人安祥遗容后，我紧握着特地从上海赶来的上海远东出版社社长徐忠良先生的手，脑海中又浮现出如下七言诗句：

> 梅厅菊丛送尧公，学界长存好音容。
> 宗师鹤逝弘篇在，仰止高山四海同。

王尧先生为我国藏学研究界一代宗师，称其道德文章为四海仰止决非虚誉。我是上世纪 80 年代在敦煌学学术会议上才开始结识尧老的，因为于藏学了解甚少，从尧老的著述中得以了解一些大概，知道了敦煌莫高窟藏经洞所出的古藏文写本里有极为丰富而珍贵的西藏历史文化资料，是值得大书而特书的。而尧老与陈践等中国学者对这些藏文文献的整理研究，又是为国际藏学界所瞩目、为祖国增光的。

尧老是我们中国敦煌吐鲁番学会最早的会员，也是我们学会第一、二、三届的理事。1998 年以后则一直担任学会的顾问。在学会的初创期，由于王尧先生和其他一些学者的努力，学会一开始就把藏学研究尤其是敦煌藏文文献的整理和研究作为敦煌学研究的一个重要组成部分。众所周知，在 70 年代末 80 年代初，国际敦煌学界流传着"敦煌在中国，敦煌学在国外"的说法，中国学者为了改变这种状况，奋起直追。王尧先生在敦煌藏文文献研究上，和他的几位同事齐心协力，一起做了非常优秀的工作，很快就为国际敦煌学界所瞩目，中国的敦煌藏文文献研究在国际藏学界、学术界获得了很高的评价。尧老为此付出了艰辛的努力，取得了丰硕的成果。我记得在 1990 年代中，王尧先生和陈践老师一起编写了《法藏敦煌藏文文献解题目录》，当时在出版经费上遇到了困难，王尧先生找到我，希望从学会经费中想想办法。我很快将此事报告季羡林会长。季老果断表态说，像王尧先生这样做敦煌藏文文献研究的，国内外有几人？我们一定要大力支持。因此，学会很快就拨了资助款使这本书得以顺利出版。这确实是我们应该做的事情，但是王先生一直把这件事挂在心上，认为这是学会对他的研究工作的很大支持，多年后还几次在会上会下提及。其实，我觉得王尧先生在敦煌藏文文献的整理和研究上的杰出工作，为祖国获得了荣誉，恰是对学会工作的最有成效的支持，也是对国际敦煌学研究的杰出贡献。

尧老也特别关注对年轻藏学研究者的扶植，他所热心教导培养的学生，包括当今在学界很有影响的沈卫荣、陈楠、黄维忠等学者，他们在这方面的努力和成就也使王尧先生感到非常安慰。中国敦煌吐鲁番学会中的藏族学者不是很多，尧老也非常关切年轻的藏族学者的成长，在尧老的支持下，我们依托西北民族大学成立了敦煌吐鲁番学会的少数民族文字专业委员会，由尧老担任负责人。在那个专业委员会里，一些中青年藏族学者得到培养、锻炼，为敦煌学研究做出了很多贡献。他好几次跟我讲，我们现在的藏学研究，尤其是敦煌藏学研究是后继有人的，而且是在世界藏学界有很大影响、在敦煌学界起到引领作用，有很大贡献的。这点也是王尧先生一直在讲，常常引以为荣的。我知道，他对后辈学人的关切，也与引领他进入藏学研究领域的恩师于道泉先生的影响密不可分。于先生是国际著名的语言学通才，我国藏学研究的开拓者和高校藏语教学的奠基人。王尧先生自1951年起到中央民族学院师从道泉先生，四十年间，不仅在藏语学习、藏学研究上一直得到道泉先生的指引，而且在为人处事上（尤其是和藏族同胞的真诚相处）也得到感染与启益。尧老写过不少充满深情的回忆道泉先生的文章，我也多次听尧老动情地讲述他对老师的感恩之情。师恩难忘，知恩图报；师情似火，薪火相传。情感化为动力，影响了尧老一辈子。

王尧先生是中央文史研究馆的馆员。说来也是缘分，这几年我参与了中央文史研究馆编撰《中国地域文化通览》的审稿工作，跟担任该书副主编之一的尧老有了较多的直接接触。《中国地域文化通览》是每个省区一卷，包括西藏、青海、甘肃等有藏文化传承的省区。王尧先生在馆员副主编里是最年长的一位，但每一次开相关的工作会议他都非常积极、认真地来参加。这些年来，他的腿脚已经不很方便，实在是步履蹒跚，但是他不但每次都自始至终按时与会，而且认真审读书稿，每次会上对书稿里涉及民族政策、宗教政策的相关文字都提出了非常中肯、十分重要的意见，得到具体编撰西藏、青海、甘肃各卷各地学者的首肯，即使是他提出的一些比较尖锐的批评和修改意见，也都能够使人心悦诚服，促进了这几卷的圆满定稿。在编写、讨论青海卷和西藏卷期间，我和尧老曾一道去西宁开编撰工作座谈会，当时编撰西藏卷的藏族学者也都来了，都十分敬重尧老的人品和学识。那次在西宁的会上，王尧先生每一次谈及民族文化、民族团结的发言都是非常动情的。甚至在一起吃饭之时，他还是在不断强调我们这部通览一定要把少数民族文化对华夏文化，对整个中华民族传统文化的贡献充分地表达出来。他多次引述费孝通先生提出的各民族文化"各美其美，美人之美，美美与共，天下大同"的话，而且充满了真挚之情。这点给我留下很深的印象。在赴青海的飞机上，王先生一再回忆起他在西藏工作和生活的往事，认为在藏区与民族兄弟"甘苦与共"才是幸福。他几次跟我说，现在虽然年龄大了，但是他还是想再去西藏。那时候王先生夫人就跟我说，她因为做过心脏手术，所以她再去估计有困难，所以让我劝王先生一定要顾及自己的身体。可是我们一起到了青海湖，过日月山等海拔比较高的地方，王先生没有感觉有高原反应，就马上对我说：你看，我现在身体很好，我完全可以去藏区，去多做一些文化的宣传工作。这是非常了不起的事业心、责任感的真实表露！

还有一件小事也让我记忆犹深。那是在西安举行的一次佛教文化盛会的开幕式上，一位印度驻华外交官以来自佛祖故乡的代表身份在台上讲话之后，另一位来自尼泊尔的外交官接着上台发言，说："佛祖释迦牟尼诞生地明明在我们尼泊尔，为什么你说是在印度呢？"会场一时气氛凝重，出现尴尬场面。这时，王尧先生马上上台发言。他用徐缓的声音讲述古印度释迦族所在地域和今天印度、尼泊尔国家疆域的关联，讲述释迦牟尼诞生、修行成道、说法、涅槃，均与印度、尼泊尔关系密切，并无矛盾冲突之处，进而指出古印度佛教圣地是全世界共同的文化遗产。于是，全场为之鼓掌，一次可能引发口舌之争的纠纷得以平息。会后，不少代表对尧老高超的调解技术和智慧表示钦佩。其实我知道，这既缘于尧老的深邃学识与政策水平，也是他一贯奉行的与人为善、为人排难的态度的具体表现。

2016 年元旦后第 7 天，是王尧先生仙逝之后满三七的日子，我受中国敦煌吐鲁番学会会长郝春文教授之托，参加中国藏学中心为王尧先生召开的追思会。我看到会场台上悬挂的尧老大幅彩照，又一次牵动了我的回忆。因为为他拍摄这张照片的时候，我就在旁边。当时中央文史研究馆安排著名的摄影家张建设为中央文史研究馆馆员拍照，就在我们开会宾馆的一个房间里拍摄，摄影师要求被拍摄者做各种姿势。照片上尧老的这个姿势显得非常自然，就像他平时发言、讲课一样，正是大家最为熟悉的形象。尧老去世前一个多月，我给他打电话。他在电话里讲：我现在病了，身体不太好。但是你们不要担心，我还要做很多工作，我还有很多事情要做。因子女远在国外，他住进敬老院，最大的需求就是希望有书看，能继续做学术研究……

六世达赖仓央嘉措的诗集中有这样一首诗："心如洁白哈达，纯朴无玷无瑕。你若心有诚意，请在心上写吧！"（据西藏人民出版社2010年版庄晶译本《六世达赖喇嘛情诗选》，笔者对一二句词序稍作改动。）现在，王尧先生驾鹤西逝，但是他的音容笑貌还会时常浮现在后辈学人的脑海里，他的精神也将永远活在我们心中。当然，王尧先生更希望不光是我们的敦煌学研究、藏学研究要继续推进，而是整个中国传统文化的传承和发展事业能够做得更好，我们这个多民族团结统一的国家能够更加繁荣昌盛。我们一定要把王尧先生毕生从事的事业继承、发展下去，将心中洁白无瑕的莲花和哈达奉献给他的在天之灵。

丙申中秋于北京

难忘的电话号码——对王尧老师生前身后的纪念

李家振

佛教文化学者

我脑海里留存着一个难忘的电话号码********，这是王尧老师家的电话号码，它让我联想到许多往事，包含着感悟、思索、念想、遗憾以及不可思议的感应。这个号码使我难忘，也反映了我与他的因缘。

我与王教授结识有二十多年，他是一位长者、学者、贤者，也是我心中尊敬的老师，他培养了不少有名望、有学识、在民族文化研究领域做出重大贡献的继承人。我和他有缘，却不敢说自己是他的学生。

我与他的因缘，源自赵朴老。上世纪八十年代末，我有幸来到中国佛教文化研究所，在赵朴初会长身边跑腿打杂，这个职务使我在实践中结识了许多文化前辈，如周绍良、季羡林、冯其庸……，王尧老师也是其中之一。

王老师是中国佛教文化研究所成立时最早的研究员之一。他与朴老好几次单独见面，我都陪侍在侧。他们见面时，畅所欲言，无有遮掩，内容接地气、尽人情，不仅限于学识、文理。朴老去世前两年，在北京医院与刚从美国开会回来的王尧老师见面，听他谈会上对西藏问题的种种意见，不论会上观点有何分歧，他俩都本着藏汉团结、祖国统一的基本原则，不带偏见地分析因缘，而不是"倒果为因"地轻易定论。

十一世班禅大师在王老师离去时曾说："他与我有两世因缘。"这让我想起一件事，赵朴老与班禅大师之间有着三世因缘：早在上世纪三十年代末，九世班禅大师在上海金刚道场给他灌过顶；他与十世班禅大师有极深的感情，为了民族团结，排除种种障碍，做出很大贡献；十一世班禅大师举行升座仪式，朴老牵着他的手进入圣殿。我在听他们二位谈话中，深切感悟到"诸法因缘生"的深意。有一张相片是一次二人在医院中会面时，当年在医院陪侍朴老的佛协联络部负责人章鸿志拍摄，可以感受到二人的关系。

二十世纪四十年代初，朴老曾送一批青年到新四军抗日，朴老与新四军的关系很深，而王尧教授当年则是反对侵略、保卫祖国疆土与人民的抗日战士，是新四军金萧支队的一员。他们就从那时开始结缘，王尧教授一生不忘当年的兄长与同志，始终保存着革命的初心与热情。朴老去世后，有一次新四军老战士组织纪念会，王尧教授亲自主持。

在前辈高人指教下，我对"信仰"二字有点体会，赵朴老很精确地用四个字概括为"信解行证"："信"首先是对真谛信任，"解"是理解，

"行"是实践,"证"是由此得到证据。王尧教授是一位有信仰的实证者,是一位善知识(正直而有德行能教导正道之人)。这是一个"无始无终,无我无常"的过程,联系到王尧教授的一生,我们深切地认识到,他就是这样的学者、行者、证者,这条路并没有结束,他的后继者们还在这条路上继续前行。

"诸法因缘生,缘谢法还灭",我是一个无学历、无职位的工作者,与王尧教授的相识、相知、相交,反映了不可思议的因缘,但依我个人的体会,不可思议并非不能理解,只是不可用思考、议论的办法去理解,如能从眼耳鼻舌身的体会中知其来龙去脉的因缘,依然可以明白。

我自幼丧父,家道中落,有幸受到一些有识之师指点,让我走上一条"生活即教育,社会即学校"之路,在摸爬滚打中明白一些事理,使我在荆棘丛生、崎岖不平的人生路上,懂得在无常的时空和生命中,如何做一些知己知彼、自觉觉他的事。

我与王尧教授相识源于赵朴老,这段因缘中也有季老、冯老等善知识的教化,使我知晓什么是知识,什么是智慧,什么是学者,什么是行者,什么是文化,什么是体悟。明白文化是化育,其根本是真,标准是善,高度是美的深意。

王尧教授待人宽厚,性格开朗,风趣幽默,学养深厚,著作等身,是具有世界影响的佛学、藏学、敦煌学家,胸怀博大,视野宽广,是中国现代藏学之父于道泉教授的衣钵传人。王尧教授文史兼通,世出世法不二,对历史和当下均有精深研究,对国家统一、民族团结具有深刻情怀,堪称一代学术大师。

他是新中国自己培养的藏语翻译,参与过毛泽东、刘少奇、周恩来接见十四世达赖喇嘛、十世班禅额尔德尼迎接藏历木羊新年的盛典,参与过中华人民共和国宪法藏文版的翻译;陪同胡耀邦总书记考察藏地,同时开启和国外藏学界的广泛交流,连续参加第三届至第十届国际藏学研究大会;主编二十辑《国外藏学研究译文集》,将敦煌藏文文献引回国内;将自己的藏书分别捐赠给各大学,门下弟子遍布世界各地。

王尧教授学识渊博,举止儒雅,人们称他为贤者、学者、长者。他虽学养深厚,但是谈及藏学、佛学,从不居高临下,只是从古今中外古籍名言中,引经据典,娓娓道来;生活平实,简朴无华,却有一种无形光芒,让与他接触者倍感亲切。

我读过他的著作,却没有听过他的课,交谈受教都是在极偶然的情况中进行的。有一年我去维也纳,在一家中文书店与店主交流,获悉他竟是王尧教授长子,正巧那时王教授在维也纳大学讲课,十分高兴,相约在我借住的友人家见面,畅谈两次,并没有什么专题,他说故事一般地讲了许多人和事，包含生动又丰富的智慧。

他曾到佛教文化研究所，让我们帮他编一本传统文化相关作品，在交流过程中，认真听取各类参与者的建议，出版后又到研究所，让我请参与工作的人员吃一次饭，以表感谢。当时有一位没能找到，他很不安，一再表示遗憾。这种认真诚恳、不忘他人点滴付出的精神使我很感动，说明他真正明白没有一件事情的成功不是众人集体出力的成果，是一种破除我执法执的精神。

早在上世纪九十年代初，周艾若先生主编的《中国历代僧诗全集》，得到赵朴老、周绍良、星云大师及许多学者大力支持，王尧教授正是编委之一。艾若回忆起当年王尧教授不仅在学术编辑上认真参与，还做了许多跑腿的具体工作。为了编辑出版，他在经费上主动出马从星云大师处取得资助，亲自送到编辑部。这套书完成了魏晋至唐三册，很受好评，可惜当时因缘不具，后续工作只能搁置。去年艾若先生与我谈起此事，希望组织人力将其完成。想到赵朴老、星云大师、王尧老师等长者、贤者的大愿，我接下了这一任务，相信王尧老师在冥冥中会继续引领我们向前行。

回想种种往事，还得联系到 ******** 这个电话号码。每次给他打电话，我称他王教授，他称我李先生，我很不好意思，在尊敬的前辈面前，我既无学历又无职称。这反映了他的平常心、不二念，这是佛心，并非"道理"，让我感悟到他的慈悲与智慧，由此想到朴老曾写过两个字——"佛心"，旁注一行小字"佛心者大慈悲是"。王尧教授言、行、文、理，正是他一生发心慈悲、智慧的精神！

他离世前一段时间，我听说他的夫人去世，心中黯然，通了电话，想去看他，后来听说他跌了一跤，坐了轮椅，我又去电话问候，表示一定要去看他，直到他转到四季青敬老院，我已决定不日出发，突然听到噩耗，无法实现诺言，我呆坐椅上，悔之不及。我绝不是虚情假意，只是俗务杂乱，又不相信他就这样走了，留下了无可挽回的遗憾。

他追思会那天，我在外地，当时未多考虑，拨了一个电话，竟然有振轨声，心头涌起不可思议的神秘感，虽然我想这只是他家人还未销号，但我还是希望能再听到他的声音，拿着话筒，深知其不可能，让它响了几声，就轻轻地挂了。

我永远不会忘记王老师，他与那一辈无私无我、以身教人的善知识一起，像星火一般继续引领我做人做事。

纪念王尧老师

陈庆英
中国藏学研究中心历史研究所研究员

恩师走得匆匆

2015年12月17日晚6时,王尧老师在北京航天医院去世。对老师的去世,我在得到消息时感到震惊,不敢相信这是真的。因为我在四川住了两个月后回北京,参加12月13日中国藏学研究中心召开的学术委员会,散会时沈卫荣教授告诉我王老师在四季青敬老院,精神不大好,最好我们去看看他。14日他又来电话说王老师已经在航天医院重症监护室,病情不轻,不过还算稳定,医院只准许亲友在每天下午三点到四点探视。因此在15日,我邀约了熊文彬、王维强、季垣垣等,前去医院探视,又给中央民族大学的喜饶尼玛、周润年他们打了电话。我们到了航天医院后,在重症监护室门前,见到从欧洲赶回来的老师的儿子王敫和曾经在中央民族大学藏学研究院听过课的马晓红女士。被告知王老师是因为食物卡住气管,引起肺炎而住院。医院只让我们轮流进去探视,每个人五分钟。我是第一个进去的,见王老师躺在病床上,鼻孔和嘴里都插着管子,不能说话,但是意识很清楚,一下就认出我来,想要说话,但是说不出来,我握着老师的右手,感到老师的手还和平时一样有力,我刚说了两句问候的话,老师就显得很激动,边上的几个机器一齐发出响声,护士让我立即出去叫王敞进来,叫我们不要影响病人。因此我只好退出。王敞进去后,过了十几分钟,护士出来说病人情绪稳定了,可以进去看望,但是不要说话,不要影响病人。之后熊文彬他们也一一进去几分钟看望老师,都没有能和老师谈话。在临离开重症监护室时,马晓红女士说她家就在医院附近,她会每天下午都去医院看望老师,并说会把情况打电话告诉我。在医院里,又遇到中央民族大学的周润年他们,因为快到四点了,我就叫他们赶快上楼去看老师,没有多谈。在返回的路上,我们议论说王老师并没有器质性的大病,只要能够消炎,是会挺过这一关的。16日下午,马晓红女士果然打来电话,说王老师病情有好转,情绪稳定,还在纸上给她写了几个字。当天马丽华和冯良她们去看了王老师,电话中也说王老师病情稳定,情绪还好。17日,中央民族大学的班班多杰教授和故宫博物院的罗文华去看望老师,在四点时给我打来电话,说王老师情况还可以,精神也好多了。马晓红打来电话也说老师当天病情稳定,精神还不错。正当我为老师病情好转而感到欣慰时,却从微信上看到王老师已经去世的消息，我急忙给马晓红打电话，她说她正在医院，王老师遗体已在六点多钟送往八宝山。这个与我们的设想反差巨大的消息，一下子把我惊呆了，许久缓不过神来，总觉得是在虚幻的梦中。过了好一会，才明白这个不幸的事情是真实地发生了……

王尧老师去世到现在已经过了几个月了。在这期间，12月23日在八宝山举行的王老师的遗体告别仪式，有从各地赶来的王老师的亲友和学生参加，还有多位党和国家领导人送来花圈并致电慰问家属。特别是十一世班禅额尔德尼·确吉杰布也于21日向王尧先生治丧委员会发来唁电，沉痛哀悼王尧先生，并向其家属表示慰问，称"王尧先生是我国著名藏学家，一生治学严谨、孜孜不倦、勉励后学、感人肺腑，学术卓越、影响深远，令知者无不敬仰。我与王尧先生有两世因缘，祈祷先生早登极乐！"2016年1月9日在中国藏学研究中心举行了王尧老师追思会，在会上王尧老师的生前友好和学生追忆了王尧先生低调谦虚、睿智勤勉的工作和生活片段。对王尧先生其学术生涯、学术成就和教书育人的崇高品德做了高度评价。还有许多媒体对王尧老师的事迹和贡献做了报道。通过这些报道，让我们更加清楚、更加准确地认识了王尧老师。我作为他在1978年招收和指导的第一个硕士研究生，和王尧老师的接触交往有将近四十年。中间和王尧老师密切接触是在我读硕士的三年间。然后又有三年在中央民族学院的藏族研究所里一起工作。本来我认为我是比较深地了解我的老师，但是在这段时间里看到、听到的关于王尧老师的报道和文章，我发现其实我对于王尧老师在很多地方还是有些不了解，有些重要的事情我自己都不知道。例如徐忠良先生的文章说 2014 年 7 月王尧老师到浙江时，他陪同王老师"前往浙江桐庐第一人民医院，拜见带领他投身革命的长兄王作。躺在病床上已经不能说话的大哥早就盼着兄弟，坐在轮椅上的王老师甩开轮椅，颤巍巍地走上去，一把攥住了大哥的双手，互相摩挲着，两人默默流泪，深情凝望，令我们在场的人都心伤不已。这是两位新四军老战士亲兄弟的最后一面，一个星期之后，离休干部、新四军老战士王作大哥安然去世"。"方知王老师竟然和堂哥同是新四军金萧支队的战士，曾在浙江萧山、安吉、桐庐等地英勇抗击过日本侵略军。"以前我在王老师那里曾听说过他当过游击队员，还从别人那里听说王老师退休时还因为是离休还是退休，老师和人事部门有过分歧和争议，过了一段时间才确定为离休干部。我问过王老师，他不愿细说，所以我一直不明究里，现在才知道王老师在青年时曾是新四军的战士。因此我觉得，正是因为王尧老师的经历和他的学术贡献的范围的广大，使得作为他的学生或者说是后辈的我们，对王老师的了解可能只是一个方面或者一个部分，因此我们对他的怀念，只能从自己的亲身体念和见闻、从回忆个人和他的交往出发。

往事历历难忘

1978年"文革"后第一次招收研究生时，我是青海省海西蒙古族藏族自治州民族师范学校的教师，这之前在州红卫中学教过十来年的书。因为这两个学校的老师中有一些是从北大、北师大、华东师大等学校分配来的，他们报考的积极性都很高。我想我在青海民族学院和青海师范学院学的物理专业知识只相当于一个大专的程度，就没有想去报名。直到报名快结束时，我教过的一个学生在招生办工作，给我打电话问我怎么没有去报名，我说按我学的专业，没有办法去考。他说招生的学校很多，各种专业都有，你过来看看吧。我到那里一看，随手拿起几本招生目录，就有中央民族学院的，上面有一个古藏文专业，指导老师是由好几位老师组成的指导小组。他们说你不是会藏文吗，应该去考一考，试一试吧。因为当时很多老师都报考了，在学生们眼中，有水平的老师都应该报考的，不报考是自认水平低。就是在这种情况下我报考了中央民族学院的古藏文专业。当时我对中央民族学院的藏文专业并不了解，这几位老师我一个也不认识。本来我以为初试去考一下就算结束了，没有想到在七月初接到要我到北京参加复试的通知。于是抱着到北京去看看的心理，在妻子的支持下，到北京参加复试。记得参加复试的有二三十人，考的是藏文一科，考场的气氛很严肃，考试中有几个老师来考场上看我们答卷情况，后来才知道是佟锦华、耿予方、王尧、格桑居冕几位老师，但是当时我一个也不认识。复试完了以后，我和谢佐、端智嘉三个从青海来复试的学生一起坐火车回青海，没有想到十月份我们就成了研究生同学，其他的只有来自民族语文翻译局的格桑益西。

入学后不久，就遇到确定研究方向的问题，当年中央民族学院招收的研究生一共是十五人，藏文专业只有我们四人，而我们都是报考的藏族文学研究方向，因此需要调整，同学们动员我去跟王尧老师学敦煌古藏文文献，我在海西工作时去过敦煌，对敦煌石窟有一些概念，因此就同意了。谢佐同学以前就认识王老师，因此他带我去王老师家里，这是我第一次到王老师家。老师家当时是五口人住在民院家属院平房区的一个小套房子，显得很拥挤。王老师听说我要读他的研究生，首先表示欢迎，不过紧接着说，这个研究方向是个冷门，而且有相当的难度，要懂隋唐史、佛教文献、藏文古籍，因此要准备吃苦，要坐得住冷板凳。又说你们大学毕业已经工作十几年了，只要下功夫，应该可以学好，我们师生共同努力吧。看得出来，因为我本科不是学藏文的，要学敦煌古藏文文献，老师还是有所保留的，不过还是欣然接受了我这个半路出家的弟子。第一个学期我们主要上英语课（我们四个人都没有学过英语），还有王辅仁老师上藏族历史，佟锦华老师上藏族文学史，学校又为我们从西藏请回东噶·洛桑赤列老师来为我们上《贤者喜宴》，当时北京和西藏有关的一些单位的同志也前来听东噶·洛桑赤列老师上课，坐满一个大教室，以至于我们四个研究生常常要去和旁听的人抢座位。可能因为只有一个学生，学校不好安排教室，因此第一学期我没有跟王老师上课。到第二学期时王老师家搬到新建成的宿舍楼35单元，住宿条件有了一些改善，老师买了两个书柜，把书摆起来，他就让我到他家里去上课。从那时开始，在差不多两年的时间里，就在王老师家的小饭桌上，老师给我上了"敦煌本吐蕃历史文书""吐蕃碑刻""吐蕃藏文木简"等三门课，陈践老师也经常参加。可以说一直到毕业，我的专业课的课堂就是在王老师的家里，有时候上课上到过了午饭时间，王老师就在家里煮两碗面条，师生一起解决午饭问题。西北民族学院的王沂暖教授和宁夏研究西夏文的专家李范文来北京看望王老师，王老师在家里招待他们吃饭，也要叫上我这个学生作陪，让我在和学者们的交往中开阔眼界。

应该说，入学时我对吐蕃王朝并没有什么概念，更没有接触过吐蕃的藏文文献，因此基础是很差的。王尧老师给我上课，往往要从基础的知识讲起，有时候几个单词就要讲一个上午，这就需要王老师有很大的耐心。不过因为同时上东噶·洛桑赤列的课，而且在课余的时间里，和我同住一个宿舍的端智嘉同学给了我很大的帮助，常常给我解释一些疑难，我们还一起开始把《新旧唐书·吐蕃传》翻译成藏文，并细读更敦群培的《白史》，合作撰写了《吐蕃赞普赤德松赞小传》，这使我的藏文阅读能力有了较快的提高，逐渐能够进入王老师讲的课程。

王老师很善于针对学生的情况，用特别的办法帮助学生尽快提高藏文阅读水平。在第三学期，西藏人民出版社请王老师翻译《西藏王统记》，他就把这个任务交给我，并说中央民族学院图书馆里有解放初从琉璃厂收来的各种旧书和杂志，有一些西康省印的《康导月刊》，上面有刘立千翻译、任乃强校的《西藏王统记》的译文，但是刊物很不完整，还有上海出版的王沂暖翻译的《西藏王统记》，但是其中有一些省略的地方，也不完整，希望我根据民族出版社新出的藏文本做一个完整的翻译。这样，我在一年中用课余的时间到图书馆一个字一个字地抄录了《康导月刊》的译文，对《西藏王统记》重新做了翻译，在翻译过程中端智嘉同学也给了很多帮助，后来仁青扎西也参加了这个工作，最终完成了译注本，由天津古籍出版社出版。王老师在头一年布置学期论文时，说中国科学院图书馆有法藏和英藏的敦煌汉文写卷的胶卷，里面有一些夹杂的藏文，让我去抄下来，整理成一篇文章。我用了一个多月，天天去王府井大街中国科学院考古研究所里看胶卷，用的是王尧老师的借书证。把这些资料抄录下来，写成文章后，王老师又推荐到兰州大学敦煌研究所办的《敦煌学辑刊》上发表。因此我在研究生毕业以前已经有论文发表了。

在研究生学习期间，我们有过两次实习。一次是 1979 年 5 月到承德外八庙，由王尧老师、东噶·洛桑赤列老师和王辅仁、索文清老师带领，参加的还有王辅仁老师的学生阿沛·晋美和王森先生的学生祝启源，当时承德避暑山庄和外八庙都还没有对外开放，东噶老师和王尧老师应邀给外八庙文管所的同志们讲了几次课。有一天在参观避暑山庄时，当时新分管旅游的纪登奎副总理来承德视察，文管所的同志就请王尧老师去专门给纪登奎讲解避暑山庄和外八庙，由此可见王老师对避暑山庄和外八庙是非常熟悉的。

  1980年夏天，我们又去甘肃和青海实习，临出发时王尧老师却去了西藏，后来才知道他是随同胡耀邦总书记和万里副总理去西藏。因为我们是从北京直接坐火车到柳园，再坐汽车到敦煌，因此在敦煌的一个多星期中，王尧老师没有参加。本来他在敦煌会给我们实地讲授很多敦煌学的知识的，但是没有能够实现，使人十分遗憾。在敦煌我们受到敦煌博物院的领导的热情接待。端智嘉和我几次到著名的藏经洞和吐蕃时期的洞窟，当时还没有任何护栏挡板之类的，可以就在跟前看，还可以用手去摸，我们没有照相机，把能够看到的藏文题记抄写在笔记本上。在敦煌县文化馆（现在的县博物馆），还看了保存在那里的吐蕃的《般若八千颂》写本和藏传佛教的铜像。我们看到《般若八千颂》的经叶的边上写有一份吐蕃王朝时期的驿递文书，就把它抄下来。回来以后，因为王尧老师没有去敦煌，我就把这些材料给王尧老师看，王老师认为很有价值，要我们写成文章。我们写成了《一份吐蕃驿递文书》一文，开始并没有想到要去刊物上发表，是中央民族学院研究生部要印研究生论文集，就把这篇文章交上去了。文集是油印的一个很简陋的本子。不知道怎么的，北京大学的张广达先生看到了，他很重视，他不认识我们，就叫张崇根同学来找我们，叫我们去见面。他当时正在写吐蕃飞马使的文章，就说这个资料很重要，希望我们同意他在文章中使用我们的资料，我们当然同意。他还鼓励我们正式发表，因此我们这篇文章很快在甘肃社会科学院的《社会科学》杂志上发表了。

后来我们到了拉卜楞寺时，王尧老师才从兰州坐公共汽车赶来，而且因为下大雨后赶路，还差一点出了车祸。在此后的实习过程中，在拉卜楞寺、塔尔寺、瞿昙寺，王老师都给我们讲解寺院的历史和文物等，和寺院的活佛僧人们亲切交谈，还通过和塔尔寺却西活佛商讨，为中央民族学院图书馆订购了一整套塔尔寺印经院的木刻版书籍。在西北民族学院，我们去拜访了才旦夏茸教授，在兰州和西宁，王尧和王辅仁老师和黄正清（阿巴阿洛）、扎喜旺徐等藏族上层与领导做了长时间交谈，身材高大的黄正清和扎喜旺徐在和王老师他们谈话时的兴奋激昂的形象给我留下了深刻的印象。由此可见，王尧老师不仅熟悉西藏，对甘青藏区也是非常熟悉的。还有王老师以工作为重生活要求很简单的精神也让我感动，在兰州和西宁都遇到过我和他两人出去办事赶不上回旅店吃饭的情况，我们就在马路边的小面馆里吃一碗最简单的拉面，然后就接着去办没有办完的事情。

在湟中县时，王尧老师还专门到我父亲的家中看望我的父母，吃了一顿饭，王老师向我父母介绍我学习的情况，并说希望我毕业后留在北京，继续做敦煌古藏文文献的研究，从他的谈话中我深深感到老师对我以后的学术道路寄托的期望。后来王老师在美国西来大学当客座教授时还到旧金山去看望过我的姑母，回来后几次对我说起他见到我姑母的情况。王老师的夫人薛老师，儿子王敢、王敵，女儿王玫和我也相处非常融洽，我的妻子和女儿、儿子到北京，也受到王老师一家的热情接待。这些情谊可以说超过了一般的师生之情。

硕士研究生的学习生活很快就过去了，1981年初的寒假，我和端智嘉都没有回家，在学校赶写各自的毕业论文，我的论文是《论唐代吐蕃藏文》，主要是依据吐蕃王朝的碑刻和敦煌吐蕃历史文书论述吐蕃王朝的官制和藏文书写中的字母替代通用等问题。王尧老师对我的论文给予了细心的指导，他要我先把文献中的字母替代通用的词语和例句记录下来，再从中找出它们的规律来。在王老师的指导下，我比较顺利地完成了论文，通过了毕业答辩。

毕业以后，我和阿沛·晋美分配到新成立的中央民族学院藏族研究所工作，东噶·洛桑赤列老师和胡均、李佐民任副所长，王尧、陈践、洛桑群觉老师也从藏文系调到所里工作，还有仁青扎西、周润年和王璐以及新从本科毕业的喜饶尼玛和曾国庆。

虽然这个所是中央领导指示成立的，并专门给了一笔经费，但是中央民族学院给的条件并不那么好，全所只有一间房子做会议室，还有一间小资料室。开始王尧老师对研究所的发展很热心，提出成立一个敦煌藏文文献研究室和编印论文集与国外藏学译文集的建议。但是成立研究室的建议被否定了，论文集和译文集由我和阿沛·晋美负责，也不太顺利。上级决定全所集中力量和中国社会科学院民族研究所、西藏社会科学院合做"西藏是中国不可分割的一部分（历史资料选辑）"的课题，陈践老师负责吐蕃部分，我和仁青扎西、祝启源负责元明时期，洛桑群觉、王璐、周润年和我负责藏文资料部分。

1981年8月王尧老师去维也纳参加了"纪念乔玛国际藏学研讨会"，接着在1982年夏，又应邀到美国纽约哥伦比亚大学参加第三届国际藏学会。1982年秋，王尧老师又应聘到维也纳大学藏学—佛学系任客座教授一年。1983年我和阿沛·晋美到西藏去开会和考察几个月。1984年初，因为多种原因，我调回青海省社会科学院工作，因此这一阶段我和王老师虽然在一个所里工作，但是交往并不很多。1985、1986到1987年王老师接连访问西德，并在波恩大学做客座教授，而我在这几年也有几次到北京出差，遇到王老师在北京的时候，就去拜访他，还有一次因为登记旅社困难，在老师家住了两天。王老师向我谈了他在国外的情况，以及他在北京的工作。

我知道1984年在南京大学读硕士的沈卫荣到北京来跟王老师学藏文，王老师还自己办了一个教藏文的班，除沈卫荣外，还有陈楠、谢继胜、史为民、王湘云等参加。到1986年，在王尧老师和王辅仁老师等人的努力下，中央民族学院在中断了五年之后，招收一个藏学专业的研究生班，考取的和保送的共有十二名学生，其中有褚俊杰、熊文彬、王维强、冯智、苏发祥、拉毛措等，后来成了藏学研究的后起之秀。我自己也在1984年和沈卫荣在北京有了一段交往。1985年在苏州大学参加元史学会，在四川温江参加藏族历史学术讨论会，都和沈卫荣他们有交往。由于王老师和沈卫荣的这些关系，虽然我在青海，但是和南京大学研究元史的陈得芝、姚大力、刘迎胜，内蒙古大学的亦邻真等老师和学者有了学术上的交流。中间还有一段，南京大学希望王老师调回母校去工作，王老师也动了心，向民族学院领导提出了要求，民族学院开始答应了，后来又不放行。王老师和南京大学还要我从青海调到南京大学去，一起做元代西藏的研究，但是青海方面也不放行，此事只好作罢。王老师对我在青海的工作也给了很多支持，他说我没能留在北京做敦煌藏文研究令人遗憾，不过在青海做塔尔寺和元代西藏的研究也很有意义。藏族的历史和宗教文化，一千多年是一个连续的系统，研究好后期的文献，对研究敦煌文献也很有好处。王老师从国外带回《汉藏史集》的复印本，立即和东噶·洛桑赤列老师推荐给中央民族学院的少数民族古籍整理领导小组印刷发行，并向我介绍《汉藏史集》的主要内容，说《汉藏史集》对研究元代西藏的历史有重大价值，希望我尽快把它翻译成汉文，并进行研究。正是在老师的指导和帮助下，我才能顺利完成该书的翻译，并在1986年由西藏人民出版社出版。

王老师对我的帮助，还有他努力推荐我参加国际藏学学术讨论会。1987年在匈牙利的会议和1990年在日本成田山的会议都给我发了邀请。1987年的会议，青海社会科学院同意我去参加，但是我到了北京后，才发现青海省外事办公室给我办的手续不全，需要回青海补办，但是时间已经赶不上了，因此没能成行。1990年的会议，青海因为经费的问题，没有批准。王老师知道这个情况后，也感到很惋惜。刚好他和日本大正大学联系，要组织一个佛教文献研究交流代表团到日本访问。代表团的成员主要是国家民委、民族文化宫、中央民族学院的人员。王尧老师通过国家民委向青海方面要求派我参加这个代表团，经过他的多方努力，总算成功了。1991年4月，我们到日本大正大学、京都佛教大学和民族博物馆访问会谈，共二十来天。这是我第一次出国，也是唯一的一次和王老师一同出国访问，一路上王老师给我很多教导和帮助，使我受益匪浅。在日本，王老师还和我一起会见了中根千枝、佐藤长、若松宽等日本学者以及康噶·格桑楚臣（白馆戒云）先生。这次和王老师一起访问日本的经历，使我终生难忘。

　　1993年8月，经过多吉才旦总干事的多年努力，终于得到青海方面的同意，我被调到中国藏学研究中心工作，又回到了北京。虽然同住在北京，但是藏学中心所在的亚运村和中央民族学院离得很远，王老师在身体康健时常去国外和外地开会讲学，所以接触也不是很多。1990年代初，王尧老师组织编写《西藏历史文化辞典》，参加的人很多，初稿完成后交到了出版社，却因为各种原因一直未能出版，后来是曾跟随王老师度过藏语文的浙江人民出版社编辑徐忠良先生来北京，得到这个消息，提议把这部辞典作为出版援藏的项目，由该社和西藏人民出版社联合出版。事情确定后，刚巧王老师到国外讲学，他让我来负责修改书稿。为了出版这部辞典，西藏人民出版社的旺久社长和冯良编辑与我到杭州与浙江人民出版社的徐忠良、陈巧丽编辑一起开了好几天会，然后又在北京坐下来修改补充，做了几个月才定稿的。2002年我们历史研究所的"西藏通史"的课题立项，王老师是特聘的几位顾问之一，我曾几次向他汇报课题的进展和征求他的意见。

　　其实这些年王老师的命运也有几次起伏跌宕，据说他在德国时得到要他回来担任中央民族大学藏学研究院院长的通知，他结束德国的工作赶回北京时，出机场后在学校去接他的汽车上，却得到退休和任藏学研究院名誉院长的通知。藏学研究院开始招收博士生时他因为已经退休而不能参与。后来在2005年王尧老师和我都得到批准在中央民族大学藏学研究院招收博士生（但是在几年后我们因为年龄偏大和是外单位人员都停止招生）。还有沈卫荣教授在中国人民大学国学院、谢继胜教授在首都师范大学艺术系招收博士生，这样在每年四五月这几个学校的学生毕业答辩会上，他有很多次担任答辩委员会主席，而我也常担任答辩委员，因此又总能见到王老师，能够听到王老师精彩的学术点评。2008年沈卫荣教授还在中国人民大学为王老师举办了庆贺八十华诞的活动，为王老师出了庆寿文集。更令人高兴的是，以前因为条件所限，在与王老师的交往中极少有照片留下来，而这几年每年都有和老师在一起合照的机会。此时王老师又被遴选为中央文史馆馆员，他的学术地位得到高度认可，却又因身体的原因无力大展宏图。只是在中央文史馆要出一套《中国地域文化通览》丛书时，王老师任丛书的副主编，他还特意找我去谈话，要我接受西藏文化厅的约请，为这套丛书的西藏卷组稿。不过，令人欣慰的是，在中国藏学出版社马丽华、冯良、季垣垣和沈卫荣教授、任小波博士的努力下，王老师的五卷文集在中国藏学出版社顺利出版，使凝聚了王老师几十年心血的论著集中展现在读者们的面前，对他的藏学研究成果做了一个最好的总结。

在最近的这些年中，王老师先是腿不方便，行走困难，加上师母有病，子女都在国外，所以出来的次数渐渐少了。在过年过节的时候，有时我和儿女去看他，在交谈一阵之后，他和师母总要请我们到民院边上的中协宾馆餐厅去吃饭，老师和师母的盛情使人感动，同时又看到老师行走时的艰难，让人不好意思再去多打搅他。

去年八月，听说王老师摔了一跤，脊椎骨折，住在水利医院，我和儿子就到医院去看他，还特意带了刚刚印出来的《西藏通史》史前卷和吐蕃卷给老师。那天老师在三人间的病房里，坐在病床上，两手扶在方形的架子上，和我说了半个多小时。我问他为什么住到这家医院，他说因为中央民族大学的合同医院积水潭医院排不上床位，所以住到这里，住院费要贵许多，因此他想早点出院回家。他问了我最近的情况，还特别问起我儿子和女儿的情况，问女儿从厦门大学博士毕业后回西藏民族学院教书的情况，说你还有儿子和女儿做藏学方面的事情，很好啊。没有想到，这竟然是恩师最后一次和我谈话，再次见到老师时，是在航天医院的重症监护室里，老师已经不能讲话了……

留给后人的精神财富

王尧老师是新中国培养出来的一位优秀藏学家。他的专业原来是藏语，然后做藏族的历史文化研究。他的研究本来是做文史等基础研究。他在吐蕃文献的研究、藏传佛教研究、藏戏、藏族文化研究方面有很多成果。但是他的贡献不光是在学术界、学术成就方面，他的这些学术成就对于我们国家的藏学发展，藏汉民族之间的文化交流，促进民族团结，国家统一方面是有非常多的贡献。不过我觉得，王尧老师留给我们的不止是他的学术成果，还有非常宝贵的精神财富。主要有这样几点：

（一）敬业精神。

他对藏学事业、对藏族文化充满热爱，并且把这种热爱贯穿到他的全部生活中。这是王尧先生一个非常突出的特点。他的敬业不光是敬藏学研究这个他自己的学术事业，而且对他的研究对象、对藏族的传统文化、对藏族地区的发展、对藏族朋友的敬重。他的这种敬业精神在我们现在从事藏学研究的人中是最突出的。王尧老师的学术道路和学术成就，是和我们新中国的藏学事业发展同步的。新中国藏学研究从1950年代开始，"文革"期间藏学研究进入停滞的十年，到改革开放之后进入了一个崭新的阶段。王尧老师的学术研究道路也是完全与之符合的。他在1950年代就开始发表文章，出版译作。在"文革"最困难的时期，他继续进行他的学术积累。"文革"

之后，他进入他学术研究的春天。而且越是往后，他的学术研究施展出更大的才能。所以我觉得一方面他是和我国藏学发展研究同步的，而且他对我国藏学研究自觉地起到了推动作用。和他的接触中，我最深刻的感受是，和其他老师比起来，王尧老师基本上没有什么其他业余爱好。他不抽烟、不喝酒、不打牌，也不喜欢到什么地方旅游。他的生活完全是和藏学研究合到一起的。可以说，这么多年和他的接触中，他很少谈到他自己的事情，除了极个别的情况，很少谈到他自己或生活中的事情。往往一谈起来就是你应该看一些什么资料，最近有谁新发表了什么文章等。甚至是在他生病或身体不好时，我们到他家看望时，也往往是刚谈几句，问问身体和生活情况，然后只要一谈起最近的工作，藏学研究的新成果、新进展，他和学生的新的研究课题和新的论著时，他总是精神一振，马上就话题来了。他能滔滔不绝地和我们交谈。这里有一种能够振奋人、感染人、鼓舞人的精神力量在里面。这么多年，我和王尧老师一起吃过很多次饭。包括在他家里、在外面，但是对他喜欢吃什么没有什么印象。就大概知道他喜欢吃臭豆腐。因为我不喜欢吃，所以我能够记住他是喜欢吃臭豆腐的。但是他的生活非常简朴。我们一起出去的时候，他能在路边吃一碗兰州拉面就当一顿饭了。他在生活上、衣食住行方面没有什么要求。讲这些他都不感兴趣，但是一讲学术研究，他就兴趣盎然。我觉得只有把自己的一生都贡献给学术事业的崇高精神，他才能做到这点。

（二）在学术上勇于开拓的精神。

王尧老师开始进入藏学时，当时国家培养藏语人才主要是为了在藏区开展工作。学者们进行藏学的基础研究，把藏族的传统文化作为学术研究的对象，其实是逐步发展起来的。王尧老师在于道泉先生的影响下，他在学术上做了很多开拓性的研究，在很多方面做的是先行者和开拓者的工作。这些工作有时候还不被人理解。在这方面他有很多学术成就，我觉得除了大家非常重视的几个方面：敦煌藏文文献的研究、吐蕃历史的研究、藏传佛教的研究以外，他其实还在一些领域中做了很多的开拓工作。比如说他1978年在南京大学的《元史及北方民族史研究集刊》发表的《萨迦班智达致蕃人书》，这在后来对元代西藏历史的研究起了很大的作用。所以在这个方面，他的工作是开创性的。他很早就撰写了《西夏黑水桥碑考补》，这是他1979年在《中央民族学院学报》上发表的。这虽然只是一个文献的注释，但是后来对藏学和西夏学的综合研究开了一个很好的头。而且王尧老师跟李范文先生、跟西夏学研究有很多接触。他介绍我们认识李范文先生，去宁夏参加西夏学的会议，去了解西夏研究方面的情况。所以他虽然后来在这个方面，没有做更深入的研究，但是他在这个方面做了很多开创性的工作。再比如说在藏戏的研究、汉藏九宫八卦的关系这些文化方面的研究都是他开了头,然后指导他的学生继续做这方面的工作。所以王老师的这种开创精神,也是留给我们的宝贵财富。

另外,王老师对于藏学研究开创性的重要贡献,就是他在于道泉先生帮助下,于1981年走出国门,是我们藏学界首先走出国门的学者之一。有的报道说王老师是新中国第一个走出国门的藏学家,实际上最早是胡坦老师他们在1978年就到美国攻读博士,紧接着有中国社会科学院民族研究所的李有义先生和张莲生去美国。20世纪70年代末到80年代,他们在国际藏汉语言研究方面就做出过很多成绩,有重大的影响。王尧老师当时在国内也很关心藏汉语言研究,并写过文章,参加过国际汉藏语言学会的活动。胡坦老师学成回国后,历任中央民族学院副院长、中国藏学研究中心副总干事,对中外藏学研究的交流也做出了许多重要的贡献。因此全面来看,应该说王尧老师是改革开放以后第一个走出国门的从事藏族历史文献和宗教文化研究的学者。同时王尧老师在1991年作为大陆第一个到香港去的藏学家,在香港中文大学讲学,以后他和香港的学术界一直有密切的联系,所以后来他招收的博士生中有几位是香港的学生。此外,王尧老师1994年到台湾政治大学做客座教授,还到佛光山和台北故宫博物院访问,和星云大师交往,回来后著文介绍台湾藏学发展的情况。对于大陆藏学界和港澳台藏学界的交往,王尧老师也是一个开拓者和先行者。

（三）热心提携后辈，在学术上热心助人的精神。

尽管由于各种原因，王尧老师在中央民族大学直接招收和指导的研究生、博士生并不多，硕士生只有两届，博士生五六人。但是他在各个地方和院校做讲座或者客座教授，都会影响一批人。很多向他求教的学生，经过几次交往，都会受到他的吸引，因为他总是非常热心地解答他们的问题，指导他们在学术上应该选择什么道路，选择什么课题，把他们引导到藏学研究的队伍里来。因为这种精神，王尧老师有很多编外学生。这些学生对藏学研究也起到了很大作用。这样的学生早期有本来是学法文从事外交工作的耿昇先生，他在王老师的影响下长期翻译法国学者的藏学著作，取得了很多成绩。王老师1980年代中期在中央民族大学自己办了一个藏文学习班，从这里也成长了一批很好的学者。他推荐和帮助熊文彬、谢继胜、李翎去中央美术学院跟金维诺教授读艺术史的博士，造就了今天藏传佛教艺术史研究蓬勃发展的可喜局面。所以对王老师，我觉得一个显著的特点就是，只要是有志于从事藏学研究或者对西藏感兴趣的青年学生，他都是非常热心地提供帮助。有时候把自己的资料提供给他们，还有时候，因为他们这些青年学生条件比较好，王老师自己想做的题目就让他们做，为他们提供帮助，支持他们做出来。这种热心助人的精神在王老师身上表现得非常突出。也正因为如此，王老师的影响不止在一个学校、不止在一个学科，而是拓展到很多的学术研究领域。他在这方面是一个榜样,也是他留给我们的一种宝贵的精神财富。

(四)坚持不懈、目标始终如一的精神,也可以说是越挫越勇的奋斗精神。

我们现在讲王老师有很多的学术成就,有很大的社会影响。但是,这不是一蹴而就一帆风顺的。他在一开始时也遇到很多困难,碰到过很多挫折。但是在这种情况下,王老师始终坚持不渝。1978年以前的事情我不是很清楚。但是我在上学的时候,有的老师跟我说过,你的老师是一个"老运动员"。这也就是说在当时的政治环境下,王尧老师是坚持做学问、读书、发表文章,所以被当做"白专道路"的典型,在政治运动中经常受到批判。从1978年以后,环境得到了很大的改善,国家逐步重视藏学研究,王老师的学术研究也得到一些领导人的认可。但是即使是那样,王老师想要做很多事情也是往往受到挫折的。

例如他做的敦煌古藏文文献的研究,本来在20世纪50年代到60年代,中国社科院民族研究所和中央民族学院就有一些学者在做,但是在"文革"中只有他在艰难的环境中坚持下来了。改革开放初期,敦煌学成为一个很热门的学科,按说王老师的研究应该受到特别的重视。在1981年下半年,中央民族大学成立了藏族研究所,就是以后的藏学研究所、藏学研究院。

上级在资金、人员方面给了很大的支持。王尧老师就想在藏学研究所里成立一个敦煌文献研究室，但是始终没法做到，哪怕一个研究小组也不能成立，遇到了很多困难。但是王老师对敦煌藏文文献的研究始终不放弃，想尽办法坚持了下来并取得了很大的成绩。

还有一些是我亲身经历的。比如说，王老师当时就提倡把国外藏学研究的成果介绍到国内来。所以中央民族大学的藏学研究所成立以后，王尧老师就倡导做了两件事情。一个是编印《藏学研究文集》，汇集国内学者的成果。还有一个就是编印《国外藏学研究译文集》。译文集是在王老师的努力下开始的，我和阿沛·晋美负责编辑工作，一年印两期。但是，很快就遇到一些领导的误解，他们认为这可能是精神污染或者是有什么问题，在他们的指示下，把已经排好的翻译文章（王老师和别人合译的《苯教史》）撤下来，最后还不得不把这个译文集停掉了。但是王老师并不因为遇到很大的困难就把这件事放弃了，他后来找到了西藏人民出版社，经过杨志国先生的努力，把这个译文集交由西藏人民出版社出版。虽然后来也还是遇到过出版经费不足等很多困难，但是他始终坚持不懈，想尽各种办法，把这个《国外藏学研究译文集》坚持下来了。到现在已经出版了 20 辑。这个译文集对于我们了解国外的藏学，对于我们的藏学研究事业发展是起了很多作用的。这样的事情还有很多，在此就不详细讲了。

屈全绳先生在纪念王尧老师的文章中说："王尧先生是一位令人起敬的贤者、学者、长者。他身体伟岸，面相方正，举止儒雅，谈吐幽默""作为一代藏学宗师，王尧先生始终奉'传道授业解惑'为人师圭臬，终生身体力行，不曾懈怠。他对尧门弟子教诲不倦，对旁门学子问道不烦，对有所作为的门生多有嘉勉。"这几句话可以说是对在中央民族大学度过了65年教师生涯的王尧老师的最简要的形象勾画和概括总结。又正如马丽华在《"贤者新宴"编辑手记：皆因有了王尧先生》一文中所说："假如没有先生，这一天我们不会走到一起，正是因为有了，至少这一群人的命运被改变了；至于先生对于当代中国藏学事业推进的力度和程度，则是显而易见又是难以量化的。"我相信，受过王尧老师教导和帮助的同行们不会忘记他，我们会永远纪念他，他的形象和精神会永远活在我们的心中。

怀念恩师王尧先生

陈楠
中央民族大学历史文化学院教授

恩师王尧先生走了,他走得如此突然仓促,作为先生亲炙弟子之一,我内心深处的悲痛凄凉无法言表,难以名状。

我生也有幸,得遇良师。自1984年考入中央民族大学跟随苏晋仁先生研读吐蕃历史,同时师从王尧先生学习藏文及藏文文献。留校工作后,也因近水楼台,在从事西藏历史文化的教学研究工作中一直得到王尧先生的帮助教导。算起来,师从王先生已有三十一年。这三十一年是人生最重要的成长与发展时期,是在王先生教育、培养、帮助、影响下走过来的。

说到对先生的印象,也是多方面的,但最主要的就是八个字,他真正是一个"学而不厌,诲人不倦"的楷模。这八个字,人人都知道,也许常挂在嘴上,但真正能做到者寥寥无几,对自己能"学而不厌"殊属不易,而对他人"诲人不倦"则更难做到。

是王先生将我领入藏学这个广阔天地。藏文化广博丰厚,要从事藏族历史文化的研究与教学工作，学好藏文就是首要任务。学习一门语言有多难，想必大家都有体会。我是恢复高考后的第一批大学生，到了大学才开始学习外语，考研究生，出国留学，晋升职称，都要通过外语考试。说实话，外语在某种意义上来说，已经是我们在大学生存必须具备的硬件。相比较而言，学习藏文更像是一种软实力，耗费很多时间和精力，短时间又难见成效，又没有硬性要求，也没有纳入任何考核体系。因此，最初留校工作的一段时间，由于忙于备课上课，写文章，参与各种课题研究，还要利用一切可利用的时间提高外语水平，更兼个人生活感情方面的变故琐杂之事，时间支离破碎，人也焦头烂额。对这种情况，先生看在眼里，急在心上，在他看来，学习藏文更重要，而且时间不等人。学习研究一种民族历史文化，如不懂这个民族的语言文字，终究是雾里看花，隔靴搔痒，真正了解都做不到，谈何研究！

在跟随先生学习以来，他对我们从来都是谆谆教诲，悉心呵护，至少在我印象中几乎从来未受到过批评，王先生是大智慧学者，他对学生从未有过声色俱厉的批评，也不是讲一些枯燥生硬的大道理。他总是能因材施教，因势利导，而又往往事半功倍。1996年初夏，我正准备应邀去英国利兹大学做学术交流访问，王先生送我一本王青山先生刚刚出版的英文新书 *Grammar of Spoken Amdo Tibetan*（《安多藏语口语语法》，四川民族出版社，1996年）。在书的扉页上，王先生写了一句话："赠陈楠同志，请稍加留意藏文学习！"二十年了，言犹在耳！看是轻轻一语，多么良苦的用心。这句话对我，既如灌顶醍醐，亦如千斤重锤。在此之后，我对未来工作发展做了许多规划：除做好必需的教学工作外，不轻易参与课题研究，不追求快速出书及文章数量，不求一时显达。而要沉下心来，坚持利用点滴时间学习藏文。在处理藏文与英文关系上，以藏文学习为主，提高英文为辅。

重视藏文学习，是王先生对我的教诲，也形成我日后指导研究生的基本思想。在1995年，我已开始指导硕士研究生，2005年后，又开始指导博士研究生，我的专业方向是藏族历史文化，课程设置中很难安排民族语言类课程。但我要克服种种困难，给学生打一个藏文基础。每届研究生，我都利用业余时间给他们讲授基础藏文。如有可能，也开设过几次研究生的基础藏文课程。古人云，学然后知不足。这些年来，虽从不敢稍有懈怠，但总是觉得捉襟见肘，进展缓慢。但我深信，久待必有善，回头一望，多少还是会有些功效的。每想起这些，总是想到恩师对我的言传身教。先生将"回馈社会，仰报师友"作为自己的文化使命，他给我树立了光辉榜样。"回馈社会，仰报师友"，也是我的责任。

王尧先生走了，家人亲属，同仁后学，莫不悲痛惋惜。他的去世，使我们失去了一位可亲可敬的仁慈长者，失去了一位德高望重、学识渊博的导师。而对于藏学界和宗教学界，更是一个无法弥补的巨大损失。

古人云："顺其变以节哀，故存者不至于伤生，逝者不至于甚痛，谓之达理，以贯通丧"。今天我们送别先生，就是要学习他崇高的道德品格，学习他刻苦勤勉、孜孜以求的治学精神。像先生一样，做一个高尚的人，一个对社会和人民有贡献的人。

缅怀先生，心潮奔涌，哀思难平，寥寥心曲，送先生远行！

2015 年 12 月 25 日

我记忆中的王尧老师

谢继胜
浙江大学汉藏佛教艺术研究中心教授

1984年9月,我从西藏自治区人事局考入中央民族学院民语一系读研究生。单位的同事陈福、赵永芳和西藏档案馆的朋友高贺福等,都是民院藏语系一九七六届的毕业生,我从拉萨赴京前,给我讲了很多系里的掌故,建议我最好跟着王尧老师学习藏语。很幸运,报到开学后,王尧老师真在历史系开了藏语班,当时来上课的有十多人,很多人中途离开了,记着的有王湘云、陈楠、沈卫荣、吴玉贵、史卫民,我们自豪地称这届藏语班是"黄埔一期"。

藏语课每周二次,每次四小时,两周时间讲藏语拼音。第一次上课,王老师上来先说,藏人是非常善良的民族,你看,汉人缝衣服,针尖朝外,由内往外扯线,容易扎到别人;藏人缝皮袍,由外向内扯线,针尖朝内,受伤的只能是自己。等学习了30个字母和藏文词汇基本结构,王老师先让大家练习藏文拉丁字母转写方法。选读的课文是《猴鸟故事》《禅师与鼠》《米拉热巴传》和《王统世系明鉴》，讲授课文时特别注意串讲课文中出现的语词，我很多西藏文化的知识都是从王老师解释语词时得到的，有时一节课只讲几个词就到时间了。我至今记得的例子，说藏语 du ba 是燃烧柴草的烟雾，主要是灶火的烟雾，以灶烟统计安家立灶的户数，叫 du ba gnam gtong，噶厦的乌拉差役很重，有人家就要支差役，"烟火差"叫 du ba gnam gtong khral；又讲到《米拉热巴传》时提到水渠，说水在西藏古代农耕社会中非常重要，所以现代藏语的"水"的敬语是 chab，"昌都"（chab mdo）就是水的汇合处，敦煌文献形容藏布江波浪为 chab chab，谁控制了水谁就有了权力，所以"政治"就是 chab srid，"臣民"就是 chab 'bangs。王老师最为满意的是对藏语 mig（眼睛）的解读：现在的拉萨话 mig 没有前加字和下加字，后加字 -g 读音弱化，老师从嘉绒藏语中找到例证，mig 读 d-myi-g，完整地保留了古藏语的前加字和下加字，由此可以探索藏语声调的变化；讲解《米拉热巴传》时声情并茂，让我们了解了很多后藏的风土人情，老师脚踩上凳子，手搭凉棚，竖起耳朵，模仿米拉妈妈说"不会是我们家米拉闻喜吧？""没有比我们娘仨再悲苦的，她爸爸呀，看看你们家儿子吧"，然后讲到后藏民居屋顶的用途，讲到妇女围裙抖灰诅咒的习俗。藏语课下午1点半上课，整4小时，教室是个15平米左右的旧办公室，王老师讲课声若晨钟，抑扬顿挫的藏语发音满楼道都能听见。

上课时讲的最多的题外话就是于道泉先生的"特立异行",说于先生反复对人说明他只是翻译了《仓央嘉措情歌》正文,其中的藏语音系的解说出自赵元任先生,不敢掠美;另一条经典的段子是于先生晚年热衷藏汉文数码代字,与儿子交流要对方用代码回复。老师对于先生的尊崇溢于言表,说要为于先生编辑一本收录大部著作的专集,此后的十余年,王老师费心搜集各处文稿手迹,请季羡林先生和于先生的妹妹于若木先生写了前言,编辑了纪念专集《平凡而伟大的学者——于道泉》,2001年由河北教育出版社出版。

王老师对来自边远民族地区的学生尤其关照,我是祖居银川平原的宁夏汉人,王老师开玩笑说我有可能是西夏后人,要不就是洪洞县的山西人。一次下课推上自行车,王老师让我跟他出来,转到学校西门外胡同的一家小店,要了两碗炸酱面,边吃边嘱咐我要加强语言学习,说边疆高校的学生基本功不差,只是缺乏视野和方法,一张白纸,正好涂画。又说中文系毕业也没有问题,万金油,什么都可以学进去,就是做藏学,古汉语和文史训练也少不了,老师说他就是翻译《萨迦格言》和《藏戏故事》进入藏学的,讲到《萨迦格言》汉译稿在1950年代的《人民日报》连载两月,王老师很是得意。临别,王老师给我两篇他参加国际会议时带回的论文让我先试着翻译,一篇是美国藏学家戈尔斯坦《1949年以前的拉萨街谣》,一篇是寓居法国的藏人噶美桑丹的《天喇嘛益西沃的文告》，我奋战两周，把两篇文章翻完，交回王老师。大约过了几个月，一天，中国社科院民族文学所《民族文学研究》的编辑夏宇继女士给我打电话，说我有一篇译稿要发表。很纳闷，拿来一看，是王老师把译稿交到杂志发表了！后一篇译稿刊发在《国外藏学译文集》第二辑，因文集中已经有我翻的译文，王老师将本篇署名改为"严申村"。

王老师知道我喜好美术，考过美院但两次落榜。一次拜访，王老师说我这里有两本书，你先拿去看看。一本是维也纳大学内贝斯基博士的《西藏的神灵和鬼怪：西藏护法神的形貌和造像》，另一本是波恩大学扎雅仁波切的《西藏宗教艺术》，当时找到国外的学术资料很难，看到国外书籍不容易，我就迫不及待地找能够单独成篇的章节，逐章翻译出来，每月两期，在我同学邓侃主编的《西藏科技报》文物版连载，稿费有20多元可以补贴家用。此书后由西藏人民出版社于1989年结集出版，也是我研究西藏艺术史发表的第一部译作。内贝斯基的著作我也在同时翻译，王老师当时倡议编辑一套《国外藏学译文集》丛刊，联系了西藏人民出版社编辑杨志国和冯良，陈楠、沈卫荣和我都加入了筹备，内贝斯基大著的一些章节和一些王老师带回来的国外论文的汉译稿都收在译文集发表了。此后，维也纳科学院斯坦凯勒教授和王老师都为《西藏的神灵和鬼怪》中文版撰写了序言。

1993年，冯良责编的这部书由西藏人民出版社出版，上下卷，共966页。本书对促进当时及随后很长时间内西藏苯教及民间宗教神灵体系的研究作用甚大，一度成了北京地铁书摊的畅销书。

　　民院毕业后，我一直在中国社会科学院民族文学研究所工作，和王老师保持密切的联系，经常去老师家蹭饭，有次印名片，居然将王老师家电话当成自己的，王老师说接到了很多找谢继胜的电话啊。1988年，我儿子出生，王老师和师母送了我们一辆竹编童车。最令人难忘的是1994年冬天，我赴藏工作期间突发疾病，稍后被送回北京治疗，住了一个多月的同仁医院后回家休养，病情最严重时胸闷气喘不能下楼，需要瓶装氧气，整个人情绪低落，抑郁寡欢。三月的一天，天气晴朗，在屋里也能感受到初春太阳的温暖，王老师和师母，带着孙女到劲松社科院宿舍，上到9楼来看我。当时忘了生病，从床上翻下来见老师，王老师说"小谢，没事啊，过些天肯定好了"。又说，我和中央美术学院金维诺先生前段开会碰见了，金先生还想招收有藏语基础的研究生做西藏艺术史，只有熊文彬一个还不够，你有美术基础，去考吧，我和金先生共同指导。老师又宽慰了我一阵起身离开，我坚持送到楼下，看着王老师去广渠门坐52路，眼泪突然盈上眼眶。1995年5月，因为还没有好利索，我在西藏的画家朋友翟跃飞陪同下，参加了帅府园美院五门课程的入学考试……，或许这是我人生中最重要的学术方向的转向。

王老师像民院很多老先生一样，有很强的民族和家国情怀，时时刻刻念叨费老的十六字诀"各美其美，美人之美，美美与共，天下大同"，对元明以来汉藏佛教文化的交流着力尤勤，总是强调多民族共创中华文明史。我们经常讨论说，"想想白色覆钵塔是北京，甚至是很多内地城市的象征"，想想宿白先生指出的"从雪域高原到东海之滨"，"我们应该梳理藏传佛教及其艺术在中国内地的传播史"；西方西藏艺术史家把西藏艺术全部归之于印度南亚艺术的支流，这不完全是事实，印度13世纪以后几乎没有佛教了，藏印之间此后也没有什么联系，即使吐蕃时期，我们存留的中唐敦煌壁画，汉藏边境发现的纪年摩崖石刻，与汉地敦煌的联系要比与印度的联系更密切。正是在这种思想影响下，我1996年发表了《唐卡起源考》确凿地指出了唐卡的装裱形制源自宋代"宣和装"。回头一看，我这几十年的研究基本上都是在王先生、金维诺先生和宿白教授倡导的多民族佛教艺术史的框架内，我和廖旸、熊文彬、罗文华等十余年来在各自熟悉的地域对藏传佛教艺术在中国内地的传播进行了持续的调查，在个案研究的基础上完成了《藏传佛教艺术发展史》《江南藏传佛教艺术：杭州飞来峰石刻造像研究》。2005年调入首都师范大学后，王老师建议我看看黄灏老师的书，把北京的藏传佛教文物全面摸查下，当时在学校恰好招收了首届研究生，有了帮手，魏文、贾维维、杨鸿蛟、闫雪、李俊、郭丽萍、孙林都参与了北京藏传佛教文物的调查，终于完成了三大卷的《元明清北京藏传佛教文物研究》，由北京出版社出版。2015年，我们申请了国家社科基金重大项目"文献、图像与西藏艺术史构建"，以西藏腹地西藏艺术本体为中心，构建完整的西藏艺术史体系。这一切的学术脉络，都与王尧老师、金维诺教授和宿白先生的学术理想有关。

王老师是国内藏学界最早参加国际藏学会议的学者。1999年，我从美国哈佛燕京学社回来，去看望老师，谈到我们曾一起参加的印第安纳大学举办的国际藏学会，说能不能中国学者也组织一个专业国际会议。王老师说，据说申报手续很繁杂，你是"组织部里来的年轻人"，没有上一辈的人事瓜葛，试试看。2001年3月间，我和同事廖旸，联络了中国藏学研究中心的熊文彬博士，开始张罗"第一届西藏考古与艺术国际学术讨论会"（英文缩写ICTAA），当时社科院民族所从所长到室主任都很支持，但是没有经费。恰巧我到川大藏学所去开会，努力地提交了"青藏铁路建设对我国藏族地区社会经济发展多元影响的追踪研究"的会议报告，媒体报道不少，估计藏学所所长霍巍、石硕教授都很满意，我就提出了自己计划筹备这个国际藏学会的设想，竟然一拍即合，四川大学藏学所愿意和我们一起来筹备，提供经费5万元，所有的会议文件和与学者的通联都由廖旸和我处理，参加会议的各位大牛都帮忙做会议口译，并由此形成了西藏艺术国际会的传统，历届会议帮我们做会场口译的有张海洋、纳日碧力戈、沈卫荣、韦陀、彭文斌、宁强、景安宁、周文欣、王迎等。此后，虽然我调动过两个单位，但西藏考古与艺术国际学术研讨会从2002年的第一届到2015年的第六届，已经成为国内外学界认可的国际例会，2015年8月，陕西师大举行国外藏学中心成立仪式，其间和老师还谈到我所在浙江大学汉藏佛教艺术研究中心的发展和成立西藏考古与艺术国际学术研讨会的话题，说浙大有姜亮夫、蒋礼鸿以来的敦煌文献学传统，能在这样的一流高校建立个汉藏佛教艺术研究的机构，也算小谢你功德一桩，就看以后怎么发展下去。

我现在带研究生，经常请同学聚餐吃饭，同学问起，我说跟王老师学的。王老师实际上非常节俭，但经常招呼同学吃便饭，名言"教授就是请学生吃饭的"，那时候吃饭也就是在民院周边的小餐馆吃各种面条、炒饼。我记得比较奢侈的有二次：一次是请几位家在北京的弟子吃西单南口的全素斋；另一次，大概是1996年前后，大家一起讨论《西藏历史文化辞典》的编辑大纲，会后被各位弟子裹挟到魏公村的一家叫双盛园的海鲜店，七八位竟花了将近900元，王老师"心痛不已"，说"九百啊"。记起2004年，我在台湾地区云林一所大学汉学所当客座教授，随王老师从斗六坐火车赴台北看望他妹妹，出了台北车站，王老师执意要坐公共汽车前往，出租车停下都不坐。可是，王老师将自己多年购藏、收集的善本图书分别捐献给弟子及再传弟子所在的高校资料室。

和我年龄相仿的这一辈学者，几乎都得到过王老师无私的帮助，有年轻人因为听了王先生的课程或讲座转向了藏学研究，很多年轻人的论著通过老师推荐发表，更有年轻人通过老师的朋友圈找到了满意的工作。27岁从拉萨进北京到转赴西子湖畔的浙江大学，至今已经32年，要说个人学术生涯中的最为重要的人，只能是王老师。记得刚调到首师大，因为极不善于表达，开始上课自己两腿先打哆嗦，准备三节课的PPT，半节课就讲完了，记得王老师听我复述讲课内容后，说我是"茶壶煮饺子"，点拨说每节课讲清楚一个重点，反复讲透，语速要慢，课堂讲话语句主宾谓要完整，不要前言不搭后语，不指望把你知道的都要一下子全倒出来。王老师带学生多在言传身教与耳濡目染，能够得到老师具体指点，把我从"河套土著"改造成一位教师和研究者，真心觉得非常幸运。

我这几年，整个夏天一直在西藏考察，回来也多在杭州。2014年8月的一天，中国人民大学沈卫荣老师电话说王先生轻微中风，住院了。我赶到武警医院病房，老师没能认出我，同在病房照看老师的陈践老师说："王老师，是小谢。"等换了三层大病房，我再去看，王老师立刻认出来了，说自己没事，让我在南方好好工作，还说"你是西北人啊，呆一段才能知道江南的好"。此后，王老师似乎完全恢复了，去西安参加了陕师大国外藏学中心的成立会，其间还接受了陕师大历史地理杂志的采访。2015年8月，沈老师给我电话，说王老师在家摔倒了，住在水利医院。等我赶到水利医院看他，已经住了近二十天，前期绝对卧床，我见到他时，已经能够扶着支撑架站起身来。见到我反复说，我这辈子有你们这些同学做朋友非常知足，藏学以后就要靠你们去发展了。离开时，王老师突然拉住我的手说："小谢，不要忘了我啊！"我当时一愣，赶紧说老师您很快就恢复了。

此后王老师住到北京西郊四季青敬老院，一天晚上我去看他，看住宿条件非常好，有个河南小姑娘照看，我说王老师您这是四星级饭店敬老院，王先生说好是好，我每月退休金都交这儿了。当时老师还能吃满一碗饭，喝一瓶酸奶。看晚上快8点了，说小谢你先回吧，住得远。

出了老师房间，记得敬老院的走廊很宽，几乎无人，院子里暖色的路灯穿过玻璃、非常耀眼。仅仅2月之内，再次见到王老师，已经是周身簇拥着鲜花……

20世纪中国藏学最耀眼的一颗星星陨落了

沈卫荣
清华大学人文与社会科学高等研究所教授

王尧老师走了。

我知道，他自己想走已经有好几个月了。8月初，他因脊椎骨骨折住进了医院，从此生活无法自理，精神日见消沉。他曾好几次拉着我的手说："小沈哪，今生再见了！人生不过如此，我该走了。"其实，他身上没有任何器质性的大毛病，他完全可以继续活下去的。我曾真诚地告诉他："我们大家都还等着给你庆祝九十大寿，再给你出颂寿文集呢！"他笑笑说好，但看得出来他对这算起来已经为期不远的事情也没有很多热情了。我思量他这一生最想做事，最想对人有用，最讲究做人的体面和尊严，当他知道自己不但已经做不了什么事情，而且连生命的尊严也难以维持时，他就想走了。

王老师人生的最后两个多月是在四季青敬老院中度过的，每次去看他，见他枯坐在小屋窗前，一副孤寂无助、垂垂老去的样子，我虽难抑伤感，却很能体会此时他心中的悲苦和无奈。世上大概没有人比我更清楚，王尧老师于海内外西藏学界叱咤风云数十年，曾经是何等的潇洒和风光。31年前，我投师于他门下，后即随他去复旦和南京大学等学校讲学，见证过他明星般的风采。不管是论颜值、穿着，还是论谈吐、学问，在上个世纪80年代中期的中国学术界，王老师绝对是一个异数，所到之处便打开一道别样的风景。对他当年意气风发、风度翩翩的样子我至今记忆犹新，可转瞬之间却已是风烛残年，此情此景怎能不令我黯然神伤？

王老师是新中国成长起来的第一代西藏学家中的杰出代表。1950年代初，他从南京大学被抽调转学到正在筹建中的中央民族学院，追随被称为"中国藏学之父"的于道泉先生学习西藏语文。显然，王老师等年轻人从各地调来中央民院学习藏语文不只是为了学术，也是因为现实的需要，所以，他们的课堂是广阔的雪域，他们的老师是西藏的僧俗百姓。"文革"前的十余年间，王老师有许多的时间在西藏实地考察、学习，并参与与西藏政教事务相关的各种公家的活动，追随过包括贡噶活佛在内的很多优秀的藏族学者，练就了十分出色的听说读写藏语文的能力，对西藏文化有全面和深刻的了解，是个真正懂得西藏的人，也与藏族人民结下了深厚的友谊。

以前常听藏族朋友们说："听王尧老师说藏语，就像是听一位来自拉萨的老贵族在说话。"可见得他的藏语文水准有多高。他对西藏的无比热爱和他的出色的藏语能力，不但赢得了众多藏族朋友对他的尊敬和爱戴，而且也为他日后在国际藏学界赢得了崇高的声誉。记得是在2002年夏天，我特别邀请王老师和我的德国导师Sagaster先生一起来我正在代理藏学教席的德国柏林洪堡大学访问，老友相见，其乐融融。可让我颇为诧异的是，他俩的语言交流竟不如十余年前我初见他们在一起时那样流畅了，当时王老师年近75岁，用英文夹带德文说话远没有往日自如了。翌日，我带他去一位旅居德国的藏胞家做客，他又可用地道的拉萨话与主人对话交流，立马上又显露出诙谐、幽默的本色，应对自如，谈笑风生，令主人惊叹、欣喜不已，真可谓他乡遇故知。平生见到过几位藏语说得顶呱呱的国外藏学家，可从来没见过说得像王老师那么好的，显然，藏语也是王老师的母语，他再老也忘不了的。

2014年8月王老师因脑梗住院，我与几位同学结伴去北京武警医院探望。当时他的神志尚处于半迷糊、半清醒状态，突然他笑着兴奋地对我说："小沈哪，你看多好啊，大家都到拉萨来了，这周围的藏人我都认识，他们对我都很好，今晚我们大家就在拉萨和他们一起吃饭吧！"我听着先是一愣，接着心头一热，眼睛禁不住湿润起来，原来王老师到这时候心里惦念着的全是拉萨和藏族朋友啊！与他相比，我们当中可有哪一位算得上是合格的藏学家呢？想来实在是惭愧、羞愧啊！

王老师的学术的春天来得很晚，开始时他就已经年过半百了。1981年，他第一次有机会去维也纳参加纪念世界藏学之父乔玛的国际藏学学术讨论会，第二年又经国际藏学巨匠、匈牙利学者乌瑞先生推荐担任维也纳大学客座教授，此后很长一段时间内，他是活跃于国际藏学舞台的唯一的一位中国代表。最初两次邀请王老师去维也纳的都是当时的维也纳大学藏学－佛学系主任的著名印藏佛学大家 Steinkellner 先生，他是王老师的好朋友，私下曾经透露给我很多有关王老师初访维也纳时的趣事。例如，Steinkellner 先生开了一辆红色的轿车亲自去机场接他，王老师不相信这么漂亮的一部轿车真的就是 Steinkellner 教授自己的车，坚持说这车一定是教授从哪里借来故意唬他的；当他走在维也纳的大街上看到街头有男女旁若无人地拥抱、接吻时，他口中直说"这怎么可以呢？"脚却站定了要看个究竟；首次带他去中餐馆吃饭，他觉得饭菜虽好，但价格实在太贵，非要把餐馆老板叫出来教训一番，告诉他北京的饭菜有多便宜等等。然而，在经历了这最初的"文化休克"之后，王老师马上就进入了角色，不仅凭借他出色的藏语文能力和对西藏历史、宗教的深刻了解，圆满地完成了他在维也纳大学的教学任务，而且还利用这难得的机会，四处寻访，广交朋友，对国际藏学研究的现状和动态有了十分全面和清晰的了解。

整个 1980 年代，在国际藏学舞台上王老师是中国藏学唯一的一个品牌，他常常往来于欧美各藏学研究重镇，以其博学睿智赢得了世界众多藏学家的尊重，与他们结下了深厚的友谊，也为中国藏学赢得了荣誉。与此同时，他也是联接中国与海外藏学界开展交流合作的一座不可或缺的桥梁。不少西方藏学大家起初都是通过他的介绍才来到中国，开始与中国藏学家进行交流和合作的，他自己更不辞劳苦地收集大量西方藏学研究的优秀成果，并把它们及时地介绍给国内的学术同行。从 1980 年代中期开始，王老师主编了《国外藏学研究译文集》，这曾经是我和我的同学谢继胜、陈楠等最早参与生产的学术作品，也是我们这一代人成长过程中获益最多的海外藏学著作。王老师为中国藏学与国际藏学的接轨、整合做出了无人能企及的卓越贡献。当下中国藏学与国际藏学之间的交流与合作已经司空见惯，然而这番格局的形成，与王老师几十年不懈的努力是分不开的，他的功德永远不可磨灭。

这万象更新、让人留恋的 1980 年代，无疑也是王老师学术人生中最丰收的一个季节。他一生最重要的三部学术著作《敦煌本吐蕃历史文书》《吐蕃金石录》和《吐蕃简牍综录》都先后于这十年间问世。在此以前，王老师更多是从语言和文学的角度来了解、研究和介绍西藏，从 1980 年代初开始他才转入对敦煌古藏文文献和西藏历史的研究，而这三部著作的问世除了彰显他个人的学术臻至成熟并取得了非凡成就外，它在中国藏学学术史，乃至整个中国学术史上，都具有非同小可的重要意义。

首先，《敦煌本吐蕃历史文书》的出版不但使遗失了的国宝重新回归祖国，而且也是中国学者在国际敦煌古藏文文献研究这一大舞台上首次发声，它既是1980年代中国敦煌学研究迅速发展壮大的一个重要标志，同时也造就了王老师本人在中国敦煌学界的特殊地位；其次，这三部著作的问世使中国的吐蕃史研究进入了一个全新的阶段，它终于脱离了主要依赖新、旧《唐书》"吐蕃传"等汉文文献来研究吐蕃史的汉学式研究，而进入了一个以古藏文文献为主、以汉文文献为辅的中国式吐蕃研究的新时代；再次，王老师的这三部著作将西方解读、研究敦煌古藏文文献的语文学方法，将西藏研究的国际性视野和学术规范引进了中国西藏学界，从此中国的藏学研究有了一根新的标杆，有了一种新的气象。

进入1990年代以后，除了继续整理和研究敦煌古藏文文献，王老师又开学术风气之先，将其主要的学术兴趣转移到了对汉藏两个民族文化之交流历史的研究之上。他既研究汉文经典、汉族传统文化在西藏传播的历史，也研究古代汉文文献中出现的各种藏族文化，特别是藏传佛教文化成分，对汉藏两种文明交流、交融的历史做了有趣和深刻的刻画。要说国际藏学研究队伍之大，可像王老师这样真正兼通汉藏的学者却并不多，而要数能够发掘汉藏两个民族文化交融之历史资源来促进当下汉藏两个民族之相互理解和团结亲和的藏学家，则王老师无疑是头一位，也是迄今最有影响力的一位，我们当下积极倡导汉藏佛学研究，首先就是因为受了他的启发和鼓励。晚近十年间，我曾无数次地听他在不同场合讲述汉藏两个民族你中有我、我中有你的历史，絮述中华民族大家庭中的各个成员应该同舟共济，各美其美，美美与共的大道理，殷殷之心，令人动容。王老师是汉族，也爱藏族，他终生研究藏学，乐此不疲，孜孜不倦，不为事权贵，不为稻粱谋，惟愿汉藏一家，休戚与共！

王尧老师走了，20世纪中国藏学最耀眼的一颗星星陨落了！

王老师，您为什么如此急着要走呢？莫非您是急着要去天国再次投奔于道泉先生，和他一起去寻求灵智？还是您急着要去兜率天宫与贡噶活佛相会，让他再次为您指引前程？记得2012年9月当我们聚集在一起庆祝您从教60周年时，您一直在深情地向我们讲述于先生和贡噶活佛的故事，看得出来您与他们情同父子，您真的十分地想念他们。可是，您忘了，当时在座的都是您的学生和您的学生的学生们，我们都敬您为人生的导师、指路的明灯，您是我们大家的根本上师，您何以忍心让我们从此失怙无依，迷失于此娑诃世界呢？

王尧老师是我平生遇见的最有魅力的老师，正是他向我和我的同学们、我的学生们展示了藏学研究不可抵挡的魅力和令人鼓舞的前景，才把我们大家引进了藏学研究的殿堂。今天王尧老师离我们而去了，20世纪中国藏学这颗曾经最耀眼的星星陨落了，中国藏学还能因为他而继续闪亮吗？

我们深切地怀念您，敬爱的王尧老师！

怀念恩师王尧先生

熊文彬
四川大学中国藏学研究所教授

2015年12月17日,藏学界的一颗巨星从空际滑落,著名藏学大家王尧老师不幸永远地离我们而去。与大家一样,我也无比惋惜和悲痛。回想起王老师近40年的耳提面命、谆谆教诲和慈父般的关爱,至今仍令我泪眼朦胧,心中充满了无限的思念和感激……

一

能成为王尧老师的学生,是我的福气,也是我一生最大的荣幸和骄傲。

我是1986年考入中央民族大学藏学院的研究生。当时研究生的招生规模较大,报名时并未指定导师,第二年开始才根据每个同学的兴趣、爱好和每位导师的研究方向和要求进行双向选择。导师们都是当时藏学界的大腕,中央民族大学藏学界的精英。除王尧老师外,还有吴丰培、苏晋仁、王辅仁、佟锦华、李秉铨、索文清、陈践、谢后芳、罗秉芬老师等活跃在藏族历史、语言、文学等各个领域的大家。计划虽然招生 30 名，但实际不到一半，其中褚俊杰、袁晓文、苏发祥、拉毛措、冯智、王维强、王定朴、东主才让等同学毕业后一直在国内外各个藏学的相关机构工作。

当时，王尧老师在国外讲学。我上本科时王老师没有给我上过课，虽无缘认识，但他在学术上的造诣、名望和人品却早已耳熟能详。因此，我最大的愿望就是能拜在王老师的门下，继续学习、提高古藏文和藏族历史文化的水平，但自知自己的学识和水平很差，有辱师门，心里犹如时下的流行语"理想很丰满，现实很骨感"，十分纠结，七上八下。第二年分专业时，王老师虽然尚未回国，但感谢陈践老师念我有些藏文基础，勉强将我收入门下，成为她和王老师共同指导的吐蕃史和敦煌藏文文献专业的学生，骨感的现实终于变成了丰满的理想，最后成为了王老师的学生。

1987 年王老师结束欧洲的讲学回国。至今仍清楚记得，陈践老师带褚俊杰、王维强和我去拜见王老师时的情景。陈老师介绍完我们三个学生的情况后，王老师得知王维强和我来自四川嘉绒地区的金川，随即勾起了他 20 多年前在马尔康市白湾乡调查、生活时的往事。20 多年前经历的人和事不仅不假思索、随口即来，显示出超强的记忆力，而且言语、神情之中对白湾老百姓当时给予他的帮助充满感激之情，动情之处，双眼湿润，令我十分敬仰。接着，勉励出身嘉绒藏族的王维强和我要多为嘉绒藏族文化的研究多做一些努力，因为王老师认为嘉绒文化在藏区文化中不仅十分独特，而且极其重要。还以语言为例，将嘉绒方言同卫藏方言、安多方言和康方言进行了比较，认为嘉绒方言是藏语中最古老的方言之一，对于古代藏语及其演变的研究非常重要。最后，王老师向我们简单介绍了他在欧洲讲学的一些情况和欧洲藏学界的最新趋势，尤其是提到了欧洲藏学界中的语文学派。教导我们藏学研究必须从藏语文入手，同时要加强外语的学习和训练，基础要扎实，语文要过硬，眼光要放开，唯有如此，我们的藏学研究才能有所深入，才能避免孤芳自赏、自娱自乐的局面。

此次见面是我第一次认识王老师，时间虽然不长，但其教诲却至今仍在耳边回响，受用终生。

二

王老师不仅手把手地将我带入藏学研究的学术殿堂，而且随时随地为我授业、解惑，不厌其烦，直到去世前一天我到病榻上去探望他。

我在读本科时，虽然对藏族的语言、文学、历史、宗教、文化有了一个初步的了解，但对于如何提高自己的知识水平，尤其是使用现代科学的方法来从事研究，则一知半解。王老师十分强调语文，特别是藏语文在藏学研究中的作用。在敦煌古藏文的学习方面,他和陈践老师亲自讲解《敦煌古藏文文献选》《吐蕃金石录》等吐蕃时期的文献,而且请陈践老师带我们每周去北京大学图书馆,利用其馆藏的微缩胶片,在《拉鲁目录》的基础上,对英藏和法藏敦煌古藏文文献进行整理。随后,王老师又忙前跑后筹集出版资金,最后北京民族出版社出版了此次学习、提高的成果《法藏敦煌藏文文献解题目录》;除加强古藏文的学习外,王老师认为古汉语也是藏学研究不可或缺的重要工具之一,因为唐以来汉文文献中关于藏族历史、宗教和文化的海量信息是藏学研究除藏文文献之外的又一重要材料。为了提高我们的古汉语水平和更好地利用这些珍贵的史料,王老师特意请苏晋仁老先生为我们讲解《资治通鉴》。

他山之石,可以攻玉,鉴于藏学具有强烈的政治属性,国内的藏学研究当时与西方又难以相提并论,因此王老师特别强调外语的学习和提高,并且为我们搭建了一个不可多得的训练平台,这就是他主编的《国外藏学研究译文集》。王老师每次从国外回来,都要带不少西方最新的研究成果,如以国际藏学讨论会文集为主的各种英文、日文、德文和法文等材料,让褚俊杰、王维强和我等各位同学翻译。记得第一次翻译完交差后,心里一直惴惴不安,因为水平确实太差,心里早已做好了时刻挨"训"的准备。未曾料想,当王老师将译稿交还给我时不仅没有挨"训",反而得到了不少鼓励的话语。令我非常敬佩的是，当王老师离开，我打开译稿后，映入我眼帘的是王老师密密麻麻修改的红字，几乎每一句都经过王老师的修改。当时脑袋一片空白，双颊微微发热，继而心里充满感激和敬佩之情。我一直将此译文小心珍藏，随后经过无数次的搬家，都不肯舍弃，就在前几天再次搬家时，仍在留意这篇译文的原稿，可惜书太多，不知放在何处，一时间未能找到。

《国外藏学研究译文集》这个平台聚集和培养了一大批后来活跃于藏学各个领域的学者，尤其是青年学者。例如，中国藏学研究中心的陈庆英研究员、中国社会科学院的耿昇和史卫民研究员、青海民族学院的王青山教授、北京大学的荣新江教授、德国莱比锡大学的褚俊杰教授、浙江大学的谢继胜教授、清华大学的沈卫荣教授、美国明尼苏达大学的汪利平教授、中央民族大学的陈楠和向红笳教授等大批学者都曾从《国外藏学译文集》中受益。这些翻译成果为当时国内了解西方的藏学研究提供了重要的参考，极大推动了当时国内的藏学研究。

王老师就是这样手把手地把我带入了藏学的学术殿堂，到毕业，到工作，一直至今。1991年我到中央美术学院师从金维诺先生学习佛教艺术史，也是王老师推荐的。中央美术学院的三年博士学习改变了我随后藏学的研究方向，藏传佛教艺术史成为我至今仍在为之努力追求的目标；1994年我出版的第一部译著《早期汉藏艺术》的英文书籍也是王老师给我并鼓励我翻译出版的。出版前夕，王老师主动为该书写序，并且借用唐人高适"莫愁前路无知己，天下谁人不识君"的著名诗句来鼓励我耐住清贫和寂寞，专心治学；1995年我第一次出国到日本作学术交流，也是由王老师推荐的。在大阪国立民族学博物馆长野泰彦教授的帮助下，不仅访问了京都大学、东洋文库等学术机构，结识了立川武藏等著名学者，而且阅读和收集了大量日本和西方藏学研究的最新成果，大大开阔了我的学术视野。可以说，我的每一次大的转折，每一个学术上小小的进步都浸透着王老师的心血。

三

在指导学生时，传道是王老师的重点。王老师具有中国绝大多数知识分子的优秀品德，常以国家的前途和命运为己任。在教学过程中，他没有生硬的说教，而是将此化为涓涓细流，悄无声息地浸入每一位学生的心田，润物细无声。

王老师不仅十分热爱藏族文化，经常叹服藏族文化的博大精深，更热爱藏族人民。汉、藏民族虽然是中华民族大家庭的成员，但在思想、文化、生活、风俗等各方面都有各自的特点。为此，让学生们如何正确理解汉藏文化就成为王老师经常关注的重点。他常以他个人的经历来告诫学生们，作为藏族文化的一名研究者，首先必须是一名学生，不仅要学习藏族的语言文字，而且还要与藏族人民打成一片，必须与藏族人民做朋友，唯有如此，才能了解藏族人民的生产、生活和文化，只有对藏族文化有了了解，才谈得上研究。王老师不仅是如此教育学生，也是这样身体力行的，因此他的藏族朋友遍及藏区他所到之地，不仅有僧人、俗人，也有贵族和普通百姓。他的藏族朋友人人都知道他的藏名叫"旺杰"（dBang rgyal）。

中国是由五十六个民族组成的大家庭，兄弟之间和睦相处、共同繁荣对于整个国家的稳定和富强极为重要，而平等互助、相互尊重和认同则是其中的基础。对于藏学研究，不仅要研究其发展规律及其特点和独特的内涵，更要注重研究和弘扬历史上各民族对中华民族的贡献和相互交流、影响和认同。唯有如此，才能增强各民族的自豪感和中华民族的认同感和凝聚力。王老师不仅是这样教育我们的，也是如此示范的。在藏学领域，王老师的兴趣非常广泛，并且也卓有成就，但他在藏族对中华民族的贡献和汉藏民族相互交流之间的研究倾注了大量心血，并取得了丰硕的成果。例如，《从"河洛图书""阴阳五行""八卦"在西藏看古代哲学思想的交流》《唐代马球考略——藏族人民在体育上的贡献》(与徐寿彭合撰)《敦煌本吐蕃文书〈礼仪问答〉写卷译释》（与陈践合撰）《唐拔川郡王事迹考——吐蕃大相禄东赞嫡孙仕唐故实》《南宋少帝赵㬎遗事考辨》《摩诃葛剌（Mahākāla）

崇拜在北京》《枭（Sho）博（sBag）考源——西藏民间娱乐文化探讨》《〈红楼梦〉第63回中的"土番"正解》《〈金瓶梅〉与明代藏传佛教》和《藏汉佛典对勘释读之一——〈般若波罗蜜多心经〉》等汉藏五种佛典对勘等系列文章等等，不仅是其中的杰出代表，并且具有开拓性贡献。

正是在王老师的教育和影响下，从1990年受王老师之命翻译海瑟·噶尔美的《早期汉藏艺术》以来，我便将主要的精力都放到了汉藏艺术文化的交流和影响的研究上。学长谢继胜教授在首都师范大学执教时还专门成立了汉藏艺术研究所，2012年调入浙江大学时还将这块牌子扛到了浙江大学。学长沈卫荣博士回国就任中国人民大学国学院的教授后，长期从事汉文、藏文、梵文、西夏文、蒙文、满文等各种文体佛经之间的对勘研究，从佛教经典的角度来探究藏族文化与国内其他兄弟民族文化之间的交流和影响。两位学长的这一选择，多少也与王老师的表率和影响有关。

四

王老师不仅是一位良师、益友，还是一位慈父，每次到王老师家都无不感受到家的温暖。

王老师虽为人师，却没有师道之严，每次见面他都是笑脸相迎，上课更是幽默多趣，谈笑风生；并非生父，却一直像父亲一样待我。每次到他家，总是离不开询问生活和工作的情况和老家父母的近况。硕士毕业时，询问将来工作的打算；分配到中国藏学研究中心工作时，又关心工作是否适应；单身时，关心我个人问题；谈朋友后，又关心进展是否顺利。当他得知我的女朋友是英语专业毕业生时，他把他所有的英文原版小说都送给了我。并说，这些小说虽然与他有多年的感情，他英文的进步从中受益不少，但现在对我们的用处更大，这些书留在他手上除了纪念意义外，也无多大用处。希望我们充分利用这些小说来提高自己的英文水平，言语和神情之中充满了鼓励和期待。遗憾的是，我只读完了其中的几本，辜负了他的期待，至今我的英语也是结结巴巴，辞不达意，写作更是差得无法示人。当时我还特意请教过王老师英文学习的秘诀：十年"文革"期间英文不仅无处可学，而您又曾长期下放，但您首次参加国际藏学讨论会就用英文发表论文，那您是如何做到的呢？王老师说，主要是研究的需要，于道泉先生当年回国时带回一些英国和法国收藏的敦煌古藏文写卷及西方的研究成果，如果不提高自己的英文水平，就无法得知人家的研究水平。当时的英文虽然很差，条件也不允许，但只有偷偷学。至今我还清楚记得，王老师告诉我，"文革"期间他曾经和费孝通先生一起负责打扫厕所，每天早上他偷偷地在一张小纸条上写满单词，白天找空悄悄背；或者抄一句英文或汉文，白天悄悄捉摸翻译。晚上，他们二人则观察天象，一起数星星。他说，英文的学习，贵在坚持，久而久之，就有进步。在王老师的启发和鼓励下，当时我英文的学习，虽还算努力，但相形之下，自惭形秽。

毫不夸张地说，王老师就是我在北京的慈父。1992年我结婚成家时，他知道我囊中羞涩，特地叫我到他家里，将家里的一台东芝冰箱和一张几近崭新的饭桌送给我。要知道，在上个世纪八九十年代的日本电器可是稀有之物，只有有钱人和出国人员凭票才能购买。作为一位来自几千里之外藏区，在熙熙攘攘的大都市中举目无亲的藏族游子，当时感动得我手足无措，言语哽咽，感激之情竟然无法言表。

后来，我有了女儿，每次见面，王老师不仅关心我爱人的情况，还关心我女儿的成长。所有这些情景，此时此刻仍然在脑海中一一闪过，令我泪水盈眶。

在我眼中，王老师不仅是一位为藏学事业呕心沥血，贡献了毕生精力的学术大师，同时还是一位视学生犹如己出的慈父。他虽然离我而去，但会永远活在我的心中，值得我一生怀念和敬仰。

五

王老师不仅永远活在我的心中，其好友苏晋仁、索朗班觉、黄颢先生也永远值得我一生感念和追范。他们三位也是我学生时代的师长和工作时的领导，祝福他们在彼岸平安幸福。

就在我撰写这篇纪念文章时，意外收到中央民族大学喜饶尼玛教授发来的几张微信照片，内容是1989年5月17日我硕士研究生毕业论文答辩时的日程和记录，当时喜饶尼玛教授是答辩会的记录者。最近他在查阅资料时无意查到我当时答辩时记录的档案，然后当成特殊礼物送给我，弥足珍贵。

答辩委员分别为苏晋仁先生、索朗班觉先生、黄颢先生和罗润苍老师，苏先生是答辩委员会主席。时至今日，除罗老师外，其余先生都已先后驾鹤西去，令人不胜惋惜和哀痛。他们都是藏学界的大师，我毕业时他们的鼓励和指教，至今仍令我十分感激。他们的人品永远值得我追范，他们在藏学领域内的巨大贡献永远值得我敬仰：

苏晋仁（1915—2002），著名历史学家、佛教学者、藏学家。字公望，1915年出生于湖南长沙。青年时期曾受教于吴廷燮、周叔迦等著名佛学大师，先后在中国佛学院、辅仁大学和中央民族大学等高校执教，曾在中国佛教文化研究所、道教文化研究所和中国佛学院等单位做兼职研究与教学工作。长期从事佛教史研究和中国古代文献典籍的校勘与整理工作，其中在藏学领域的贡献主要有《册府元龟·吐蕃史料校证》《通鉴吐蕃史料》《唐蕃使者之研究》《唐蕃噶尔（论氏）世家》《元代对西藏地方的管辖与影响》

和《藏汉文化交流的历史丰碑》等著作和论文。

索朗班觉（1932－2002），藏族，著名翻译家、编辑、藏学家。1932年出生于拉萨，9岁入私塾，先后师从著名学者、十三世达赖喇嘛的经师察珠·阿旺洛桑活佛、敏竹林寺著名佛学家洛追曲桑和藏学家多吉杰博先生等人研习藏文和藏族传统文化。曾在西藏军区干部学校、西藏人民广播电台、西藏人民出版社、中央人民广播电台、中央民族语文翻译局和中国藏学研究中心工作，长期从事藏语文的翻译、培训和藏学研究工作。其中汉文名著《水浒传》和《红楼梦》的藏译本是代表译作，翻译质量之高，至今也令人难以企及，而《藏戏的产生及其特点》《诗境概说》和《藏族天文历算史略》等论文则是其藏学研究方面的重要成果。

黄颢（1933－2004），著名藏学家。1933年生于北京，父亲为汉族，母亲为满族。在其外公中国语言学开创者之一、著名语言学家罗常培先生的影响下，考入中央民族大学学习藏族语言文学，从此与藏学结缘，毕业后在中国社会科学院民族研究所工作，并为之奉献终生。长期从事藏族社会、历史的调查和研究，笔耕不辍，将藏族的史学名著译注成汉文和发表大量高水平的研究论著，是黄颢老师在藏学研究领域的两大重要贡献。他译注的藏文史学名著《贤者喜宴》《红史》和《新红史》不仅使当时众多学者受益，极大推动了上个世纪80年代以来的藏学研究，至今仍是藏学研究者必备的参考书之一；他撰著的《活佛转世》（与蔡志纯合著）《在北京的藏族文物》《藏文史书中的弭药》《北京法海寺藏族僧人助缘考》《唐代汉地医学对藏族医学的影响》和《夏尔巴人族源试探》等论著都是他对藏学研究的重要贡献。

十分庆幸，我在藏学领域的求索之初，就遇到了王尧、苏晋仁、索朗班觉和黄颢老师这样的贵人，尤其是王尧和黄颢老师对我学习、生活和工作无微不至的关怀，令我终生难忘……

缅怀王尧老师——我的藏学引路人

褚俊杰
莱比锡大学中亚学系研究员

上世纪 80 年代初我在大学读历史时就开始读王尧老师的藏学专著和论文，在西藏民族学院任教期间（1982-1986）经同系王安康老师（王尧老师的同窗好友）介绍认识了王尧老师，有些通信往来。后来听说王尧老师要在 1986 年招收古藏文专业的研究生，便忐忑不安地给王尧老师写信，得到的回信是：要通过入学考试，方可进京拜师入门，坐而论道。1986 年后，便由王尧老师领入藏学之门。在随后三年的读研期间，由于王老师经常出国，真正听老师正式讲课时间并不多，更多是在一同工作和平时聊天中得到老师的精心教诲，受益匪浅。

我同王尧老师共同署名的著作主要有《藏族四大诗人（米拉日巴、萨迦班智达、宗喀巴、仓央嘉措）合论》（广州，1996 年）和《宗喀巴评传》（台北，1992 年；南京，1995 年）。

我到北京不久就交给王尧老师一份我翻译的藏文《宗喀巴诗集》中的

部分诗作，请他校正。之后他几次同我谈起关于撰写一本关于藏族历史上几位著名作家、诗人的书稿的想法，几经商讨后王老师让我动笔写初稿。我先将米拉日巴、萨迦班智达、宗喀巴、仓央嘉措四位诗人的诗作作了选译，并尝试着用当时藏学界不多见的比较文学分析和美学赏析方法写了相关的评论，交王老师修改，他删掉一些宗教情怀较重的内容，最后定稿。可惜，后来由于我兴趣转移到佛教哲学，未能遵从老师的嘱咐完成其他几位作家的评述。

20世纪90年代初，王尧老师收到南京大学《中国思想家评传》丛书编委会的稿约，要写一部藏族思想家的评传。当时我正醉心于阿底峡大师传记，同时研读宗喀巴大师《菩提道次第广论》和《辨了不了义论》。我便提议写《宗喀巴评传》。其时王老师正在国外，我住在他在北京的居所，读到他收集的许多国外学者的著作和论文。经过几个月的准备后，我将书稿的章节纲要寄给他，很快收到回信，他完全支持我的想法。我用半年左右的时间完成了初稿。由于南京大学的稿约有时间的限制，我是日夜赶稿，以致书稿完成后得了一场大病住进了医院。王老师回国看完书稿，补写了前言和后记便寄给南京大学。可惜编委会认为书稿中缺少理论分析和批判，未能采纳。后来经王老师联络，"书稿被海峡彼岸的佛学研究同行携去，在台北东初出版社列入《智慧海》丛书第二十六种予以出版"。（《宗喀巴评传：后记》）后来南京大学又同意出版，王尧老师嘱我再补写两章介绍宗喀巴密宗思想。我又将日本学者松本史郎研究宗喀巴的长篇专文译出作为《评传》的附录。最终《宗喀巴评传》作为增补版于1995年在南京大学出版。关于此书的写作，在收入《贤者新宴：王尧先生八秩华诞藏学论文集》中的拙作《命题所依、错乱认识宗喀巴的无自性理论》的《附记》中写了这样一段话：

  二十年前王老师嘱我写宗喀巴，那时我还没有学习佛教逻辑学、认识论或称因明学，对印度中观学传统也所知甚少；读宗喀巴是生吞活剥，一知半解。此后《宗喀巴评传》一书因由王老师作序并联合署名得以先后在台湾、大陆两地出版（台北，1992；南京，1995）。后来笔者逐渐意识到，书中许多内容是经不起推敲的，也陆续听说佛学界同行对该书有批评。本来以笔者之功力，写宗喀巴显然是力不从心。但老师提携学生用心良苦，笔者完全能体会到。而且自此以后，一直在王老师的督促与帮助下，笔者才能坚持在佛教哲学领域作艰苦的跋涉。值此王老师八十华诞，再撰此文，对《评传》一书涉及的一个话题，重新论述，对王老师再示谢忱。

  这是我写那篇文章时的真实感受。当我现在翻阅此书时，心里仍会感到恐慌不安。且不说书中排字错误百出（1992年台北版时，由于两岸沟通的困难，我无法校清样，1995年南京版出版时我已出国也没能作校改）；单就其内容而言，该书并没有将宗喀巴的思想脉络厘清讲明，仅仅是就我所读的篇目，参考外文资料，附上佛教原典的梵文原文，凑成一书；尤其是对宗喀巴哲学思想的核心特点与整体内在逻辑，及其印度佛学和阿底峡以来西藏佛学中的理论背景，以及他思想前后变化等重要内容，全无涉及；还有些内容仅仅是藏文原文的翻译或改写，缺乏分析考察，冠以《评传》书名，实在名不副实。造成该书肤浅琐碎的主要原因是我当时对博大精深的宗喀巴思想及其所依托的佛教哲学体系缺乏融会贯通的全面理解。到国外读到一些研究宗喀巴的专家撰写的著作，汗颜无地。所以我要在此再作声明：书中的浅陋和错误评说都出自我手。

王老师周游各国讲学，结交了许多国际友人，其中有奥地利维也纳大学的藏学与佛学专家施泰因·凯尔纳（Ernst Steinkellner）教授，后者也是我的博士生导师。王老师在1991年将我介绍给施泰因·凯尔纳教授，同年我收到到维也纳跟他攻读博士学位的邀请，可惜当时由于因缘不俱而未能成行，一直拖到1995年才到维也纳。我到维也纳后，王老师每次来维也纳几乎总是在到后第二天便到我家来聊天，往往一聊就是一整天。

我跟王老师交往近三十年，直接的师生及工作交往也十年有余。王老师自己写道：

> 幸有褚君俊杰，谊在师友之间，文章知己，足慰生平。(《宗喀巴评传：后记》)

我自己一直将王老师敬为师长。我有幸在藏学入门时能结识王老师这样一位良师益友。关于他的学术成就，早已有人做了全面的总结。作为王老师门下弟子，在我眼里，王老师在当代中国藏学史上的突出贡献可以概括为以下几点：

（一）对古藏文文献的研究。王老师十分强调在研究西藏历史中重视第一手藏语文献的研究。在20世纪80年代倡导这种方法的只有王尧老师一人。当时藏学界普遍流行的方法是以汉文文献作为主要的资料。王老师的这种方法与西方的"历史语文学方法"（historico-philological method）不谋而合，其特点是将历史考据置于第一手文献解读的坚实基础上。说得具体点，王尧老师将西藏古时金铭石刻以及敦煌古藏文写卷的解读引入对西藏早期历史的研究，奠定对这段历史研究的坚实基础。

王老师本人的学术兴趣主要在藏语语言学和藏文历史资料的释读研究。

他对藏语的历史分期和方言分布之间的关系有他自己独特的看法。他认为安多方言保存藏语古音较多。所以在释读敦煌古藏文写卷时，他同陈践老师合作。陈践老师学的是安多方言，在释读某些古词时能够提供基于安多方言的读法。用这种方法他们合作出版了《敦煌本吐蕃历史文书》《吐蕃简牍综录》。我虽然在大学学的是历史，但我却对藏族文学、宗教和哲学感兴趣。所以在硕士毕业选论文题目时，我选了有关苯教丧葬仪轨的敦煌写卷 PT 1042 作为主要研究对象，王老师尊重我的选题，但是在研究方面我完全追随王尧老师倡导的文献解读为基础的方法。

（二）拓展藏学的国际学术交流。藏学作为一门独立学科在西方已有相当长的历史，现代意义上的藏学可以追溯到 Sándor Csoma de Körös（1784—1842）。王老师是中国藏学界第一个在国际藏学界广泛开展学术交流的学者。每次回国他都要带回大批国外研究的论著，将其交付给我们，嘱咐我们择其重要者译成中文，在专业丛刊《国外藏学研究译文集》上刊发。正是在他的影响下，我时时关注国外藏学的最新动态。

（三）倡导以藏文文献为基础的佛学研究。王老师一直认为佛学是藏学的核心内容，他曾说，很难想象抽掉佛学内容的藏学是个什么概念。他身体力行，写了多篇佛学论文。有段时间东嘎活佛正好在中央民族大学，当时我作为研究生班的班长，曾建议当时的藏学研究所领导开设佛学课程，遭到一顿痛斥。我们只能在陈践老师的安排下到东噶活佛住所私下听他讲寂天的《入菩萨行论》。后来跟王老师说起此事，王老师非常同情，只是在当时他对课程设置无能为力；但自此以后，每次出国他都注意收集国外佛学研究资料。后来我放弃藏族文学的研究，转向佛教哲学，他也非常支持。他曾经说，他这一生最大的缺憾是没有机会学习梵文，所以嘱咐我多在梵文上下功夫。后来他将我推荐给施泰因·凯尔纳教授，目的也是要让我在佛学方面接受更好的训练。我后来专门从事佛学研究，不能不说与王尧老师的影响有关。

（四）最后还要提到一点，王老师对培养年轻一代藏学研究人员的重视。不同于他同时代的其他藏学专家，王老师对青年学者特别具有吸引力，多年以来不断有青年学者投奔于他，被他引入藏学之门。我想，这当然与王老师思想比较开放、研究方法比较新颖有关，但更重要的是由于他有扶持、提携后辈的仁厚之心。

我们缅怀王尧老师，铭记他对中国藏学的贡献，铭记他对我们晚辈的关怀。

追念热爱祖国、西藏和爱护学生的恩师王尧先生

王启龙

陕西师范大学国外藏学研究中心教授

一个学者,尤其是中国学者,如果他爱国的话,他会不失时机地竭尽全力为国家服务。王尧先生一生都在践行自己高尚的爱国主义人生观和价值观。概括起来,就是一个"爱"字。先生一生都充满了热情洋溢的"爱"。

首先,先生热爱祖国,他对祖国的热爱毫无保留,一生都在为维护祖国统一和民族团结贡献自己的力量。早年,先生就加入了革命队伍,为新中国的诞生奉献自己的热血和青春。新中国成立之初,本来先生就读于南京大学中文系,但是,为了国家建设西藏的需要,1951 年春天积极响应党和国家号召,和一批有理想有担当的爱国青年知识分子一道,毅然从祖国的四面八方来到中央民族学院学习藏语文。1951—1953 年间,先后师从于道泉先生和进入藏区首站所遇到的老师——藏传佛教高僧贡噶活佛。这批充满青春活力的青年人在刚刚组建的中央民族学院对藏语和藏文孜孜以求的刻苦学习,为日后藏区建设储备了可靠的专业人才,也为日后藏学研究

事业打下了坚实的基础。王尧先生无疑是其中的最杰出代表之一。1953年中央民族学院毕业以后，先生留校任教，从此开启了他艰苦卓绝而又美轮美奂的学术人生。

我们说先生无限热爱自己的祖国，这不是一个空洞的说法。据我本人的理解，先生是一个接地气的爱国知识分子。在政治上，先生从来立场鲜明，他不止一次地告诫我们，知识分子最高贵的品质是热爱自己的国家，无论他的境遇如何，无论他受多大的委屈，都要不折不扣地热爱自己的国家。他还经常以他的恩师——中国现代藏学的主要奠基人于道泉先生为榜样来教导我们。他自己从来都不会在国家和人民利益方面做任何让步。此外，先生一生20多次进藏工作和考察，与藏族人民结下了深厚的友谊。他对藏族人民充满了无限热爱，他的藏族朋友遍及各阶层各个年龄段，他跟他们心贴心，非常融洽，亲如兄弟姐妹。他对我们的要求也一样，几年前我奉派到西藏大学工作，他对我谆谆教导，说一定要跟藏族师生、藏族朋友打成一片，要跟他们真心交朋友。每次我回内地见他，他最关心的就是西藏怎么样了？某某朋友怎么样了？当他得知西藏建设蒸蒸日上，朋友们都健康快乐的消息，他那高兴劲儿像个天真的孩子似的，那么纯真，那么真挚！

其次，先生热爱学术，为此倾注了毕生的心血，为推动中国藏学的发展，推动中国藏学走向世界做出了卓越的贡献。新中国成立之前的中国藏学研究，从根本上仍是继承了清代中后期及至民国时期西北史地之学的经世致用思想，即从学术研究角度维护国家统一，促进民族团结，反对列强侵略，也产生了一大批优秀学者和研究成果。在陈寅恪、于道泉等一代学人的直接引领和助推下，为中国藏学的发展，在新中国之后的藏学研究打下了坚实的基础。

不可否认，当时的西藏研究后存在诸多不尽人意之处，如因国际政治、时代等因素所限，查阅国外所藏文献、了解国外研究成果比较困难。中国现代藏学开山者于道泉先生在欧洲游学期间曾尝试阅览、复制藏于英国的敦煌藏文写本之时，就遇到了种种阻挠和困难。此外，掌握藏语文的研究人才十分缺乏。这也正是于道泉先生回国之后急于解决的问题。于道泉先生首先与北京大学东方语言文学系主任季羡林合作创设藏语组，后来中央人民政府创立中央民族学院，除将北京大学东方语言文学系的藏语组师生并入之外，又从全国抽调骨干进入少数民族语文系，为藏语文和藏学研究打下人才基础。

如果说于道泉先生是中国现代藏学研究事业的开山者，那么师从于道泉先生的王尧先生则是继于道泉先生之后的藏学研究集大成者，具体体现在以下两点：（1）先生实质性地开拓了于道泉先生想做却未能完成的敦煌藏文文书研究；（2）先生继承于道泉先生遗志，继续孜孜不倦地培养了一批又一批真正懂藏语文的研究者。

此外，先生热爱学生，无论编内编外，国内国外，只要投其门下请教者，追随其学习藏语文和藏族历史文化者，他都一视同仁，热情指点，倾力扶持和培养，如今国内外活跃在藏学领域的著名学者中，"王门弟子"众多，其中有些是当年先生名下的硕士生或博士生，而更多的则是编外弟子，他们或多或少都曾受惠于先生，受教于先生，都对先生充满了景仰和感激。

如果说评价一个大的学问家、大学者的首要标准，是看他对学术研究的推进、看他的研究成果，那么另一个重要标准无疑就是他在人才培养上所做出的贡献。人生也有涯，个人的研究成果终究还是会囿于时空所限，而他所培养的人才，代际相传，实际上是突破了时间的限制，其学术理念、研究方法正是通过人才培养，得以流芳百世。

从培养人才的角度讲，王尧先生当之无愧是中国藏学界的教育家，乃至中国藏学界"教授中的教授"。先生时或在私下聊天时幽默而不失自豪地说"得天下英才而育之，乃是人生最大的快意""我最大的能力就是善于将别人的学生，教成我的学生"。诚如斯言，王尧先生亲自指导过的博士生人数虽然有限，而今"王门"弟子及再传弟子遍布国内外，他们均是因为王尧先生的人格魅力和学术品格，从海内外各地奔赴先生门下，求学问教，并以成为王尧先生门生为荣。直至先生去世前不久，无数"老学生"

与新学子纷纷前往先生寓居的四季青敬老院探视、问学。

如今先生的许多学生已然构成中国藏学研究中坚力量的半壁江山，分布在神州大地四方各处乃至世界各地，国内重要藏学研究机构和学术团体均有先生弟子及再传弟子的身影。先生生前将自己所有藏书分别捐赠给了中国人民大学、北京大学、复旦大学、中央民族大学和陕西师范大学。先生仙逝后家中的一些藏书则由先生公子交给中央文史研究馆收藏。这些图书的捐赠，使得先生的藏学事业得以另外一种形式在各地继续开展。

研究成果、培养的人才、捐献的藏书，此三者代表王尧先生作为藏学大家的学术生命，并没有随着先生谢世而终止，反而必将被后辈学人继承并发扬光大。先生是值得尊敬的爱国知识分子，是优秀的民族教育家、语言学家、藏学家和民族史专家！

缅怀恩师，继承精神

冯智
中国藏学研究中心历史研究所研究员

王尧先生走了，这是藏学界的一个重大损失，但是他会永远活在人们的心中。他虽然离开了我们，但是他留下了一笔宝贵的精神财富，值得我们学习、继承和发扬。

我和王尧先生是师生关系，他是我的博士生导师，我是他的学生。他是我一生遇到的最好的老师，最敬仰的师长，也是最感恩的导师。我想通过我和先生在一起的日子，从以下三个方面谈谈我的感想。

一、读先生的博士是一种缘分

我的本科和硕士都是在中央民族大学完成的，对先生早就敬仰。从本科起就有幸听到他的授课。读硕士期间，他给我们开了"吐蕃文化"课。先生口才了得。他一上课，从不看教材，滔滔不绝，我们则听得津津有味，每一次都是满满的收获。

2005年的一天，我去建国门内的中国社会科学院参加一个学术座谈会。正好王先生也到会。在中途休息时，王先生把我叫到一边对我说，现在有一个机会，我要招博士了。你去好好准备，争取考上，今后我们合作做点事。就这样，在先生的鼓励和自己的努力下，我被中央民族大学录取了。真是机缘巧合，顺理成章。

二、跟随先生学习，接受先生指导，提升知识体系

2006年9月至2009年7月，我和中央民族大学的岗措老师、西北民族大学的杨本加老师一起跟随王尧老师读博士。三年当中内容很多，我想主要说三点：

（一）我们既然是读王尧老师的博士，就进一步阅读了王先生的几乎所有论著，甚至包括一些当时还没有公开出版的书稿及一些论著。

（二）学习和阅读了他指定、建议或提供的一些书籍和藏文资料。比如说，他提供的突厥史、南诏史、魏晋南北朝史、隋唐史以及语言学、音韵学等方面的学术著作。他看问题从维护祖国统一和民族团结的高度出发，具有大视野、大智慧和大格局。他说，中国是一个统一的多民族国家，要充分了解我国历史上的民族融合和民族关系，用更广阔的视野来审视藏族

历史。

（三）接受他传授的思想以及做人做学问的方式方法。2006年7月11日，也就是接到录取通知书的第二天，王尧老师就把我叫到家里，对今后要怎么开展博士论文研究、做些什么课题，他都和盘托出。他强调：要把吐蕃研究放到中华民族的历史文化之中去，藏学是国学的一个部分，国学是传统文化，需要把藏文史料与汉文史料进行沟通，在藏文史料的基础上，把国学研究推进一步。

此后在和他相处的时光里，又多次得到他的谆谆指导，他把自己的所想所见甚至资料都毫无保留地交给了我，而我也在博士论文中尽量地反映了他的思想。

三、从日常生活感受大师风范

除了学习，生活中与王尧老师的接触也较多。他始终是一个乐观、向上、热情而又生活简朴的长辈。他对年轻人特别关心，鼓励年轻人成才。他对别人特别是年轻人有求必应，总是帮助的多，付出的多，而索取的少。给予年轻人无私的帮助，并且给予年轻人以信任和鼓励，为年轻人的每一步成长而高兴，对他们的一点点劳动给予肯定和尊重。这些方面我是深有体会的，有很多这样的例子。当时他的生活中的很多小事都让我们深深感动。

比如说，当时他的腰和腿活动起来都不太方便，但是他都是要求提前到教室去上课。无论是叫我们到家里去接他还是让我们直接到教室，王尧老师叫我们几点几分去，我们就几点几分去。我们到的时候他都已经准备好了。他把时间规定得非常清楚。

总之，和王尧老师在一起，总是能得到欢声和笑语，总是能得到知识和智慧，总是能得到方式和方法，总是能得到力量和精神。他热爱藏区、胸怀祖国、放眼世界。现在王尧先生走了，但是他的精神还在，他的音容笑貌还在。他教给我们的许多思想、许多指导和许多工作，是他未竟的事业，我们应该沿着他指引的道路，继续走下去，以告慰他的在天之灵。

此情可待成追忆——纪念王尧老师

黄杰华
香港大学饶宗颐学术馆高级研究助理

最初知晓王尧教授一名，始于他的《吐蕃金石录》。1995年，我还是中文系本科生，8月一次往北京，路经琉璃厂中国书店，随意翻阅这本解构古藏文的书，感到既得意又特别，所费又不多，于是购而读之。然而，书内的藏文对我无异天书，只感到祖国56个兄弟民族，各有自己的文化传统，民族间的相互影响，确实博大精深。井底的我，当时真不知王教授乃一代藏学权威。然而，该书却成为我后来进入藏学的门槛。后来经过书店，我又发现了宝岛佛光书店为教授出版的《西藏文史考信集》及《藏学零墨》二书，让我对王教授，对西藏的历史、文化和宗教又多了点认识，也增加我对雪域的兴趣。自始，我开始留意他的著作。千禧年香港书展，我再次看到他在台湾出版的新作《水晶宝鬘》，让我看到最新的藏学讯息。

2000年夏天，我终于有机会得见王教授。那年香港大学文学院举办敦煌学国际研讨会，不少国际敦煌学者来港，其中邀得他来港作学术报告。

面见教授，确如照片：一位慈祥的长者。作学术报告时，他目光如炬，语调充满自信，且记忆过人。我在后来十多年听他上课讲学，情景一如初见，我心中自忖：他的记忆力比年轻人还要好，说话层次井然，逻辑性强，不时结合他亲身考察的第一手资料，若我晚年，有其十一已经不错。不论听他的讲演及上课，我真的感到如沐春风。夸张点说，他讲学时的情态，让人如痴如醉，那是老师授课的魅力，说得客观点，那是他的学术风采。

2002年秋，我入读香港大学佛学硕士课程，王尧老师来港开设基础藏文，进阶藏文及藏传佛教三科，参考教材除了他自己的著作，还有《心经》藏汉文本、《萨迦格言》藏汉文本、《米拉日巴传》藏文本另附刘立千和张澄基的两种汉译本、王森的《西藏佛教发展史略》、冉光荣的《中国藏传佛教史》、于道泉的《六世达赖喇嘛仓央嘉措情歌》藏汉对照本、金刚乘学会出版的《出世法言 莲苑歌舞》、内贝斯基的《西藏的神灵和鬼怪》及《青史》等。至于西方的藏学研究，他特别提到图齐的《西藏画卷》及《西藏宗教之旅》、戴密微的《吐蕃僧诤记》、麦克唐纳的《敦煌吐蕃历史文书考释》、山口瑞凤的《西藏》及《吐蕃王国成立史研究》等，又介绍了张怡荪的《藏汉大辞典》，让同学对藏学有了一个基本认识。后来我读到他在《藏学概论》的自传式序文《我与藏学》，得悉课堂所授的《心经》《米拉日巴传》、道歌及《萨迦格言》等，全是他在贡噶山跟贡噶上师学习藏传佛教的教材，全是在北京随于道泉教授的学习材料，全是登入藏传佛教堂奥的读本。老师对我说："要了解古代西藏的社会概况，细读《米拉日巴传》第一至四章就知道了。"王老师对课程的选材，让我感受到一种学问传承的精神，将上代的学问精髓传予下一代，他再结合一己对藏学的认知来薪火相传。

王尧老师的《西藏萨迦格言选》出版于1958年，早已绝迹书肆。后来，他在胡耀邦儿子促成下，重新将完整译文校对一遍，并于2012年1月出版，更名为《萨迦格言》。2013年12月老师来港参与香港大学学术会议期间，我将书让老师签名留念，他在首页写上："这是我学习西藏文化的入门、起步，翻译发表在一九五四至五五年之间，未经勘酌，字句草率，反映了当时的水平，请予批评指正。王尧二零一三年十二月于香港。"我们翻开一读，只会惊讶老师对藏文掌握的透彻，将萨班的醒世恒言以言简意赅的新诗体呈现。沈卫荣教授曾说："不管先生写哪一类的论文，总是掩饰不住其出色的文学修养和颇为自得的文人气质。"（见《汉藏文史研究的新思路、新成就》一文）尧师《萨迦格言》一书，译文清通畅达，这非我等学生可以批评指正的。

王教授在香港讲学，让我可以直接受他亲炙。有一次，王教授、师母及我的同窗林锦江博士，同到我当时位于将军澳的家，他看到我藏有台湾故宫博物院重版的《故宫周刊》合订本一函五巨册，极有兴趣。该书原为1929年纂修，用以纪录北京故宫艺术文物的大型杂志，加上当中刊有不少晚清宫内照片，十分珍贵。结果，他读了整整一个下午。

　　有时候跟老师聊天，会有意想不到的收获。他的专业为藏学，然而对当年的本科，仍是兴趣盎然。2005年，他在港大佛学研究中心任客座教授，一次与我闲聊，提到从前在南京大学中文系求学的情况。当时他受老师汪辟疆影响，嗜读小说。那时候中文系的藏书室需要同学值班，若遇同学请假，他例必顶替，争取时间多读小说，他曾一连顶替三天。本科读毕，几乎尽读唐人小说。在北京时，他曾与李慎之等文人交流读书心得。他也留意笑笑生的《金瓶梅》，曾饱览各种版本，并说看过的版本比港大图书馆藏本还要多。他知道我同是中文系本科毕业，故谈得更加起劲。王教授叫我特别注意《禅真逸事》及《绿野仙综》等未经删节的原本，因明代君主，或喜好佛教或钟情道家思想，此教一起，便借小说打击及排斥异教。因此阅读原本，可从中体现作者以道家及儒家立场反对佛教的一面。王老师说他在美国教书时，曾托小说专家马幼垣的弟弟、芝加哥大学东亚图书馆馆长马泰来将部份珍贵小说复印寄他。作为学生，我所知不多，于是先行笔录记下。

　　另一方面，王教授谓自己曾留意明清的风月小说，可惜多年来遍寻不获,诸如《素娥篇》《游仙窟》等籍。后来他到荷兰莱顿大学,那里有个高罗佩的特藏部,看到不少高君收集的风月小说珍本。他说自己虽然走上藏学的道路,但一有机会,还是会留心和收集。我告诉他,我藏有《素娥篇》,刊于《思无邪汇宝·外篇》一书。我念本科时,一次阅读马幼垣《中国小说史集稿》,才知道《素娥篇》,后来《汇宝》以外篇形式发行了该书,因所费不多,遂买了下来。《汇宝》合共41册,那是当代一批专研小说的学者多年努力结集的丛刊,主编者为法国的陈庆浩及中国台湾的王秋桂,顾问包括我国的刘世德、吴晓铃,美国的夏志清、韩南及马幼垣,俄国的李福清及牛津大学的杜德桥等人;校阅者包括当时的上海图书馆善本书室沈津,中国台湾的郑阿财、王三庆、陈益源及李丰楙等人,单看阵容,已叫人掏荷包。我恰巧购了《外篇》,第二册即为《素娥篇》,于是他叫我带予他细阅。在众多风月小说里,老师认为《金瓶梅》写得最好,最写实深刻。的确,翻开《王尧藏学文集》第5卷,就可看到《〈金瓶梅〉与明代藏传佛教》一文,那是一篇将文学作品里的历史真实还原的高品质论文,是老师多年阅读、理解《金瓶梅》的结晶,是一位藏学家看古典小说的心得。沈卫荣教授说,该文"彰显了先生不凡的汉学功底,并指导后学即使像《金瓶梅》这样的汉文色情小说,也可以是研究明代汉藏关系史的珍贵史料,真可谓'处处留心皆学问'",这是一针见血的评价。

另一次闲聊，老师提到敦煌学家王重民，他谓王氏于风雨年代曾帮助一位家贫女学生的生活费，每月定时协助。后来王重民出事，女学生曾力保其师。怎料女生的丈夫写了一封满纸污言的信，让王重民十分难过，最终投河自尽。尧师自此总要安排时间去探望王重民妻子刘修业，然而每次相见，王妻总忆起旧事而嚎哭。后来王老师也写过《记与王重民先生交往二三事》一文缅怀。那一次，我边听边感到老师对世事无常的无奈。

同样在 2005 年 2 月，王老师在港除了授课外，还有一项任务，就是完成一部《西藏佛教史》。他对我说，从前日本学者羽溪了谛写有《西域佛教史》，并早有汉译本流通。然而季羡林认为对方写得不好，于是独力将书重写一遍，并于进医院前完成书稿。按老师的意思，季老早于 2003 年已经写好新作《西域佛教史》。然而，十年后的 2013 年，我们仍未看到该书出版。此外，季老希望王尧老师撰写《西藏佛教史》，老师完成书稿并于 2013 年正式出版，名为《中华佛教史·西藏佛教史卷》。在书的后记里，我看到另一主编汤一介教授说："季先生曾为西域卷写了三万余字的书稿，但现在不知手稿在何处，故未编入《论集》。"王老师告诉我时，已是 77 岁，仍然记忆过人，虽为闲聊，然而不少人事记忆仍历历在目，所说资料毫无错漏。记得香港大学饶宗颐学术馆学术部主任郑炜明博士对我说，平生最佩服两位学者，一是饶宗颐教授，一是王尧教授。我想，那是因为二人学问渊博，并能触类旁通之故。

王老师有一个本领，就是打卦。一次闲聊，他跟我说曾随红学家周汝昌学打卦，因为周老精于此道，特别是"参同契"。他续说周汝昌英文良佳，十多岁进清华外文系，后因日军侵华被逼辍学。十年后周重返清华英文系，由于同学大多二十来岁，自己已过而立之年，于是逃课到图书馆看书，最后在毕业时以《红楼梦》作为功课，导师看罢只说："除了佩服，我还可说什么呢？"毕业后，周汝昌将功课付梓出版，那就是一鸣惊人的《红楼梦新证》。我还记得老师边说边笑的模样。老师与陈践教授的名著《吐蕃时期的占卜研究》《吐蕃的鸟卜研究》《三探吐蕃卜辞》及《从"河图洛书""阴阳五行""八卦"在西藏看古代哲学思想的交流》等文，我想那是结合了老师对吐蕃文化及占卜的透彻解读。

王尧师在港有不少朋友，他们全都佩服老师对西藏的认识及个人识见，其中包括香港南联实业有限公司主席周忠继老先生。尧师每次访港，均到周老位于九龙尖沙咀东部的办公室做客。周老先生除了自己的生意外，还毕生从事"纵横码"中文输入法的研究及应用，更于苏州大学成立研究所，成绩斐然。我每次在旁聆听两位先生谈得投契，滔滔不绝，趣味盎然之余，也学到了不少东西。此外，周老先生的女婿袁绍良先生，为一代太极高手，他跟尧师有一个共通点，就是记忆过人。二人见面，你一言我一语，说得不亦乐乎。周袁二君，盛待尧师，我因附骥尾，得闻不少历史掌故。袁氏家族藏有不少明清文人书札，包括沈周、文征明、金农等人，后来他将所藏编成《袁氏藏明清名人尺牍》上下两巨册，原希望付梓后与王教授共赏，可惜书于今年初才能出版，无法与教授结缘，诚为憾事。袁先生的一位太极学生莫继周，曾于港大佛学中心选修尧师的西藏佛教史一课，我因老师关系早已认识莫君。至于袁先生的夫人珍尼，我早已在一个唯识学课程里认识，种种似有还无的关系，或许就是佛家所说的因缘。

尧师自上世纪90年代已认识宁玛派金刚乘学会的刘锐之上师，其《元廷所传西藏秘法考叙》一文已记其事。除刘上师外，尧师还认识学会干事施洽德老先生。二人见面，多谈宗教轶事。我因尧师关系，与施老先生曾有一面之缘。后来，尧师再次来港讲学，得悉施老先生因病去世，我感到老师面有难色。那一次，老师讲学完毕，准备回京，我先约好施老太太于香港国际机场跟他见面。施老太太边说往事，边取出一辑当日灵堂的照片。结果，我首次看到老师落泪。老师道德文章，待人以诚，我深为感动。

有一年，王老师出国讲学多月，回家后发现台湾故宫博物院寄来一个包裹，那是一封由学术审议委员会发出的信函，是关于图书馆文献处编纂葛婉章教授升等的评审意见一事。惟已过规定掷交意见书时限，加上无法联系葛教授本人，老师深恐院方见他迟迟未覆而衍生不必要的误会，最后将包裹存交了我，待有机会再行联系及解释。我曾询问同院西夏学家胡进杉教授，惜未能跟葛教授联络，也无法另找机会陈情。现一记于此，若有关单位看到本文，望能释嫌。

2005年，我报考中央民族大学，以尧师为指导教授。由于我对藏学一知半解，老师顿成我的"盲公竹"。入学考试，我拿着老师的《吐蕃文化》《敦煌本吐蕃历史文书》以及王森的《西藏佛教发展史略》捧读，结果侥幸过关。自始成为中央民大的一分子。然而，我人地生疏，也不了解一切行政手续，空无概念。王老师特别替我找来中国社会科学院的博士研究生戴忠沛，尽力协助我办好一切手续。对于老师的悉心安排，我十分感恩。戴君乃西夏学家聂鸿音教授高足，最后他引领我进入西夏学的世界，开阔了我的视野。此外，老师也替我联系校内港澳台事务办公室主任关燕于女士为我排难解纷，让我安心学习。在课业上，王尧老师又引介中国藏学研究中心的陈庆英教授、黄维忠博士及冯智博士。陈庆英教授、黄维忠博士的多番指导，令我获益良多。说到底，没有老师，我无从受教，也看不到藏学的门槛。

记得我在一次问学时，王教授就说，藏学有三部书必读，分别是意大利藏学家图齐的《西藏画卷》、法国藏学家石泰安的《西藏的文明》以及伯戴克的《十八世纪西藏史》。图齐的藏学资料，据说当年用七台驴车装走，先运往孟买，再船运回意大利。其《西藏画卷》英译本不大规范，因而较难看。至于石泰安，20世纪60年代他已在法邦以西藏的说唱艺人及格萨尔王故事取得博士学位，其论文早由我国耿昇先生全译为汉文。该书以一人之力尝试面面俱圆，部份内容虽然惹来争议，但其全面性的讨论至今仍无出其右。最后的伯戴克，据尧师说，伯氏的不传之秘，乃他懂得将藏历还原为中国的旧历，就连公元纪年也可。国内曾想出版一部《五世达赖喇嘛年谱》，经伯氏过目后，其说年份还可以，月日错讹甚多，故此书石沉大海。伯氏生前负责管理罗马大学图齐的藏书及数据，学者想一睹庐山真面，他只作有限度的开放，因此图氏藏书多少，只他一人知道。王教授导引的三本书及其掌故乃脱口而出，其他故人旧事也是信手拈来，有时更是无问自说，娓娓道来，其惊人的记忆力，实在让人佩服。后来我发现，除了《西藏画卷》未有完整汉译本外，其余两部均有汉译。各种藏学名著汉译本，若非老师亲自动手，就是由其学生负责。他又主编《国外藏学研究译文集》《贤者新宴》及《藏学文库》等重要丛刊，引介国外最新的学术讯息。祖国的藏学研究能够大跃进，尧师扮演了极其重要的角色。

入读藏学研究院后，老师让我认识不少藏学家，包括胡坦教授、沈卫荣教授、向红笳教授、谢继胜教授、王启龙教授、周润年教授、班班多杰教授、才让太教授、岗措博士，以及台湾的林光明教授、萧金松教授，他还带我与同门林锦江、陈鉴潍两位博士访黄明信老人家。黄老先生精于西藏历法，20世纪40年代已获甘肃拉卜楞寺 rab 'byams pa 格西学位，是一个辩才无碍的学者。一个问题，他即滔滔不绝，边拿起《东噶藏学大辞典》，边侃侃而谈。在我眼前，彷佛见到两个巨人，那种情景和感觉，实在难以言诠。此外，老师为了帮助我们有效认识藏学，不时将新旧作品签题送赠，这包括《平凡而伟大的学者：于道泉》《中国藏学史：1949年前》《西藏文史探微集》《藏族与长江文化》《藏学概论》《敦煌本吐蕃历史文书》修订本、《吐蕃文献选读》修订本、《法藏敦煌藏文文献题解目录》《当代名家学术思想文库·王尧卷》以及《读书》2011年8月号。尤其《读书》上的一篇《语文学的持守与创获》，老师对沈卫荣教授的《西藏历史和佛教的语文学研究》一书给予高度评价。作为后学，阅读老师及沈教授的著作，其观点之确当，论述之全面，绝对是上佳的学习材料。

在香港，知道有藏学一科的人甚少，上述著作在港搜寻不易，单就老师主编的《国外藏学研究译文集》20辑，我分别要在香港的二手书肆及北京多年收集，才成完璧。我也尽一切办法，购读老师著作，当中包括老师口中的"吐蕃三书"（《吐蕃金石录》《吐蕃简牍综录》《敦煌本吐蕃历史文书》）。然而，遗珠也有不少，我们观任小波老师编撰的目录可知，要完整收集老师那浩如烟海的论文，实在不易。此外，尧师知道法京普散（Louis de la Vallée Poussin）的《印度事务部图书馆藏敦煌藏文写卷目录》（Catalogue of the Tibetan Manuscripts from Tun-Huang in the India Office Library, 1962）已难觅得，于是借我与同学林锦江复印参考。王老师的著作，在在是进入藏学研究的钥匙，让人次第了解西藏的历史、语言、宗教及文化。诚如马丽华所言，中国的藏学研究，"皆因有了王尧先生"。

有一年，我来京探望老师，临别前他送我一本小册子，那是中央文史馆馆员2012年2月1日中南海聚会的节目单：《中华诗词吟唱会》。其中包括词学家，同是文史馆馆员叶嘉莹教授的两首词作《赠故都师友绝句》。据老师说，她在会中朗读自己的作品。王老师在封面写着聚会地点"钓鱼台芳菲苑"。由于我杂物太多，最近才在家中找到此册。

2009年夏，我与林锦江博士同到青海黄南热贡考察。由于我藏语欠佳，老师遂让我们联系青海省美术雕塑公司的孙书勇先生，安排我们行程，尽力协助，让我们经历了一次愉快难忘的考察旅程。回西宁后，孙先生带我们去一家清真餐厅吃饭，那里的羊煲全无膻味，我们吃得不亦乐乎。种种因缘，全因尧师与孙老先生的悉心安排。

2013年3月，老师再次来港，为香港大学第二届饶宗颐学术讲座主讲嘉宾，题目为"13—14世纪藏传佛教合尊大师遗事考辨——南宋少帝赵㬎的下半生"。当时我任职港大，负责全程照顾老师。尧师特别托林锦江准备北京大学出版社发行的线装影印本《大乘要道密集》送予饶宗颐教授，也不忘带上20世纪80年代饶公替他于香港中文大学出版与陈践教授合作的《吐蕃时期的占卜研究》。9号演讲当天，饶宗颐学术馆馆长李焯芬教授称他为Mr. Tibet，一名西藏通，我们觉得那是实至名归。饶宗颐教授更特别手书"藏学前驱"四字赠予王老师，表彰他对藏学界的贡献。90多岁的饶公，仍然对西藏历史文化深感兴趣，两小时的讲座，他竟然破例听毕，一时传为佳话。当天，尧师大部分在港的学生、朋友均出席聆听，我也作了现场录音，好让日后重温。

2015年，《嘉德拍卖行通讯录》第1期刊载一张《藏文大藏经》的照片，那是该公司第21期拍卖会的拍卖品，明代泥金写本藏文《八千颂般若经》，一函共400页。最重要的是，函内附有王尧老师及启功教授的题语。明代写本配合一代藏学家及书法家的题识，珍贵得难以言说。这里将二人题识记下，以供日后研究参考。首先为王老师题识：

中国书店收集到藏文金写《八千颂般若经》一部全402页（内阙两页），页八行页上下两面长62公分宽25公分。属明代北京写本，十分精美，字迹道劲端严，前后均有佛、菩萨、金刚、护法彩绘，询为难得一见的稀世精品。考有明代崇奉喇嘛远自永乐年间即遣中使往迎藏土高僧哈立麻、昆泽思巴等晋京勅封为大宝法王、大乘法王，宣德间又封释迦也失为大慈法王,是为藏土三大法王也。此外又封授藏区各地领袖为阐化、阐教、辅教、护教、赞善等五王,充分体现明代治藏的众建多封之政策。

在北京各寺中还封授大善、大德、大智、大悟、大通、大济等法王,及至正德间,皇帝乃自封为大庆法王。可谓佞佛之风登峰造极矣。

朝廷命藏僧在北京缮造金字佛经。如宣德十年,"命番僧领占罗竹绰巴藏卜为灌顶国师,给以图书、印帽、袈裟,以写番经成也。天顺四年亦有旨,大慈法王等,写成金字经二藏,各宜尊崇虔敬,不许私借观玩,轻慢亵凌,敢有不遵,朕治之以法。"此经大约即为当时所写之金字藏经也,何时流入市尘,已不可知。

《八千颂般若经》乃般若系佛典,在藏区最为流行之一种,与《大般若经》之第四会即《小品般若》相当,佛学专家高观如居士考订:"八千般若乃大般若经最早的形式"。在藏文中有十万颂、两万五千颂、一万八千颂、八千颂、四千颂、两千五百颂、六百颂及三百颂八种,《大般若经》汪洋浩瀚,汉译本有六百余卷之多,难以持颂,于是有《般若心经》《金刚能断》等简明扼要之本出现,藏土流行之《八千颂》乃长短适度之本。藏译者释迦军、智成及性戒三师,共二十九品,今金写本即此本也。

梵文原本亦在印度——尼泊尔陆续发现,1888年在欧洲刊布,颇受佛学界重视。

此金汁写本《八千颂般若经》在京出现，又可证明汉藏文化之交流由来已久。中华文化宝库乃各民族人民共同缔造也。尧不敏，先睹为快，略记数语，以志因缘，是为记。（王尧印章）

然而，题识一点不像老师字迹，印章倒是真的。接下来启功教授的题语，尽释疑虑：

此明代金书藏文经珍贵自为有目共睹，其书写缘起及经文内容，承中央民族学院王尧教授鉴定，读者心目豁然，诚是欢喜赞叹。王尧教授跋语以钢笔书于稿纸上，保存不易，承马春怀先生以小楷誊钞一通，粘于函内，原稿珍重保存，与金经共存永久。功得预观，并校附名于末，信属胜缘，因盥手敬记。时为一九九一年秋日，启功时寓北京师范大学，行年七十又九。（启印）

通过二人题语，可知写本珍贵，书内显示为196万元。原函已售，题语难以复见，故在此记下老师全文。我遗憾来不及告诉老师这个发现。我相信，若我一提，他必定如数家珍，娓娓道来。如今，此情可待成追忆。

谈到老师的学术成就，我作为后学中的后学，绝无资格说话。他在藏语文、敦煌吐蕃文书、西藏文化及汉藏文化交流领域的杰出贡献有目共睹，我不敢在此饶舌。不过，他对西藏文化的了解，已融会贯通成一家之言。

例如《走进藏传佛教》一书，老师提到藏人不会随意吐痰，盖因精灵"帖布让"（thib rang）会尾随其后，回吐痰者家大肆捣蛋，尽量制造麻烦，故藏人不敢造次（37页）。老师"深入经藏"，于此可见一斑。

2015年9月，我突然收到消息，谓王老师在北京跌倒，需要进医院做手术，我立即致电老师，可惜无人接听。直到10月初，我再次致电，终于听到他的声音，仍是沉实稳定，只稍觉他有点累。问候以外，我告诉他，谓12月耶诞将来京探望，另我将刚在香港发表的文章《西藏学家王尧的学术背景及其碑刻研究简说》通过老师的香港学生区佩仪交予他。他回说，自己已转往西山四季青敬老院居住，来访可到上址。10月中，区君如期上京探望老师，并即时电话传送照片，照片中老师精神矍铄，让在港工作的我与林博士安心，这是我看到老师的最后一面。后来，我与妻子订了12月19日周六下午的机票上京。可惜，老师在17日黄昏往生，生命的变幻无常确实难以预测。同窗林博士原已订好23日上京，天晓得那天成了老师的追悼会！结果，他改变行程，提早于22日出发，赶上参与。我因身体不适，也担心严重的雾霾影响身体，遂决定放弃上京。23日晚上，林博士北京传来照片，我得悉老师安详熟睡，衣饰有如日本的大僧正，这是最后一次见证他与佛教的缘份。我在香港，于12月20日中午传真了唁文，下款写上老师在民大的三位香港学生，除我及林博士外，还有陈鉴潍博士，再加上老师的两位学生莫继周及区佩仪。

我有幸认识王尧教授，在他身上，我感受到他本人就是一部活生生的历史，有着文献长河失载的历史与学问，人称"西藏通"，绝非过誉。翻开《王尧藏学文集》卷一的照片，看到老师早与世界学术界接轨，知己知彼，薪火相传，实是祖国学术界的福气。除了文集卷一的照片介绍外，我还记起他与日本佛教学者福井文雅及其父、道教学者福井康顺的交往。王老师谓初见福井康顺时，年迈的康顺已在轮椅上。此外，王老师还认识敦煌佛教学者上山大峻、苯教学者长野泰彦及原工作于不丹图书馆的今枝由郎教授。因为王教授，我得知日本大阪国立民族学博物馆的苯教研究为日本之最，馆内的 Senri Ethnological Reports 就出版了不少最新的苯教研究成果。此外，母校藏学院的才让太教授是民博馆的博士，我能成为藏学院的一分子，实在是一种荣幸。一次我在中国人民大学国学院图书室，就看到上山大峻毛笔签题赠予王尧教授的《敦煌佛教之研究》（京都法藏馆 1990 年初版）一书，那该是教授赠予人大的藏书之一吧！上山教授书法，瘦体直书，风格古拙，直有唐人写卷笔法。后来我又有机会在香港饶宗颐学术馆看到上山赠予饶教授的签题本，字体同样是唐人气息。今年初，香港天地图书公司的孙立川博士告诉我，王教授在日本讲学时，曾与他及北大严绍璗教授饭聚。孙公留学日本京都大学，以《西游记研究》获京大博士。二人讲学于东瀛，自有不少异地掌故交流，可供撝言美谈者想必不少。如今，此情可待成追忆。

王尧老师从讲学到行文，在在散发着文人气质，这得力于多年深厚的国学根柢。祖师于道泉教授曾对老师说："加强民族团结，维护祖国统一。"终其一生，老师完全做到、做好了。脑海突然闪过"文人巨擘"一词，大众或会想到"业精六学，才备九能"的饶宗颐教授，以及有过目不忘本领的钱钟书。若有"西藏学术巨擘"一词，我们必定同意此人就是王尧教授，他就是"西藏的饶宗颐"，就是"西藏的钱钟书"。

一生有这样一位老师，是我的荣幸。

因缘港大，花开藏院——悼念恩师王尧教授

林锦江
香港佛教大光慈航中学教师

我是一名中学教师，在香港出生长大。有这一份缘分，在2002—2004年香港大学佛学硕士班，跟王尧教授上藏传佛教和藏文班的课。到2006年考进中央民族大学藏学研究院，追随教授，完成博士学位。

对于王尧教授的成就，相信不少学长都介绍了很多，这里不敢置喙，只是回忆教授在香港的一些教学和生活的点滴，以表达对他的无限怀念和敬意。

一、在香港大学教学的二三事

2002年香港大学社会科学院经过多年筹备，开办了香港高等学府的第一个佛学硕士课程。筹备前，特别由香港的大护法前往北京礼请王尧教授，来港指导藏传佛教这一系统的课程。王教授秉持于道泉先生的教导，认为

对藏族文化，或是藏传佛教的探索，都要掌握藏文这个工具，所以港大在编订课程时，除邀请王教授主持藏传佛教课程，也开办了藏文基础班和藏文进阶班。

在讲学上他不用什么教学技巧，也没有用什么信息科技，这些都是在大学里的技艺。总之，标题写上，就坐下来，或站着说个不停。他那渊博的学识，带领学生翱翔古今1300多年的藏传佛教文化发展，他那丰富深刻的经验让他谈笑风生，吸引着每个学生聚精会神地听着、凝思着。

一次，在基础藏文班的课堂里，开始学习第五组辅音，头3个舌擦音，为广州方言所没有，我开始发音时，总分不出 ca、cha 和 ja 及 tsa、tsha 和 dza 的分别，特别是后三者，总擦不出声来。教授听着我总是读不清楚这几个辅音，蓦地站起来，走到我身旁，在我耳边把6个辅音逐一读出，又两个一组地比较着读，经过他一番在耳旁的示范，我终于掌握了。当时的情景，印象深刻，感谢恩师的教导。

二、生活小趣

王教授在香港期间，最爱到的地方莫过于香港大学图书馆和香港的大书店了。香港大学创校于1911年，所以除藏书量丰富外，还收藏了不少善本书和早年的书籍。王教授课余时候，就走进图书馆看书了。

在香港逛书店也是王教授最喜欢的事情。香港的书店汇集了东西南北的书籍，学长黄杰华博士好几次陪他到书店逛逛。由于香港铺租高昂，绝大部分书店不会设有座位给读者坐着打书钉的，通道的空间也无法让你蹲着看。每次到书店，教授总不是走走就算，而是驻足阅读，思考当中的内容，一站就是个把小时。我们生怕他站得太久，往往是由我们提出时间久了要走，他才肯离开。

香港是著名的国际美食天堂，王教授留港期间，一些老朋友款待他时，他只是坚持上素菜馆，学兄黄杰华博士和我有时亦有幸可以敬陪末座，聆听他们对话，从中获益不少。教授和我们进餐的话，他一定要我们带他去吃广式的云吞面。教授要吃这个餐，可能想让我们不要太破费；他也着实是十分钟爱这种面食。这种面食也是一种国际知名的香港小食。这种面约2毫米粗，加进食用碱水，云吞则以鲜海虾拌少许肉臊，面汤由鱼骨熬出来的。每次他见到服务员端出来，总是欢喜雀跃，最后连汤也喝光了。那种率真自然的喜悦，完全像一个小孩子得到一个颗心爱的糖果一样。

三、人生的恩师

感谢教授体谅我的处境。在就学期间，我只是做到了最低的要求，也没有做过很多研究工作。有时来京，师长们共聚或跟一班学长相聚，谈到一些做研究的问题时，教授会主动向大家说明，在香港要做好本身的工作，主要职业干不好，很多其他问题就会冒出来。每次我听到他这样说，心里总觉很惭愧：有莫大的福气投到这位国宝级的师长座下，却没有好好地珍惜，把握学习。另一方面也感恩教授的体谅，在香港的情况确实如此，正职的工作做不好，其他问题就会出在自己和家人的生活上。

  2015年12月23日，我上了人生的一课。在9月下旬我和师兄黄杰华博士在香港辗转得悉教授住进了医院，后来又住进敬老院，于是我们试图致电敬老院与教授联络，电话都没有打通，大家都担心起来，后来用教授家中的电话，竟然找到教授接听，原来家中电话已接到敬老院去了。大家都非常高兴可以联络上他了。在电话里听到他的声音着实有些缓慢和气促的，但思维是清晰的，他在电话里能听出我是谁。电话中，我们不敢和他多说，怕他疲惫。

  10月中旬香港大学区佩仪师妹到北京去，师兄和我都分别托师妹带些书本和礼物到敬老院看望他。令区师妹印象最深刻的是当日临别的一幕：教授心情激动地说，不清楚下次是否可以再见；嘱咐大家都要不断努力，继续藏学事业。

  于是我们便相约12月下旬一起到北京探望教授。我在香港供职于政府资助、由团体营办的资助中学，教授佛学及旅游款待科，行政上是学校的宗教事务主任。在资助中学任教是受《资助则例》的保障和规管的，教师只可以申请病假或每年两天的红白二事事假，就算自愿被扣工资去申请假期，也很难获批准。所以我和师兄只可以相约在12月下旬的圣诞节假期一起到北京探望教授了。

后来由于时间协调不成，各自买了机票，黄博士伉俪拟在19—22日到北京，我拟在23—26日到。但踏进12月由于北京不断出现雾霾令师兄犹豫是否可以到北京去，因为雾霾对敏感气管极不好。

17日早上我们还在了解雾霾的情况。哪知18日早上传来教授于17日黄昏辞世的消息。起初，大家还不敢置信，怀疑是误传的讯息，最后多番查证也不能不面对现实了。

19日再传来中央民族大学决定于23日在八宝山举殡。我便再买机票在22日放学后乘夜航到北京，以求赶上23日早上到八宝山送教授一程。

原来预定23日只是去敬老院探视他老人家，打算留京4天陪伴他3天。世事一转却是到八宝山送他一程，陪他老人家还不足半天的时间。

人生确实多有意想不到的事，这些事却往往是"无常"与"奈何"！

在此再向恩师表示无限的敬意和感激。

我心中的王尧先生

任小波
复旦大学中国历史地理研究所讲师

我属于王尧先生的再传弟子辈,有幸于2005—2012年七年之间忝为先生助手,得以有机会在先生尊前问学。自从2012年离京来沪之后,罕有机会能与先生见面长谈。每以电话问礼之时,总能获得先生的启迪和鼓励。2014年,先生将其所藏德格版《藏文大藏经》捐赠我所在的复旦大学历史地理研究所,并且亲自南下参加捐赠仪式。连续数日,朝夕陪伴先生读书、起居、会客、闲谈,度过了一段难得的美好时光。随后,先生又赴浙江安吉参谒吴昌硕故居,探访这位"一月安东令"的旧迹。年登耄耋,先生似乎仍然保有一颗倦游问道的雄心。而今先生溘然辞世,枯坐良久,无法定神,悲痛难以自已……

2012年9月下旬,先生从事藏学事业60周年之际,我曾写下这篇短章献给师尊,后以笔名"允丹"发表于当年的《人民日报》11月22日24版。特此转发如下,献给永远在我心中的王尧先生!

置身庄岳，遍知雪域

王尧先生早年就读于南京大学中文系，1951年响应时代的感召离宁来京，进入中央民族学院研习藏语，自此投身于藏学研究和西藏文教事业。他的业师于道泉先生，是中国现代藏学的开山。王尧先生念兹在兹的学术持守，正是于先生所倡导的"置身庄岳，事半功倍"的治学思想。此典出自《孟子·滕文公下》，"庄""岳"分别为齐国的街、里之名，喻指环境对于语言习得不容低估的深刻影响。生于齐都临淄的于先生，必是对孟子的劝学遗篇别具心解。当年在北平时，他为了跟喇嘛学习藏文，在雍和宫一住就是几年；后来负笈巴黎，他为了迅速通晓法文，竟移居不见华人踪迹的郊野。

谈及于道泉先生的教诲，王尧先生曾经这样追怀师恩："这就是我后来（20世纪50年代）进入贡噶雪山的贡噶寺师从贡噶活佛的原因，也是我曾经着意搜集、翻译藏族民间歌谣、民间故事和民间戏剧的根本原因。"正是在贡噶山求学期间，得益于贡噶上师的教授和藏族学侣的助缘，他将西藏最负盛名的训世哲理诗集《萨迦格言》译为汉文，随即在当时的《人民日报》文艺版连载了好几个月。雪域高原上的藏族，创造了充满丰沛精神力量的伟大文明。而在那个年代，内地人们对她的接近、理解和分享仍很有限。王尧先生多次就此十分自豪地说，研读《萨迦格言》使他的藏文水平突飞猛进，颇有身置庄岳仰之弥高之感。

在藏族同胞中间长期生活，培养汉藏民族的亲和感情，这便是王尧先生素所秉奉的"学行相应"的理念。他曾经十余次深入藏区，往还于风雪为伴的羁旅途程，遍访山川胜迹、古刹庙堂、农牧宅帐，在苦乐中获得有关西藏的渊博知识。这使他的藏语毫无生涩的书卷气，而著述却具足地道的真精神。他的名著《吐蕃金石录》，正是酝酿于碑版摩挲与行囊纸笔之间。凡是与他有所交往的人，无不为他淹通今古的学识所折服。王尧先生与西藏各界民众结下了水乳交融般的情谊，并曾多次为十世班禅大师、阿沛·阿旺晋美等僧俗上层担任翻译。藏族友人亲切地在他的藏名"旺杰"（dBang rgyal）之前冠以"通司"（译者）二字，以此表达对他诚挚的赞许和尊敬。

骋怀纵笔，通摄汉藏

王尧先生是极具诗人情思和文学天赋的人，他的作品大都立意广远深湛，落笔缤纷有致。与他那些位居当代汉文文史重镇的昔日南大同学不同，他在时代潮流的激涌中蔚然成为一位博晓西藏文化的大成就者。他的学习经历、学术研究乃至社会活动，纵即是在逆境之中踽踽独行、艰苦跋涉，也未尝稍减对于藏地民生的大爱之情，对于汉藏文化的深沉关切。他将自己平生主要藏学论著的结集，视作"回馈社会，仰报师友"的一份文化使命。

五卷本的《王尧藏学文集》，无疑是当代中国最具宏伟气魄和精神气度的藏学著作之一。其中所涉论题，常将汉学与藏学两大领域自然铸为一炉，且以宏通的襟怀每每切中问题的究竟。

敦煌藏文文献的释读和研究，曾被共许为最能检验藏学家学术水准的一个领域。上个世纪80年代，国内藏学研究的一个光辉成就，便是以王尧先生为代表的学者对敦煌藏文写本的译释。他在磨难中以心血译注的《敦煌本吐蕃历史文书》，连同其他那些在没有现成古藏文辞书可依的条件下完成的译品，至今仍以平妥圆融、风雅宜人而享誉士林。汉藏民族文化的双向交流，乃是一个源远流长、百转千回的过程。王尧先生以其博学深观，考出南宋末代皇帝入元以后，流寓西藏萨迦寺为僧，成为娴通藏文的译师，后又蒙冤罹难、遗恨千古的传奇史事。90年代以来，他更是孜孜以进、勇于变法，毅然将主要精力转向对于汉藏文化交流的探究，治学境界更臻开阔宏大。譬如他对藏译汉籍名著和故事以及藏文化中五行和八卦思想的考察，概皆展现出一种举重若轻的大家手笔。

得天独厚的藏地阅历和无与伦比的藏文修养，使得王尧先生的撰著更多一层游刃有余的怡然之风。他对西藏政治和文化史上的伟人萨迦班智达寄予热诚洋溢的推许，乃至将其积极入世的时代自觉意识与孔子的社会思想比况映鉴。他极力表彰太虚大师创立汉藏教理院，"沟通汉藏文化，联络汉藏感情"的文化功绩。近年以来,他还发愿为贡噶上师、东噶活佛编订年谱。时至今日,与以上两位大德皆有深交的一代学者几尽凋零,恐怕也惟有王尧先生有资格堪当此任了。就在去年,他又于旅欧途次撰成两万余言的长文,题曰《我所结识的喇嘛》,追怀与多位藏族学者"血浓于水"的情缘。在他看来,这批藏族友人的学行,理当列入中国现代藏学史的谱系。

究极学理,滋育英华

王尧先生的藏学生涯,始于对西藏语文和藏传佛教的研习。他曾将藏传佛教的特色高屋建瓴地总括为四个层面,即全民信仰、经学教育、活佛转世和藏传密教。他尤其称道西藏的经学教育传统,认为现代教育理当从中汲取宝贵的启示。在王尧先生看来,得天下英才而育之,乃是人生最大的快意。他的不少恬适亲切、不拘一格的论著,足资作为青年学子的起信津梁和入门经典。关于青年藏学人才的培养,他曾这样劝导已为人师、前来就教的座下门徒:"教学生就好比编草鞋,编着编着就像样儿了!"正是在他的亲炙和提点下,不少晚学后辈毅然消除了事业选择的疑虑,坚定了投身于藏学研究和西藏文教事业的志愿。

王门锻造出了一支汉藏兼通、学风鲜明的藏学劲旅,其中不少学者已是当今西藏历史、佛教、艺术等领域的翘楚掌门。王尧先生曾经就此颇为自得地说，他"欣喜地发现"了北京城中的一个有趣现象——在西三环北段及其延长线上，北京大学、中国人民大学、中央民族大学、首都师范大学四所高校，均有藏学研究机构和人才培养中心，蔚然形成一条南北贯行的"藏学轴线"。王尧先生是"文革"之后最早活跃于国际藏学舞台的中国学者，且是连续参加了第3—10届国际藏学研讨会的享有世界声誉的藏学家。他这样总结自己多年的国际学术交往："做点小贩而已，贩些洋货回来，贩些土产出去。"正是如此的来去往复，为沉潜多年的中国藏学注入了活水，赢得了荣耀。

　　一个学者浪漫壮阔的诗意藏学人生，一个甲子历久弥深的无悔事业追求。王尧先生以其身教和言教，滋养了中青两代西藏学者的人文心智，恩育了不少卓荦拔萃的嫡传弟子和精进有为的编外门徒。2008年先生八秩华诞之际，著名作家马丽华曾作颂文一篇，以其慧心妙解将王尧先生比作中国藏学的"航空母舰"，将王门桃李比作激扬盛放的"无限花序"。或可一如先生所译《萨迦格言》中的比譬："住在须弥山上的鸟儿，都披上了金色的外衣。"为师者有如峰峦，从游者恰似雏鸟。假若没有先生这副根基深广、崇巍如山的"巨人之肩"，当代中国藏学的振羽翱飞、鹏程云霄恐会缺失太多的力量和光彩。

从此无人唤我赵国人——回忆与王尧先生的交往

石岩刚

陕西师范大学国外藏学研究中心讲师

每个人在不同的人生阶段会遇上不同的人,但我们却并不能预见将会在什么时段遇见什么人,并与之交往,结果就将这一奇妙的过程称为"因缘际会"。我得遇王尧先生,并能够在王先生寓所"登堂入室"凡数十次之多,在我的人生里大概也只能用"因缘际会"来解释。

而今先生已经仙逝半载,每每翻到电脑里面保存的先生的照片、视频,辄唏嘘不已,与先生交往几年间的往事常涌现脑海。先生仙逝之后,有关先生之于中国藏学、先生之道德文章等等均已有诸位师长撰文纪念。凡此先生生平中之荦荦大端者,足令后人高山仰止,非我一后生小子所能恰当表述。故此,仅将我与先生交往中的二三小事,遵时间顺序记述于此,以表达我对先生的敬意与怀念。

我在读研究生之前并未曾了解、关注过藏学专业,第一次听说王尧先生是在 2008 年暑假随同谢继胜老师前往甘肃庄浪考察时,其间听谢老师在聊天时多次提及王尧先生。及至 2010 年上半年，受中国人民大学沈卫荣老师之托，在我从人大返回首师大时，将几本沈老师出的新书带给王先生，这也是我第一次前往先生位于民大西门法华寺街的寓所。由于不熟悉先生家的具体位置，在颇费一番周章之后，终于到达先生家门口。甫一见面，先生即询问我的姓名、籍贯，当我回答我是邯郸人时，他随口而出"赵国人"，这即是此后交往中，先生屡屡以"赵国人"唤我之始。临别之时，先生将他的《西藏文史探微集》签赠予我。

再次与先生相见，是当年的 9 月份，我在老家办完婚礼之后，回到学校，与同是刚办完婚礼回到北京的魏文学长，一起延请沈卫荣老师、谢继胜老师、廖旸老师及诸位同学庆贺之时，在二位老师的联系下，有幸请到王先生出席晚宴，并得到先生祝福，无论如何于我都可以说是一件幸事。

经过这两次交往，其后虽在有些会议等场合仍能见到先生，但都未曾有过交谈。如此到了 2012 年，我考入中国人民大学西域历史语言研究所，攻读博士学位。同年九月份，任小波学长即将从人民大学博士后出站，前往复旦大学就职。熟悉王先生和任小波学长的人都知道，从任小波学长在中央民族大学求学阶段及至其在人大进行博士后研究时期，都是任小波学长在为先生作助理，包括五卷本《王尧藏学文集》在内的许多先生新出著作，如果没有任小波学长的协助，是完全不可能的。心思缜密的任小波学长，在离开之前，有意为先生觅得一位继任助理。遂询问我是否有意担当这一使命。顾虑自己的能力不足胜任，于是当时答复任小波学长："你先再找找，如果实在找不到合适的人选，我可以试试。"过了一段时间之后，得到任小波学长通知，决定由我来承担此任，并在任小波学长出站报告答辩会，以及同时在答辩会后举办的《王尧藏学文集》小型发布会上，向在座的诸位老师报告了这一决定。于是乎，我就在"因缘际会"之下，成为了先生的助理，并和先生约定，每周六下午前往民族大学法华寺街寓所协助先生处理文字等工作。

接下来就是每周六上午打电话到先生家里，约定下午前去家里的具体时间。每次进门之后，都能看见王夫人洗好的水果、泡好的茶。见面第一句话就是"赵国人来了，吃水果、喝茶"，之后再开始处理其他的事情。有时待的时间长了，也会随同王先生和夫人出门，到楼下中协宾馆餐厅，或者民大西门不远处的眉州东坡酒楼一起吃晚餐，这两处都是先生常去，也比较喜欢的餐厅。

念及先生，则不能不提到王夫人。在我与先生交往最为频繁的一段时间里，亲眼目睹王夫人在幕后的辛劳，在感怀先生得到很好的照顾之时，也对先生卓越学术背后的家庭支持由衷赞叹。我与先生交往第一年内，他虽行动不太便利，但在王夫人的照料之下，无论出门还是在家，都穿着得体、干净利索，言谈间，时不时发出爽朗笑声，心情一直都不错。此时的王夫人，身体要远比王先生硬朗。家里除了有一位保姆阿姨处理一些诸如做饭之类的家务外，其他有关王先生的饮食起居都由王夫人来照料。2013年王夫人突发心脏病过世，这对先生的打击由内而外都能非常明显地看出来。此后先生的身体每况愈下，远不及王夫人在世之时。王夫人的辞世，或许是先生后来仙逝的原因之一。

我虽说是王先生的助理，主要负责协助先生处理一些文字方面的事务，但实际上，这几年之间我仅为先生回复了十数封邮件，帮忙录入了一份纪念短文，一篇将要出版著作的序言而已。反而在其余的时间里，王先生完全变成了我的"私人教师"，常常耐心地解答我所问到的所有问题，并且和我讨论我的博士论文选题、写作进展等等。时或，先生主讲，我静耳聆听他对过往人和事的追忆、学林轶事、新出论著等等，几乎是无所不谈。期间先生一直都还保持着对藏学研究最新成果的关注。当然，在整个学术生涯都向学生强调藏语文学习对于藏学研究重要性的王先生，同样也一直关心我的藏文学习。有一次，当他问及我能不能读藏文草体时，得到我否定的回答后，即刻从书架上拿出他珍藏的藏文刻本《朗氏家族史》，说道，你回去把这个练习转写并读一下，不明白的地方问我。并加上一句：这个版本虽说不是全本，但是雕版印刷精良或可补以往版本之不足。遗憾的是，不才如我，后来只忙于自己的博士论文，并没有认真地去完成先生布置的作业。只好在将此刻本全部拍照数字化之后，将原本归还于先生。至于转写、阅读至今都未能完成，藏文阅读水平仍与先生在世时一样，无甚进步。

先生除了在学习上给我以提点和帮助之外，在其他方面也是尽力帮助我。记得2014年，当我爱人博士毕业要找工作时，有一家单位需要专家推荐信。我再次去先生家里之前，我在电脑上拟写了一份推荐信，原本只是想在经过先生同意之后，将其打印出来先生签名就可以了。可当我将此请求向先生提出之后，先生说推荐信还是亲笔写的好。当即就让我准备纸笔，伏在案旁开始写这份推荐信。最终写就了一份两页稿纸四百多字的亲笔推荐信。后来我只是将这份推荐信扫描后，将打印版寄送了出去，原稿仍由我保存着。由于种种原因这家单位最终并未录用我爱人。后来先生问起她的工作之时，我说还没定下来，可能会去浙江大学跟谢老师做博士后研究吧。先生说不如让他去陕西师范大学吧，王启龙在那边准备搭建一个藏学研究平台。并且立刻就给王启龙老师打电话询问相关事宜。最终的结果就是她到了陕西师范大学。如此我二人甚是感念先生的恩情。希望能够如先生所愿，使得藏学研究能够在长安，这一唐代汉藏交流要地成长起来。这也是先生生前最后一次捐赠藏书给陕西师范大学的原因。

2015年我也毕业了。在我离开学校之前，先生将一批汉文和部分藏文藏书准备捐赠给陕西师范大学新成立的国外藏学研究中心，并受邀前往古城西安出席图书捐赠仪式和陕西师范大学国外藏学研究中心成立挂牌仪式。我当时承担了陪同先生往返北京——西安的任务。时间从 2015 年 6 月 18—25 日共计 7 天。其间，我和王启龙老师陪同先生尝试西安各种小吃，每天傍晚用轮椅推着他出去转转，散步聊天。在大雁塔、曲江池等地都留下了我们闲游漫谈的身影。从陕西师范大学至曲江南湖公园，中间是一条几公里长的公园林带，以唐代文化为主题，随处可见唐代诗文石刻。作为旅游景点，同时也为居民跑步、散步提供公共空间。有天傍晚，我们几个边走边聊，每走到这些唐代诗文石刻之处，先生都要以其独有的抑扬顿挫的声调将其读出，特别是读到那几首跟吐蕃有关的诗作之时，喜悦的心情更是在他的吟诵中洋溢着。我感觉，虽然先生以八十多岁的高龄，不顾舟车劳顿，前往西安，但是在古城的那几天，先生的情绪一直是十分昂扬欢快的。我们从北京出发之前，我为了打发路上五个多小时的时光，随手从桌上抽了本书，到达西安之后，先生将其借走说要看看。当我回北京之前，拿到先生还的书时，上面有一段先生的签字，而这段话或正可说明先生在西安的心情、状态，今兹抄录如下：2015 年，曾与赵州（国）人石岩刚同学相聚西安，从容细谈，十分相得。乃就其手中，借阅此册，高谈阔论，不一而足，乃途中一乐也。十分值得纪念！王尧谨题。

回到北京后不久，我就毕业了。在跟先生告别之后，我离开了北京。再次见到先生是 2015 年 10 月 8—9 日回北京参加乌云毕力格老师主持召开的"蒙古佛教与蒙藏关系研究国际学术讨论会暨蒙古文《大藏经》捐赠仪式"。在会议结束的第二天，我便坐车前往先生所在的四季青敬老院探视。期间老少二人相谈甚欢，并且拍了和先生的合影。我告别离开前夕，悄悄地打开了手机的摄像功能，留下了先生的一段影像。如是就有了在我电脑里一直保存的、我最后一次见先生的一段录像，先生所言，闻之令人动容，今据实摘录如下：你回去替我向同志们问好，我很想念他们。我真正地想念的，在心里头，就是我的这一批学生。我非常非常想念，阿弥陀佛。这些事情真是好事情。你能够来，也是老天爷的安排呀，真好。因为有这样些机会，我满心对老天的感激。

　　当我再次前往先生家里之时，竟是协助先生子女、学生料理先生后事。我主要负责和中央民族大学老干部处的联通协调工作。期间看到社会各界纷至沓来的唁电，不能免俗的我也认识到，原来先生不仅是在学术界久负盛名，在社会上也得到了各行各业人们的尊重和敬仰。最近一次因为先生前往北京，则是为了参加 2016 年 1 月 9 日中国藏学研究中心联合多家单位举办的"王尧先生追思会"。

　　先生已去，从此无人唤我赵国人。

老王，一路走好

范德康
哈佛大学南亚学系教授

Lao Wang and I met for the first time when I visited him and his wife in Beijing in the early 1980s. Later I saw him again when I was teaching in what was then West Berlin. We then met several times in the USA, once at the University of Washington and once at Harvard University. While at Harvard, he stayed with me at my home in Lancaster. It was a terrible winter and the snow and ice cause a power failure. Trying to heat ourselves with my small fire place, we decided that it was not working, and we ended up staying in a motel for a few days. These were interesting times.

It was he who gave me my Chinese name 范德康. Lao Wang will be missed by many, but his contributions to the literary culture of Tibet, our common passion, live on.

老王，一路走好。

Leonard W. J. van der Kuijp
2015/12/18, St. Thomas

我第一次见到老王是 1980 年代初去北京拜访他和夫人。后来，在当时的德国西柏林教书时又见过他。我们在美国也见过几次，一次在华盛顿大学，一次在哈佛大学。访问哈佛大学的时候，他住在我位于兰卡斯特的家里。那是一个可怕的冬天，大雪和结冰引起了停电。我们试图用小火炉取暖，但那也不管用，最后只好去旅馆住了几天。这些都是难忘的时光。

我的中文名字"范德康"就是老王取的。我们都会怀念老王，他留给西藏文化研究的贡献，我们的共同热爱，永在！

老王，一路走好！

范德康

2015 年 12 月 18 日于美国圣托马斯岛

（译者：何欢欢，浙江大学人文学院教授）

忆王尧先生对我的教导与关怀

荣新江
北京大学中国古代史研究中心教授

我上大学的时候,因为我的老师张广达先生住在中央民族学院(今中央民族大学)的家属院里,所以我在上世纪80年代初就有机会拜见民院的许多学者,如贾敬颜、耿世民、王尧、陈连开等先生。那时王尧先生属于民院的藏学研究所,他的研究生陈庆英经常是张广达先生家里的座上客,我因为和陈庆英更熟,所以也就常常到藏学研究所里去找陈聊天,时而也会遇到王尧先生,听他海阔天空地谈学问,也谈其他西藏的事情。

1985年我毕业留在北大中古史研究中心,考虑自己今后主要从事敦煌学、西域史的研究,总是应当学点民族语言才好。在国内无法学习于阗语、粟特语等中亚语言,张先生建议我学习藏文。因为藏文的典籍、文书都非常丰富,学会以后,不会受资料贫乏的限制。于是张先生亲自联系民院民语系,请藏语教研室主任罗秉芬老师给我们北大的几位想学藏语的年轻人开一个速成班,希望一年见效。罗老师非常帮忙,组织了藏语教研室的所有力量来教我们这些从头开始的学生。记得周季文老师教我们认字和发音，格桑居勉老师教我们语法，背《三十颂》，剧宗林老师教我们书法，罗秉芬、黄布凡等老师教我们课文，选读《米拉日巴传》等等。一年下来，非常见效，学会了基本的文字、语法知识，翻着《藏汉大辞典》，可以读一些简单的藏文了。

然而，我自己急功近利，学藏文的目的是想看敦煌的藏文文书，这些文书是古藏文写成的，只有现代藏文的知识还无法上手。而当时主要对敦煌古藏文文书进行释读并翻译的学者，主要就是王尧先生和他的合作者陈践老师。于是我插班去听王尧先生的古藏文课，向他学习如何解读敦煌藏文文书。王尧先生带着我们读了几篇敦煌古藏文文献，让我们知道一件原始文书从何处入手；他指出敦煌古藏文与安多藏语文最为接近，所以有时也要借助安多方言来解释古藏文疑难词汇；他提示敦煌古藏文与现代藏语文的不同，让我们积累目前在《现代藏语词典》，甚至《格西曲扎藏文词典》中没有的词汇，利用其他文献资料，如敦煌汉藏对译词汇、汉藏均保存的佛典之类的材料加以对比研究；他还告诉我们与敦煌古藏文文书同时代的吐蕃碑铭、新疆发现的古藏文木简和文书的情况。虽然有时候他也跑题很远，但他讲到的历史掌故、相类文献等等，也都是很有启发的。

我也买来他的《吐蕃金石录》（文物出版社1982年版）以及他和陈践

老师合著的《敦煌本吐蕃历史文书》（民族出版社 1980 年版）、《敦煌吐蕃文献选》（四川民族出版社 1983 年版）、《敦煌本藏文文献》（藏文，民族出版社 1983 年版）、《吐蕃文献选读》（藏文，民族出版社 1983 年版）、《吐蕃简牍综录》（文物出版社 1985 年版），对照藏汉两种文本，一个字一个字地阅读和学习。这样做，一方面是积累古藏文的词汇，另一方面也是把一些最基本的敦煌藏文文献熟悉起来。上世纪 80 年代初国内能够看到的敦煌藏文文献，主要是埃·麦克唐纳（A. Macdonald/A. Spanien）和今枝由郎（Y. Imaeda）合编的两卷本《法国国立图书馆所藏藏文文书选刊：以印度事务部图书馆和大英博物馆藏卷补充》（*Choix de documents tibétaines conservés à la Bibliothèque Nationale complété par quelques manuscrits de l'India Office et du British Museum, Paris: Bibliothèque Nationale,* 1978－1979），是精制的黑白图版影印本，前面有编者的解题，其第一卷从 P.t.1-990 号中选择《罗摩衍那》《于阗国教法史》等佛教经典和藏外文献、发愿文等研究价值较高的写本，第二卷从 P.t.996-2220 号中选择《吐蕃王朝编年史》《大事记》、史籍、占卜书等非佛教文献，包括吐蕃统治敦煌时期及以后的各种官私文书。这部价格不菲的图录由法国藏学泰斗石泰安（R.A. Stein）赠送给中国藏学家、中央民族学院教授于道泉先生，于先生转交王尧先生解读研究。因此，我们跟从王先生学习的敦煌文献就出于这两卷刊布的文书，我依据王尧、陈践先生整理本一个字一个字认读的也是这些重要的文书。这些文书的学习、研读，对于我后来研究敦煌吐蕃时期、归义军时期的历史，以及研究于阗历史，都有着非常重要的帮助。

古藏文文献的学习，对于我的归义军史研究、于阗史研究和一些部族考订的文章，都起到了直接或间接的作用。但作为我学习藏文最重要的、恐怕也是唯一的成果，是我撰写的《通颊考》一文。"通颊"一名不见于传统的中国史籍，所以唐长孺先生在撰写《关于归义军节度使的几种资料跋》（《中华文史论丛》第 1 辑，1962 年），据很不清晰的缩微胶卷抄录 S.389《肃州防戍都上归义军节度使状》时，就没有认出"旧通颊肆拾人"中的"通颊"二字，用□□代替。1985 年我到伦敦英国国家图书馆调查，抄录了 S.389 状文，补全"通颊"二字，并在拙稿《归义军及其与周边民族的关系初探》（《敦煌学辑刊》1986 年第 2 期）中使用，但对于"通颊"何意，并未得解。后来看到山口瑞凤教授的《苏毗的领界》一文，得知他早在 1968 年，就在土肥义和教授的帮助下，把藏文文书中的 mThong khyab 比定为汉文文书中的"通颊"（《苏毗の领界——rTsang yul と Yan lag gsum pa'i ru》，《东洋学报》第 50 卷第 4 号，1968 年，1-69 页；英文本为 Z. Yamaguchi, "Su-p'i and Sun-po: A Historico-geographical Study on the Relation between rTsang yul and Yan lag gsum pa'i ru", *Acta Asiatica*, 19, 1970, pp. 97-133）。我在此基础上，收集藏文传统史籍《智者喜宴》、敦煌古藏文写本《吐蕃王朝大事记》、P.t.1089 凉州军镇官吏序列表、P.t.1113 陇州会议发送之钤印文书、P.t.1094《博牛契》、米兰出土藏文木简，以及归义军时期的汉文文书等，全面探讨了通颊部落作为吐蕃王国在东北边境设置的一级军政组织，随着吐蕃的向西扩张而随之西进，直到吐蕃王朝崩溃以后在归义军时期的存在情形，比较完整地描绘出通颊部落的全貌。拙文汉文稿《通颊考》撰写时间很长，其间正好德国的《华裔学志》两位负责人到北京约稿，由季羡林先生推荐，这篇文章稿本由《华裔学志》副主编弥维礼（W.K. Müller）先生翻译，最后中英文几乎同时发表，中文本刊于中华书局的《文史》第33辑（1990年，119-144页），英文本在《华裔学志》发表（Rong Xinjiang, "mThong-khyab or Tongjia: A Tribe in the Sino-Tibetan Frontiers in the Seventh to Tenth Centuries", *Monumenta Serica*, 39, 1990-91, pp. 247-299）。这可以说是我学习藏文之后，最专业的一篇藏学文章，文中所引藏文文献或文书，都经过自己对照原文一字一字的释读和翻译，我把这篇文章看作是向王尧等先生交的一份藏学学习作业。王先生当然知道这是我最用功的一篇藏学文章，所以在他主编《西藏历史文化辞典》时，特别约我写了一条"通颊"（西藏人民出版社、浙江人民出版社，1998年，252页），表明他对此文的认可。他约我在同一《辞典》中写的另外一条是"张议潮"

（338 页），那可能是他看到了我的归义军史研究的缘故吧。

我跟从王尧先生治藏学的另一个收获，是熟悉国际藏学界。在"文革"后的中国藏学界，与国际藏学家接触、对话最多的，肯定是王尧先生。他很早就出国参加各种藏学研讨会，用英文投稿国际藏学刊物、专刊，许多会议论文集也都有 Wang Yao 这个名字。他每次回来，都慨叹中国学术荒废多年，在藏学的许多领域都落后于人。因此，他在教书育人，大力推进国内藏学研究人才培养的同时，也鼓动我们年轻人大量翻译国外藏学家的研究论著。为此，他主编了《国外藏学研究译文集》，由西藏人民出版社，从 1985 开始出版第 1 辑，到 2014 年初出版第 20 辑，翻译了大量的国外藏学的优秀论文，这些论文很多是从王尧先生刚刚从国外带回来的藏学书刊中翻译的，所以比较及时地反映了国外藏学研究的最高水平和最新成果，对于缺少国外藏学书刊的国内藏学界来说，有如雪中送炭；也使得国内年轻一辈藏学研究者，能够跟上国际藏学研究的步伐。我先后翻译的有关藏学的文章，也经过王尧先生的法眼，其中乌瑞《有关公元 751 年以前中亚史的藏文史料概述》（G. Uray, "The Old Tibetan Sources of the History of Central Asia up to 751 A.D.: A Survey", *Prolegomena to the Sources on the History of Pre-Islamic Central Asia*. Budapest 1979, pp. 275-304）一文，收入 1989 年出版的《国外藏学研究译文集》第 5 集（1989 年，39-81 页）；

恩默瑞克《于阗语中的藏文借词和藏语中的于阗文借词》（R.E. Emmerick, "Tibetan Loanwords in Khotanese and Khotanese Loanwords in Tibetan", *Orientalia Iosephi Tucci Memoriae Dicata*. Roma 1985, pp. 301-317）一文，收入同年出版的《国外藏学研究译文集》第6集（1989年，136-161页）。

从上世纪90年代初开始，我感觉自己的藏文不会达到随心所欲地使用的段位，所以把研究的重点从敦煌学、藏学，转到中外关系史方面，首先处理粟特人东来问题。虽然好多年没有和藏学界往来，也没有发表任何藏学方面的文章，王尧先生在90年代末创办新的藏学刊物《贤者新宴》（藏学研究丛刊）时，仍然向我约稿。其实这时我已经不敢再动藏文史料，所以拣选了一个与藏学有关的中外关系史题目——《历代法宝记》中的末曼尼与弥施诃：吐蕃文献中的摩尼教和景教因素的来历，贡献给王尧先生主编的《贤者新宴》（藏学研究丛刊）第1辑（北京出版社，1999年，130-150页）。以后，王尧先生也曾约稿，但和已经成长起来的新一代藏学研究者相比，我已经不敢班门弄斧了。因为没能在藏文和藏学研究方面进一步下功夫，我没有再继续写作这方面的研究论文，有违王尧先生的厚望，辜负了王尧先生的期待，现在想想，真是非常遗憾。

王尧先生身上体现的中国传统知识分子的美德最为显著的地方，就是不遗余力地奖掖后进。他不仅仅在藏学研究的圈子里是这样，在藏学领域之外也是如此。

我从1995年开始，在罗杰伟（Roger Covey）先生的"唐研究基金会"的大力支持下，勇敢地承担起大型学术刊物《唐研究》的主编之责。对于这样一个"个体户"式的刊物，我自己虽然尽心尽力，但也做不到尽善尽美。我努力秉承学术第一的原则，不讲人情，不免得罪了一些人。特别是有一篇很有分量的书评的发表，让一位原本是忘年交的前辈学者震怒，非要在《唐研究》上发表反批评的文章，而按照国际通例，同一杂志是不能发表反批评文章的。这位先生于是把文章复印多份，寄给相关人士，并指责我不让反驳。王尧先生是唐研究基金会聘请的"唐研究基金会学术委员会"的委员，当然也接到这样的信件。在某一年年末的基金会学术委员会上，王先生对我的做法给予肯定，并指出这样的专刊在中国生存不易，而贡献不小，我们应当极力维护，而不能拆台，不能打击。说到深处，王先生情动于衷，声泪俱下，那样的场景，让在座的所有委员动容，更令我终生难忘。没有王尧先生这样的前辈的关怀和支持，《唐研究》哪会有今天，迄今21卷的成果也不会存在。

王尧先生不仅在道义上支持《唐研究》，而且还以实际行动支持《唐研究》。2002年的第8卷上，他发表了《云南丽江吐蕃古碑释读札记》；2004年的第10卷上，他又发表了《青海玉树地区贝考石窟摩崖吐蕃碑文释读》，这两篇文章都是解读最新发现的吐蕃碑铭、摩崖题记的成果，他把最新材料第一时间交给《唐研究》发表，大力支持我的工作。这些事，我永远铭记在心。

在我接触的前辈学者当中，王尧先生平易近人，没有什么架子，从多方面关怀年轻人。记得有一年我在香港中文大学访学，王尧先生同时在港大佛学中心讲课。他知道我一人在港，又不会做饭，他们夫妇经常约我到饭馆"饮茶"或吃饭，让我饱餐一顿，打打牙祭。王尧先生是语言学家，入乡随俗，很快学得广东话，能够点出上好的广东菜，这也是我一直没有学到的本领。

毕竟和藏学渐行渐远，做了一个藏学的逃兵，后来我和王尧先生见面的机会也越来越少。沈卫荣兄在中国人民大学国学院为王先生举办过一个八十生日的庆祝会，我应邀参加，也讲了几句话，但卫荣兄主编的《西域历史语言研究》第3辑为庆祝王先生八十华诞专号，我也没有写篇文章颂寿，实在是很不应该。

最后见到王尧先生，是在2014年12月18日参加国务院参事室、中央文史馆、中华书局举办的"中国地域文化研讨会"，王先生作为文史馆馆员在座，我则因为审过《中国地域文化大观》的两部稿子，被中华书局拉去发言。席间王尧先生见到我，向我要刚刚出版几个月的拙著《中古中国与粟特文明》,他说我要看你的文章。正好我带了两三本打算送人,急忙递上。看来,王先生仍然在关注着我的成长,关心我的学术研究进展,可惜我还没有来得及去看他,听他说说我的书有什么问题,2015年12月17日,噩耗传来,没想到再也没有机会向他问学了。

　　回想向王尧先生问学几十年的过程,他始终如一地谆谆教导我,关心我,爱护我。虽然我后来不涉足藏学了,王尧先生却宽容以待,继续从各方面支持我、鼓励我。他实在是一位人格高尚的蔼然长者,是我此生都应该学习、仿效的学界表率。

　　谨以此文,纪念先灵。

2016 年 4 月 30 日

追思王尧先生

乌云毕力格
中国人民大学国学院教授

我谨代表中国人民大学国学院师生,在此缅怀王尧先生对中国藏学界所做出的卓越贡献,以此对先生的崇高品德与学术成就,致上最高的敬意。同时并向先生的家属,表达诚挚的慰问之情。哲人已远,然而先生所立下的道德与学术模范,将长存于我们心中,请家属节哀。

古人云:为人有三不朽,即所谓立功、立言、立德。王尧先生一生,作为一位富有时代责任感的知识分子,为民族团结立下汗马功劳;作为一位勤于著述的学者,为学术界立言无数;作为一位春风化雨的师长,不仅为国家社会作育英才,更为后辈学人树立良好的道德楷模。由此看来,王先生此生于国家有功,于学林有言,于杏坛有德,可谓不朽矣!以下仅从我个人对于王尧先生的认识,尤其是王先生与人民大学国学院的宝贵缘分,做一段简短的回顾,以此感谢王先生一直以来对于人大国学院的支持与帮助,并纪念王先生与人大国学院师生之间真挚的情谊。

王尧先生是新中国第一批培养起来的藏学家，也无疑是其中最为杰出的领军人物。王先生早年毕业于南京大学中文系，为响应政府支援边疆与兄弟民族的号召，做为热血青年的王先生义无反顾地投身于藏学研究。自1951年初王尧先生进入中央民族学院师从于道泉先生，到2015年12月17日离开人世，在这近65载的岁月中，先生念兹在兹的，一直是汉藏之间，乃至藏族与中华民族整体之间的文化交流与民族团结。或许是长期在西藏生活的实际经验，更出于对藏族同胞的真挚情感，我所认识的王尧先生，是一位博学的白发书生，也是富有时代责任感的知识分子。王尧先生扎实的学术工作背后，有着强大的精神支持，即促成汉、藏乃至与中华民族整体之间的相互交流与认同。王尧先生集一甲子之力，所出版之煌煌五帙《王尧藏学研究文集》，尤其是其中第四册《汉藏文化考述》，可以说是充分展现了汉藏民族文化相互融合的历史进程。而王尧先生从学术视野为民族团结所付出的努力，可以说是为国家、为民族立下了不可磨灭的功绩。

　　而在立功之外，王尧先生在立言方面的成就，更是广为学林所称道。王先生早岁在中央民族学院跟随中国藏学先驱于道泉先生学习西藏语文，复又师从贡噶活佛，先后在藏区工作二十余年。王尧先生以出色的语言天赋与过人的刻苦勤奋，造就了深厚的藏语文功底以及广博的藏学知识。王尧先生在藏学科研工作上所取得的巨大成就，可说与其在汉藏语文方面的精深造诣是无法切割开来的。从学术谱系上看来，王尧先生继承了陈寅恪与于道泉以降，强调语文学（Philology）实证方法及汉藏文献比勘的重要性，打破了西方人对中国藏学界不能善用非汉文文献的刻板印象。而王尧先生对吐蕃三大史料，即对敦煌写卷、金石碑刻与简牍文字所进行的译注工作，一方面体现了王尧先生充分继承了陈寅恪、于道泉所宣扬之语文学传统，同时也自豪地向世界展现了新中国藏学学者的前沿水平。而这也正是王尧先生在立言方面，足以不朽的主要原因。

最后，我想从立德的角度，谈谈王尧先生在人才培养与学术传承方面，为中国藏学界所树立的良好楷模。诚所谓"经师易得，人师难寻"，王尧先生的精神之所以不朽，在于先生不仅以文章名世，更以身教言教，对提携后学不遗余力。如《萨迦格言》所言："若是真正有学问，人们自然会请教；香花尽管在远方，蜂儿还是像云朵一样环绕。"王尧先生为人师正如同香花一般，吸引了大批优秀的青年才俊投入建设中国藏学的事业当中。而先生当年所培养的弟子，如中国藏学研究中心陈庆英老师、浙江大学谢继胜教授，以及我的同事沈卫荣教授，如今皆为中国藏学界之中流砥柱，即便放之世界学林，仍无愧为第一流之藏学家。2006年，中国人民大学在季羡林与冯其庸先生的倡议奔走之下，以"大国学"的精神建立了国学院。人大国学院所提倡的"大国学"视野与语文学方法，强调将藏学、蒙古学、西夏学、突厥学纳入国学范畴，并以民族文字开拓国学视野的构想，受到了王尧先生的极力支持与鼓励。王先生带头将一部分个人藏书，赠予人大国学院图书资料室，为国学院师生的教学与科研工作，提供了极大的帮助。2008年王尧先生八秩华诞，在沈卫荣教授的主持下，人大国学院师生为先生举办了颂寿研讨会，使人大学子们有幸亲炙大师风采。遥想当时王尧先生虽年及杖朝，却仍能长保一颗赤子之心，先生的神采奕奕、平易和蔼与幽默风趣，历历在目。与王尧先生的善缘，将是人民大学国学院师生最为珍贵的集体记忆。在此，我谨代表中国人民大学国学院，向王尧先生致上最高的敬意。

斯人已登极乐，先生风范长存。

王尧先生与四川大学中国藏学研究所

霍 巍
四川大学中国藏学研究所教授

我国著名藏学家王尧先生逝世之后,我还没有来得及写下任何文字来悼念他,因为自从他离开我们的那一刻开始,我就始终不能相信这个事实,不能相信我们已经从此失去了这位温厚的长者、人生的良师。每当想到王尧先生,眼前就会浮现出他的音容笑貌,回忆起许多与先生在一起的历历往事。

我第一次见到王尧先生是在二十多年前,中国藏学研究中心在北京召开全国藏学工作协调会,我和四川的藏学家罗润仓先生一道参加了这次会议。会议期间,罗润仓先生带着我去宾馆拜见王尧先生,那时我还是一名刚刚跨入藏学领域的新人,心想着要拜见这位在国内外藏学界都十分著名的藏学家,心里还多少有些紧张。反倒是同行的罗润仓先生给我打气说:"王尧先生没什么架子的,你见到他就有什么说什么吧,不要紧张。"

进屋见到王尧先生之后,自报了姓名,哪知王尧先生马上笑着对我说:

"我知道你,我看到过你在日本《东方学报》上写的那篇关于吉隆发现王玄策唐碑的文章,写得不错,这可是一个重要的发现呀。"王尧先生一见面就对我说的这番鼓励的话语,一下子拉近了我们之间的距离。接下来,他便仔细地询问了当时发现唐碑的经过和我在西藏考古的一些经历。随着交谈的深入,谈话变得越来越轻松愉快,他不时发出朗朗的笑声,让我在不知不觉之中渐渐也忘记了眼前这位慈眉善目长者的身份,就像是面对一位久别重逢的长辈,来述说一些家里的平常事儿一样,十分融洽。

临别之际,王尧先生起身为我们送行,他讲的一番话更是让我热血沸腾,信心倍增:"西藏考古过去只有一些外国人,像意大利人图齐他们在搞,但也不成系统。今天我们有了千逢难遇的机会,由中国人在自己的土地上来做考古工作,是一定会大有可为的。西藏考古是藏学研究一个重要的方向,川大有这个传统,与西藏也有地缘上的优势,我认识你的老师童恩正教授,他带领学生发掘的西藏昌都卡若遗址,就是一个很大的突破,在国际上也造成了很大的影响。你现在沿着老师们的路坚持走下去,不要半途而废。"多少年之后,我都会记起这次与先生会面时的情景和他说的这番话语,让我无论在多么困难的情况下,都会用他的话来鼓励自己,坚持走自己的路。

后来,与王尧先生见面的机会渐渐多起来,每次到北京,只要有时间,我都会抽空到中央民大他家里去小坐一会儿,跟他谈谈西藏考古的新发现。

他每次都是兴致勃勃，谈话的时间总是在不知不觉当中比事先约定的时间一再延长。有些时候我怕影响他的工作和休息，主动提出告辞，他都会热情地加以挽留。我也是在这时认识了王师母，她总是给我们倒上一杯热茶之后便默默地退下，一会儿再为我们默默地续上一点水，又悄然地退回房内。她是那么温柔敦厚，与王尧先生的豪迈大气正好相映成趣。有时聊着聊着到了饭点，王尧先生和师母总要一道热情地请我在他家附近的饭店里吃个便饭。饭后，他和师母再把我送到汽车站，怕我这个外地人不认识路。每当和他们告别之后，目送着两位老人在京城的寒风中相互搀扶着渐渐远去的背影，我的眼眶都会变得湿润起来，心里有说不出的温暖。

2000年，经教育部评审通过，我们和西藏大学共建的教育部人文社会科学重点研究基地四川大学、西藏大学中国藏学研究所获准挂牌成立，王尧先生接受学校的聘任，出任首届基地学术委员会主席，主持了长达两届的学术委员会工作。这个期间，他对四川大学中国藏学研究所的研究方向、队伍建设都提出了许多建设性的意见，他充分肯定了川大藏学所在传统的历史学、民族学、考古学等领域的优势与特点，但也针对川大藏学所当时藏族学者缺乏、本所研究人员中精通藏语言文字的人不多这一"短板"，提出了改进的措施和具体的指导意见。后来，我们按照先生的指示，一方面不断引进优秀的藏族中青年学术人才，另一方面也加强本所藏语文课程体系的建设，从这两个方面着手加以改善，取得了初步的成效，现在我们已有多名藏族中青年学术骨干成为所里各个研究方向的中坚力量。我们面向全校开设了从初级、中级到高级的藏语课程体系以及关于西藏历史与文化的系列课程，许多选修藏文课的同学从藏文字母学起，到能够熟练地阅读藏文文献。每当我看到这些能够掌握汉、藏、英三种语言文字与国内外藏学界同行开展学术交流的青年学子们在所里活跃的身影，都不禁会回忆起王尧先生的亲切教诲与殷切期望。

不仅如此，王尧先生为了支持川大藏学所的工作，还亲自驻所为全校师生开设了"走近藏传佛教"的系列学术讲座，那段时间成为全所同事们最为美好的回忆。讲座安排得十分密集，差不多每隔一两天就有一讲，王尧先生以严谨的学风认真备好每一堂课，我们所里的两位年青学者张长虹、杨清凡作为他的助手为他准备参考书、制作PPT，每一天都过得十分紧张而充实。到了讲座的那一天，不仅川大的师生早早就会赶到教室里占位子，附近西南民族大学的许多师生也都慕名而来，甚至还有北京、青海、甘肃等地的学者和学生也专程赶来成都听先生的课。我们尽管预定了新修成的研究生院大楼中最大的一间教室，但也不能保证人人都有座位，走廊里、过道上常常也都站满了听众。王尧先生手里拿着几张纸的提纲，不用讲稿，所有的内容装都在他的脑子里，不同时代的人名、地名、年代和藏传佛教的各个专用名词他都信手拈来，并随手用藏、汉两种文字书写在黑板上，过去人们感到非常陌生而艰深的藏传佛教的历史、文化和习俗，他都用生动风趣的语言娓娓道来，紧紧地吸引着大家，让这每一堂授课都成为一次学术的盛宴，给予这些从未接触过藏传佛教的学生们开启了一道走近藏传佛教、了解藏族历史文化的大门。许多年之后，不少学生对王尧先生的"启蒙教育"还记忆犹新，他们当中的一些人就是在王尧先生人格力量和学术魅力的双重感染之下，跨入了藏学研究领域，今天已经发展成长为小有成就的青年藏学研究人才。

　　在先生驻所的这段时间里，我才发现，他的生活竟然十分简单，几乎没有任何额外的要求。有些时候，就是把上一顿饭的剩菜剩饭热一下，也就算是一顿饭了。一个周末我执意要带他去改善一下生活，他推辞了半天，最后才同意。因为当时正值冬天，我想到成都近郊有一家成都平常人家常去的卖羊肉汤锅的地方，但店面却又小又破旧，有点不好意思让王尧先生这样的大学者去那种地方吃饭，哪知道我才刚刚把这个想法透露出来，王尧先生就大为赞许："就去那里，我就喜欢去平常人家吃东西的地方！"我开着车，带着先生去到那家羊肉汤锅店后，先生和我拣了张桌子坐下来，和成都的市民百姓们一道，在迷漫着热气腾腾的羊肉汤的雾气当中，他吃得满头大汗，连连赞叹"这可是我吃得最舒服的一顿饭了！"事过多年之后，他还在和我闲聊中每每回忆起这家被成都人称为"苍蝇馆子"的无名小店，回忆起那顿冬日夜晚的羊肉汤锅。

　　王尧先生把给学生授课，看得无比神圣。只要是当晚有课，白天他都一定闭门谢客，认真备课。我有次问他说："这些内容您都烂熟于胸了，还需要这么备课吗？"他认真地回答我说："每次备课，都是一次学习，可以温故而知新。我从来没有觉得有哪堂课的内容只是上次课的简单重复，每次都一定会有新的认识，会有新的想法的。"若干年之后，每当我要给学生上课前，我都会想起先生讲的这段话来，心中都会感慨万千。真是如同藏族著名的《萨迦格言》中所说的那样："只有小溪才会喧嚣不已，而大海却永远沉稳平静。"王尧先生用他的实际行动，诠释了一位学者、一位教师对学术的敬畏和对授业的虔诚，感人至深。

　　也就是在他驻所讲学的这段时间里，师母心脏病突发，而且病情还十分严重。得知这一消息之后，我们都坚决劝他立即停课，马上飞回北京。但是，王尧先生考虑再三，认为如果停课，就会让这么多学生不得不改变课程安排和计划，给他们造成不便。最后，他用国际长途电话通知他的儿女们从国外赶回北京先期照顾母亲，而他一面坚持按计划上完最后的课程，一面坐镇成都指挥对老伴儿的抢救和治疗。这个紧急关头，我的一颗心真是提到了嗓子眼儿上，生怕万一有个差池，我们如何对得起王尧先生和他的家人啊！好在这次师母最后是有惊无险、化险为夷。我也是通过这次事件之后，才知道师母长期以来一直患有严重的心脏病，而王尧先生为了支持川大藏学所的工作，是冒了多大的风险孤身来到成都，并且按照当时我们的要求一住就是一个多月！先生和师母对于川大藏学所的这份深情厚谊是何等的珍贵，我们应当永远铭记。每当我回忆起这段往事，总会扪心自问：现在还有多少头上挂着"教授"头衔的人，能够像王尧先生这样把传道授业看得如此神圣、如此不可轻慢？如果这件事情是发生在我自己身上，我能像王尧先生这样来对待和处理吗？相形之下，先生的高大和伟岸，我们真不能望其项背，真是令我们感到汗颜。

令人感到无比欣慰的是，王尧先生这次在四川大学讲授的"走近藏传佛教"系列讲座，都由张长虹、杨清凡两位年青学者作了现场录音，经杨清凡细心进行文字整理之后，再配之以与内容相关的精彩图片，增加了其中必要的人名、地名、寺名等的藏文、拉丁文转写，撰写了一些知识性链接，最后形成一本同名的著作《走近藏传佛教》由中华书局公开出版，反响十分强烈，成为今天人们了解藏族历史文化和藏传佛教最为引人入胜，也是最具学术性与知识性、趣味性的一部科普性著作，至今已经先后多次印刷，得到社会各界的高度认可，这也是先生在四川大学中国藏学研究所留下的一份永恒的纪念。

四川大学中文系著名语言学家张永言教授是王尧先生的老同学和老朋友，每次王尧先生到川大，总会抽出时间去看望已经卧病在床的张永言先生，他们之间那种美好而纯真的情感和友谊，也给我和我身边的一些年轻人上了极为生动的一课。张永言先生居住在川大绿杨村的一幢朴素的小楼里，儿女都在国外，身边没有其他人。虽然多年来因病已经很少下楼活动，但思想却仍然十分敏捷，思维活跃，而且具有语言学家长期形成的表述习惯，语言精准丰富。他依然风度儒雅，文质彬彬，每次要都和王尧先生讨论许多学术上的问题，相互问起他们的同学、同事、学生的近况，我和张长虹常常敬陪末座。看着两位白发老人相互执手、热烈交谈的场景，我们也不禁深受感染。每当临别之际，那一幕更是感人至深、催人泪下：两位老人久久凝视，两手紧握，老泪纵横，依依惜别，似乎每一次都像是在与老友作最后的诀别。

　　自从2013年以后，王尧先生因为身体和健康的原因再也没有来过川大，但每年他都会打电话让我代表他去探望张永言先生。我每次去拜望张先生之后，也都会将张先生的健康和生活情况详细地向他汇报。在电话的那一头，听到他略带哽咽的声音，我的心里也不免心潮起伏，既为他们之间多年的友情所感动，也为他们彼此的健康状况而担忧。就在我期待着他们两位老友或许还有可能在川大再次见面的时候，从北京就已经传来了最令人悲伤的噩耗。我至今还不敢去见张永言先生,我害怕当面将这个消息告诉他,更害怕直面失去挚友之后张先生的眼神,我只有默默的祈求:让逝者安息,让生者平安。

闻知王尧先生身体情况每况愈下之后,我利用在中央民族大学开会之机,和李永宪教授一道到他家里去探望。那天会议结束之后天色已经很晚了,但王尧先生得知我们要来的消息之后,一直在家里等我们,并且早早地让小保姆冰冻了西瓜招待我们。见面之后,他起身已经十分困难了,但还是坚持不要小保姆搀扶,从床上坐起来和我们谈话,问到了川大藏学所的许多情况,还饱含深情地又回忆起在川大讲学的那段时光——"那可是一段多么美好的机光啊!"他抬眼望着窗外的万家灯火,喃喃地说道。他的思绪似乎穿越过万水千山,又回到了他曾经生活和工作过的西南边陲、雪域高原,与那片土地和人民紧紧相拥。

我最后一次见到王尧先生,是王启龙先生在陕西师范大学成立国外藏学研究中心的庆典上,为了表示对学生和藏学事业的支持,王尧先生不顾年高和身体状况,坐着轮椅专程从北京飞到西安,代表藏学界发表了热情洋溢的讲话。远远地望着他老人家笑容满面的面庞,我根本无法预料到这竟会成为我们之间的永诀。直到有一天早上醒来,从手机短信上看到一行无情的黑字文字:"我国著名藏学家王尧先生昨日因病在京逝世",我才终于意识到，我们真的永远失去了他。对于祖国和人民而言，失去了一位藏族人民最真挚的朋友、藏学界德高望重的泰斗；对于四川大学中国藏学研究所和我个人而言，还永远失去了一位可敬可爱的长辈、一位始终支持和鼓励着我们的导师和友人！

安息吧！敬爱的王尧先生，您的事业将永存天地，您的英名将永载史册，您将永远地活在我们心中！

2016 年 4 月 25 至 27 日初定于澳门大学

2016 年 5 月 1 日定稿于四川大学安江花园

治学有境界，育才菩萨心——追忆王尧先生

张云
中国藏学研究中心历史研究所研究员

王尧先生是新中国培养成长起来的著名藏学家，也是中国藏学事业不断走向繁荣的主要推动者和代表者之一，他为中国藏学事业的发展作出的杰出贡献，值得人们永远牢记和缅怀。

在我个人接触到的学者中，不少人都谈到过自己眼中王尧先生的学术特长：30年前我在西藏民族学院民族研究所进修藏文，从事藏文教学和翻译的申新泰教授就曾对我说，他很佩服王尧先生扎实的古汉语功底和良好的汉语文表达能力。来中国藏学研究中心工作后，又亲耳听到王尧先生生前好友、著名藏语专家胡坦教授说过，王尧教授的突出优点是把良好的藏语文能力运用到多个学科的研究领域，做出了更大的成绩。斯塔先生在中国藏学研究中心的大会上说，王尧先生深厚的藏文功底超过很多藏族学者，值得大家学习。拉巴平措先生称赞王尧先生持之以恒地在一部古藏文文献上下功夫，把藏学研究做得深入扎实。还有一些与先生同辈的学者感慨王

先生有良好的英语条件，能乘着改革开放的潮流走出国门，与国外学者进行面对面的直接交流。自然还有相当一部分汉藏年轻学者羡慕或赞叹王尧先生能讲一口流利的拉萨口语……如此等等，从这些评价中，我们已经看到，王尧先生并不是凭借一技之长纵横藏学研究领域，成为杰出学者的。

王尧先生还有许多值得称道和需要我们不断学习的地方，首先是他对祖国深沉的爱，像许多他的同辈一样，这种爱是无条件的。王先生无论是在国内还是在国外，在公开演讲还是在私下交流，都把自己对祖国的爱，把维护祖国统一放在头等位置，他自己是这样做的，对年轻学者也是这样教导的，不管个人经历了多少挫折，他都始终不渝，正是这一点，让他在国际舞台上充满自信，有尊严，有国格，受人尊敬。

其次是他对藏族和藏文化的热爱。这一方面藏学界的朋友们有很多的案例和共识。给我印象深刻的是，他把对藏族文化的爱既建立在情感因素之上，更建立在理性的科学研究之上，通过深入扎实的科学研究，去粗取精，去伪存真，还原历史本来面目，发掘藏族文化的精髓，让大家更深刻地领略到藏族文化的内在魅力，这种爱更真挚也更持久。

第三是王尧先生扎实的藏文文献功底、宽阔的学术视野和敏锐的学术嗅觉。王尧先生把一生的很大一部分精力花费在吐蕃历史文献的翻译、整理和研究上面，比如他与陈践教授合作译注的《敦煌本吐蕃历史文书》《吐蕃简牍综录》，他自己编著的《吐蕃金石录》，敦煌吐蕃卷子的翻译研究，内地各省保存藏汉碑文的翻译考释,翻译《萨迦班智达致蕃人书》等等。正是有了深厚的文献资料基础,才使他的吐蕃历史、宗教和文化研究能够开天辟地,多所创新。王尧先生的研究领域涉及藏族语言、文学、历史、宗教、文化、民俗等众多领域,在不同学科领域各有建树,在他那里各学科的研究又相互贯通,他的《西藏文史考信集》一书就有所反映。

王尧先生十分重视对藏传佛教的研究,撰写了《宗喀巴评传》《藏传佛教丛谈》《吐蕃佛教述略》等,深入浅出,明白通透。他对藏汉文化交流也用力甚多,杂著汇编成《藏汉文化考述》一书,发掘民族交流史迹,用学术沟通民族心灵,凝聚中华民族精神,赤子之情,力透纸背。如果大家仔细看看王尧先生很多论文的选题,还不得不叹服先生敏锐的学术观察力,从管·法成研究到唐拨川郡王事迹考,从宋少帝赵㬎事迹辨析到摩诃葛剌崇拜在北京考索,从《金瓶梅》与明代藏传佛教到《红楼梦》第63回的"土番"正解,从吐蕃的占卜到马球,再到藏译本《大唐西域记》的翻译、译者等问题,无一不充满迷人兴致,无一不开拓新的学术领地。王尧先生敏锐的学术嗅觉固然与其良好的天赋和才气密不可分,更与其扎实的学术功底密切关联。

第四是王尧先生的深入实践和异常的坚持与勤奋。南宋大词人陆游《冬夜读书示子聿》写道:"古人学问无遗力,少壮工夫老始成。纸上得来终觉浅,绝知此事要躬行。"王尧先生能取得如此突出的学术成就,不是捧出来的或者自我宣传出来的,是实干苦干出来的,是一生的勤奋努力取得的,是坚忍不拔的毅力和矢志不改的定力造就的。王尧先生曾在贡噶山随贡噶上师学习藏文,曾在西藏调研实践,使他对藏区和藏族有着特殊的感情和深入的了解。陈庆英研究员说过,在他的记忆里除了学术研究,王尧先生几乎没有什么特别的爱好,他把心思全部用在了藏学研究上。

最后,就是王尧先生对中国藏学人才的培养和藏学学科建设的贡献。关于王尧先生重视人才培养大家都有共识,关心奖掖后学更是不遗余力。在老一辈学人之间,可能因为特殊历史境遇的关系或者个人性格的原因,彼此之间难免存在一些小的摩擦或芥蒂,但是对于学生——无论是自己的硕士生、博士生,还是其他老师的学生,王尧老师表现出一般学者不常有的热诚关怀和无私帮助,这是一种真正的大乘觉者的崇高境界。他在藏学学科的建设方面也十分用心,成就卓著。他不仅利用国际藏学研讨会把中国的藏学成就介绍出去,同时主编《国外藏学研究译文集》把国外的藏学研究成果介绍进来;他不仅自己开办藏语班提高年轻学者的藏语水平,还主编《贤者新宴》给年轻学者提供发表成果的平台;他撰写《藏文古代历史文献述略》《藏族的史学和藏文史籍》,以及藏语发展的历史分期等,都是学科建设的力作。而他编著的《藏学概论》,他与陈庆英研究员联合主编的《西藏历史文化辞典》,都在于推动中国藏学走向繁荣。

我所在的中国藏学研究中心历史所,过去和现在受惠于王尧先生之处甚多，老所长陈庆英研究员是王尧先生杰出的嫡传弟子，过去的同事褚俊杰、熊文彬和王维强都是王尧老师指导的优秀的硕士毕业生，副所长冯智研究员则是王尧先生培养出来的博士。我和其他同志则一直受到王尧先生的关心和照顾，是在学习先生著作，聆听他的谆谆教诲中成长起来的。他对自己的学生和晚辈学者总是一副菩萨心肠，有求必应，无微不至。

王尧先生学问博大精深，为人却十分谦虚，也十分体贴，他经常为年轻学者的点滴进步而不吝鼓励之词，从未显摆或者以自己的学问自矜，博取名利。每次见面交流，他总会问到我的博士生导师陈得芝先生和硕士生导师周伟洲先生等。临别总是嘱我向导师或其他先生转达他的问候。王尧先生去世后，我给陈得芝老师打电话通报噩耗，他说已经获知，并告诉我王尧老师常和他通话，多次夸奖我。我听后感到十分惭愧，同在京城却有相当长一段时间没有登门拜访，只在北京的几次学术活动场合见面时匆匆寒暄，除了几年前陪同复旦大学姚大力教授拜访王先生之外，一直没能登门问安请益。从内心里讲，一方面是因为《西藏通史》及其他工作花费了大量心力，期待能找个时间好好与先生聊聊藏学研究中的一些问题，另一方面也觉得王先生既是中央文史馆馆员，又是藏学大家，要不断接待各类需要他帮助的人士和学生，活动满满，我也有不好意思打扰的顾虑。

2014年10月份，我曾经给王尧先生打电话，希望找个时间就东噶·洛桑赤列教授的有关事迹向他当面请教，他告诉我没有问题，只是他写东西已不太方便，最好是口头叙述我来录音，我说没有问题。但是，不久自己又接受了上级安排的到西藏日喀则、阿里调研的任务，再后来听说王先生身体不太好，住在外边的敬老院，采访之事就暂时搁置了下来。但是，万万没有想到一向精力充沛的王尧先生会病倒，更没有想到他会这么匆忙地离开大家。

2015年12月13日，陈庆英研究员约我一起看望王先生的情景还历历在目，17日晚就从陈庆英研究员那里接到王尧先生去世的噩耗。次日在悲痛之中我写了一首诗，以寄托我的哀思和对先生的崇敬之情：

藏学巨擘驾鹤去，蔽日悲痛天际来。
精研勤著树丰碑，呕心讲席育英才。
崇学济世有公论，奖掖后学应无侪。
鸿篇巨制留青史，无量功德贯三界。

王尧先生虽然离开了我们，但是他的著作在，他的精神在，他为中国藏学留下的宝贵遗产在，继承光大先生终生为之奋斗的事业，是对先生最好的纪念。祈愿先生往生净土，早享极乐！

2016年1月31日

我与王尧老师二三事

班班多杰
中央民族大学哲学与宗教学学院教授

　　王尧老师离开我们已经半年多了，在这期间，许多他的亲友、同事及学生都写了追思文章。我虽不是他的入室弟子，也没有和他长期共过事，但与他有过直接交往，其中的几件事是非常值得回忆和感念的。

　　2015 年 12 月 17 日下午 2 点多钟，喜饶尼玛老师给我打电话说："最近王尧老师住在航天中心医院，现在我们俩去看望他一下？"我说："好！咱们马上就走！" 40 分钟后就到了航天中心医院。王尧老师的次子在重症监护室旁边的一间房屋里配合大夫接待、安排前来探视的同事和学生。约 3 点半左右，安排我们进入重症监护室，进去时，他儿子说："我爸虽然不能说话，但脑子是清醒的，你们给他多说些鼓励的话。"一进入王老师住的单人病房，见他躺在病床上，两眼紧闭，表情凝重，呼吸急促，床的两边放着生命检测仪，身上、嘴里、手上都插满了各种管子。从整体上看，病魔已把他折磨得不轻，看到这些我们心里很难过。护士介绍了王老师的病情和身体状况,我们听后心里更加难过了,便靠近病床握住他的手说:"我是喜饶尼玛,我是班班多杰,我们看您来了!"他点头示意,脸上也露出了一丝安逸的笑容。我们接着对他说:"您的病一定能治好!等您回到中央民族大学家属院——自己的家里时,我们再去看您!"这时,王老师握紧了一下我们的手。在病房仅待了10多分钟,护士就示意我们不能久留。当走到门口时,我们对护士说:"要想尽一切办法治好王老师的病!"护士说:"一定会全力以赴!"我俩走出医院后心情都很沉重,回到家中也就一小时左右,喜饶尼玛老师给我打电话说:"王尧老师刚刚去世了。"当时我大吃一惊,真没想到他走得这么快啊!两个小时前的见面,竟成了永别,不愿相信这是事实。12月23日上午,我们在北京八宝山公墓参加了王尧老师的遗体告别仪式,送他最后一程,以表达我们的哀思。

　　凡事皆有缘,我和王尧老师的缘分可追溯到1977年末或1978年初春。当时"文革"刚结束,全国上下百废待兴,百端待举,我们中央民族学院的老师们也借此东风,个个都想在各自的教学、科研岗位上奋力拼搏,争取将"文革"十年耽误的时间夺回来,在学术上有所贡献。当时我25岁,在中央民族学院政治系哲学教研室当教师,也不敢落伍,开始跟着大家学外语。后来,我的两位老师针对我的情况,建议我将丢弃多年的藏文捡起来,以后专门从事藏传佛教哲学思想的教学和研究工作。我当时眼前一亮,深感这个建议特别适合我，便默默寻思：从现在起，我必须扬长避短，要作出学术上的转向和调整，并付诸行动，持之以恒地坚持下去，未来才会有所作为，立身有道。因此，我当机立断，放弃了当时的外语学习，一心一意地学习古藏文和佛教基础知识。那时关于佛教方面的书籍和杂志非常少，正一筹莫展时，我的好朋友，中央民族学院民族语文系藏文教研室的拉萨籍教师贡桑多吉对我说："我们教研室的王尧老师、格桑居冕老师都懂佛教，我把你介绍给他们，你可以向他们请教。"我了解到这个情况后很兴奋，便催促他赶快引荐。当天，他带我到当时的17号楼二层西头语文系藏文教研室拜见了格桑居冕老师，向他请教了很多古藏文和佛教方面的问题。第二天，又带我到中央民族学院家属院王尧老师家里与他见了面。王尧老师询问了我的一些基本情况和想法后，说："你研究藏传佛教哲学思想这个想法很好，但你在研究以前，必须要掌握佛教的基础知识。20世纪60年代赵朴初先生写过《佛教常识问答》的系列文章，以饮水的笔名连载于《现代佛学》杂志上。"并且将"饮水，现代佛学"这几个字用红铅笔写在一张纸上交给了我。他说："这个杂志就在我们图书馆三层古籍室，负责借阅的是乔老师，你去找他，他会把这个杂志找给你。"我听到王尧老师的这番话后十分激动，这下可以找到向往已久的佛教书刊了。第二天，我跑到图书馆三层找到乔老师，并说明来意，他很快将1960年到1965年的《现代佛学》杂志从书库搬过来交给了我。他说："你就查吧！饮水的文章就在这几年的杂志里。"我看到这些文章后爱不释手，一边读一边抄，这些杂志我真正翻阅了两三年，在翻阅的过程中发现，《现代佛学》杂志是中国佛教协会创办的专刊，创刊于1953年中国佛教协会成立之时，一直发行到1966年"文革"开始为止。这个杂志里有许多佛教名家写的文章，藏传佛教方面的学术论文也不少，作者有喜饶嘉措大师、法尊法师、观空法师、隆莲法师、郭元兴居士等。当时处在学术迷茫当中的我，在这儿从学术的角度了解了佛教的历史，增长了佛教的理论知识。由此，我便联想到小时候父母常讲的佛教名词概念和人物故事，用汉文如何表达，如缘起、业果、善恶、无明、烦恼、异熟、灵魂、转世、轮回、世间、慈悲、障难、幻化、修持、释迦牟尼、度母、马头明王、文殊、龙树、文成公主、宗喀巴等等。这些连载文章到1966年"文革"开始中断后，于1980年复刊并改名为《法音》，其未刊部分再无连载。后来这些系列论文，包括未刊部分结集出版，成为人们了解佛教基础知识的必读书。以上这些都说明，王尧老师是我学习、研究藏传佛教的引路人之一。为此，我常怀感恩之情，我每有机会就向王尧老师说："您是引导我进入佛学研究门槛的重要导师。"

1999年10月，学校党委把我从中央民族大学哲学系从事哲学与藏传佛教教学的岗位上调到藏学系担任系主任，后来藏学系扩建为藏学研究院，我又当了院长。2001年5月，适逢中央民族大学藏学专业建立50周年，我们举行了纪念会暨学术研讨会，并编写了《中央民族大学藏学专业发展史》。在筹备这个会议及撰写这个发展史期间，我和王尧老师有比较多的接触，向他了解中央民族大学藏语文专业初创时期的一些事件、人物。他给我们介绍了很多鲜为人知的人和事，其中讲述最多的就是于道泉先生与东噶·洛桑赤列活佛。

他说："于道泉教授是中央民族大学藏语文专业的创始人，也是我们的藏学启蒙老师。从1951年5月23日，中央民族学院第一届藏语班开学，以于道泉先生为首，季羡林、马学良、格桑居冕等先生，还有几位在北京的藏族同胞一起策划、组织课堂教学，从此开了中央民族大学藏学教学与研究的先河。于道泉先生从20年代初中期从齐鲁大学理工科专业毕业后，就给当时在华讲学的印度大诗人泰戈尔做翻译，不久即在北平跟从俄国梵文老师钢和泰男爵学习梵文，30年代初在北京雍和宫学习藏文、蒙文、满文，30年代初期应聘在中央研究院历史语言研究所供职，专门研究藏族语言文学，其主要研究成果有享誉世界的《第六代达赖喇嘛仓央嘉措的情歌》一书。1934年，于先生公费留学到法国，师从著名藏学家巴考先生研习藏学，后辗转到德国、英国从事讲学、研究工作，其间熟练掌握了法语、德语，还兼学了西班牙语、土耳其语等，因此很多著名人士称他是语言学天才。

1949年新中国建立前夕，他回到北平，被聘任为北京大学东语系教授，讲授藏语文。经过20多年国内外语言学的学习和训练，于先生受到了法国历史语言学派的深刻浸润，掌握了一套学习和讲授藏语文的现代语言学方法。我们就是在这一方法的指导下，先在北京刚刚成立的中央民族学院学习了一年多藏语文。这一年的学习，首先以学习藏语口语为主，之后再学习藏文基础。为此，于先生为我们编了学习藏语文的教材。这种先语言、后文字的教学方法，使我们大获裨益。1952年夏，在于道泉先生的带领下，我们怀揣着课堂上所学的藏语文成果，千里迢迢从北京来到了当时的西康省康定地区贡嘎山下，师从贡嘎活佛学习藏文及藏传佛教，贡嘎活佛为我们讲授的是他自己撰写的《佛赞》一文。还在当地的藏族群众中进行藏语文实践教学，历时近一年。这是一次课堂教学与实践教学相结合、藏语学习与藏文学习相结合的最佳教学活动。这样，通过两年多的教学实践，我们对藏语文以及藏族历史文化、宗教思想、风俗习惯有了较为全面的了解和掌握。1953年上半年，我们从康定返回学校后就毕业了，成为第一届藏语班的毕业生。由于工作需要，我们这个班大多数学生都留在了北京，并且以留校为主，我就留在了当时的藏语文教研组。这就是草创时期中央民族学院的藏语专业，也是中央民族学院藏学发展的第一个阶段。"这样，于先生与王尧老师由师生变成了同事。于道泉先生看似特立独行，异乎时贤，骨子里是一位"既示人何以为学，且亦示人何以为师"者。于先生在国外学习、讲学十几年，他既吸收外来学说之精华，又不忘本来民族之地位。回国后，将自己所学之一切知识、智慧都奉献给了祖国的教育事业和文化建设。这与少数国人到西方学习几年就不得邯郸之步，遂匍匐而归形成了鲜明的对照。

众所周知，语言异声，文字异形。对于从未接触过藏语文的学生来说，其学习是一件非常困难的事，但是要研究藏学，理解藏族，这个难关就非攻克不可，否则藏学研究是不能深入的，对藏民族的认识也是十分有限的。正如诠释学家伽达默尔所说："被理解的存在是语言。"王老师深知这一点，从研习藏学、接触藏族伊始，他就始终抓住藏语文不放松，功夫不负有心人，经过 60 载的勤学苦练，他能说一口地道的拉萨话。大约是 2001 年 5 月的一天，那时我在藏学院当院长，我们一同从中央民族大学家属院乘车去中国革命历史博物馆开会，一路上用藏语交谈，其间他连一句汉语都没有夹杂其中，可见他对藏语的熟练程度。他的藏语运用得如此纯熟，藏文也毫不逊色，从《萨迦班智达致蕃人书》到《萨迦格言》，从《吐蕃金石录》到《敦煌本吐蕃历史文书》，都由藏译汉并一一释义解读。由此可知，他运用藏文进行科学研究的能力。王老师却十分谦虚地说："我所做的这些工作，是从汉藏比较语言方法入手，进入到浩如烟海的汉藏语文史料中，对其进行爬梳、钩沉,将有价值和意义的文献资料由藏译汉,释难解疑,以此补充汉文文献之不足,校勘汉藏文献之真伪。从这个意义上讲,我的这些研究成果不过是为学术界提供了一些可信的藏文资料而已。"这是他的谦谦之辞。实际上,王尧老师兼备国人考据方法之细与西人史识视野之大。此可谓"借古人之酒杯,浇个人之块垒"也。

如此看来,第一届藏语班的建立以及于道泉先生创立的藏语文的学习方法,对中央民族学院藏语文专业乃至于全国民族院校藏语文专业的学习,起着一种典范兼示范的重要作用。这两年多的学习和实习,是一次藏语文的启蒙,是一声藏族文化的晨钟。王尧老师出身于书香门第,幼承庭训,早览乙部,具有比较坚实的国学基础,1948年考取了南京大学中文系,1951年上中央民族学院时他已是大三的学生了。来到这个班他和同学们如饥似渴、夜以继日地学习藏语文以及藏族历史、宗教、文化知识,实习期间他即在《西康日报》发表文章。1956年开始在著名的学术刊物《中国语文》《民间文学》及《人民日报》上发表文章。这些都说明,王尧老师的学术起点高,文化基础厚,加之自己的根器锐利,精进好学,深思明辨,专心致志,又有名师指点,这样学术爆发力就很强。这些内因外缘,都是他成功的条件。这是他师从于道泉先生后所取得的成就,也是于道泉先生因材施教的成果。

他除了深受于道泉先生的藏学启蒙与教诲外,还有一位藏族老师不能不提，这位就是东噶·洛桑赤列活佛。王尧老师说："1960年根据周总理的指示，中央民族学院开办了第一届藏语文专业研究生班，次年招收了第二届，因为教学工作的需要，从拉萨调来了三位主讲教师，其中的佼佼者是东噶·洛桑赤列先生。我当时很年轻，担任助教，东噶先生讲课'胜义微言若由神'，是将我们引进藏学堂奥的领军人物。"王尧老师说："东噶活佛是在西藏格鲁派三大寺的色拉寺系统学习、实修了显密教及藏传佛教大小五明文化，并在上世纪50年代经过立宗答辩，以优异的成绩获得了拉然巴格西的学位。他究通显密经论，兼综大小五明，是藏学领域里的百科全书式人物。1985年我们俩参加了在德国慕尼黑召开的第四届国际藏学会议，会议期间，东噶老师向国外藏学研究的专家和学者宣布，如果你们在藏学研究的各个领域有什么疑难问题，可问我，我都向你们解疑释惑。东噶老师这一语出惊人、振聋发聩的宣示，来自他渊博的知识积累和深厚的学术功力。他的这一学术自信，也向国际藏学界展示了中国藏学的实力，他真正为中国藏学界培养了一大批教学和研究人才。"当王老师每每提到20世纪60年代初举办的这两届藏语文专业研究生班时，便滔滔不绝。当时给这个班上课的除了东噶先生等藏族老师，张克强等汉族老师外，还聘请了喜饶嘉措大师、法尊法师、周叔迦、高观如、牙含章、任继愈、王森先生等国内外知名学者。王尧老师做他们的助教，给研究班学员做辅导。

这两届研究班如同一次学术盛宴,其中饱餐甘露,收获最大的便是王尧老师。如果说20世纪50年代在于道泉先生的引领下所学到的藏语文,为王尧老师进入藏学研究的殿堂提供了一把金钥匙,那么20世纪60年代两届藏学研究班里的随堂听课,助教辅导,则使他曲径通幽,堂奥探微,尽得其大师们所传之点金术而入柳暗花明之境。有人说,王尧老师是汉族中最懂藏族的人。在我看来,这一评价是恰如其分的。60多年的藏学研究,使他真正做到了"综汉藏之长而通其区畛"。

佛教讲,法不孤起,待缘而发。王老师经过长期的学术积累与思想沉潜的"退而结网"后,其学术才能获得了在国际藏学舞台上尽情施展的机会。自20世纪80年代初期,在于道泉先生的推荐下,他走出国门,进入了国际藏学界的前沿领域。他在多所欧美著名高校担任客座教授,参加了自20世纪80年代以来的历届国际藏学会议,从此跻身于国际著名藏学家的行列。借此他将半个多世纪以来,各国著名藏学家的主要研究成果介绍到国内,并组织人力翻译,审订主编形成系列《国外藏学研究译文集》出版。这为国内同行了解国际藏学界的研究成果和前沿动态,打开了一扇窗口。特别是他与陈践老师一同将英藏、法藏的敦煌学的重要资料带回国,翻译、注解出版,成为国内学者研究藏学的经典资料。

王尧老师每次开会或参加学生答辩或与朋友聊天时,经常提到藏传佛教觉囊派著名学者多罗那他的名著《印度佛教史》。他说:"20世纪60

年代中央民族学院举办的两届藏学研究生班所开课程之一，便是这本誉满国际藏学界的佛学名著。当时主讲教师是张克强先生，我是随堂听课并作辅导，因此对这本佛学名著比较熟悉。"我自20世纪80年代中期跟随当时的语文系藏语班听东噶先生讲《土观宗派源流》时，就知道有多罗那他的《印度佛教史》，这本书随时可以得到，后来出版了张克强先生的汉译本。

除此之外，觉囊派还有一本佛学名著，就是笃补巴·西饶坚赞的《山法了义海论》，但这本书当时很难获得。20世纪90年代中期，青海省果洛藏族自治州久治县觉囊派江达寺的洛珠桑布和他的上师，到北京中国藏语系高级佛学院来讲课，我从他们两位处获得了此书。当时我如获至宝，在不到一个月的时间里连读三遍。拜读之余发现，这是一本专门探究觉囊派特殊教法"他空见"的佛学理论性著作，它广征博引、释经审论、洋洋大观。而且它所引用的专论"如来藏"的这些藏译经论，都有相应的汉文译本。我因当时在藏学研究院担任院长，杂事缠身，无暇深入而广泛地阅读、撰写大部头论著，故只能利用间隙见缝插针，作"对经"工作。记得1980年代，我向王森先生与韩清镜先生请教有关佛教疑难问题时，他们两位提示说"对经"是学习、通达佛教经论和汉藏语文的最好办法。当时我就根据这两位先生所说的"对经"方法，将《山法了义海论》中所引藏译的佛教经、论话语段落与其汉译本经、论中相对应的话语段落相对照，校勘其异同处。这一工作开始做起来似大海捞针，费时费力，但做到一定程度并掌握方法后，就有一种追根溯源，藏汉合璧，不达目的誓不罢休的无限乐趣。首先要对笃补巴所引藏译经、论中的相关话语反复阅读，理解其中心思想，掌握其关键词汇，在此基础上，进一步去对照、寻找同一汉译经论中相对应的话语段落。先寻找大段落或长篇译文，再寻找中篇译文，最后寻找短篇译文，这可以说是一种地毯式的搜索方法。我通过用第一遍"对经"的方法，就找到了《山法了义海论》中所引大段藏译经、论的相应汉译经、论的对应段落，在此基础上写成了觉囊派特殊教法《"他空见"源流考释》一文，并在《哲学研究》杂志以两万多字的篇幅发表。

后来，我将这篇文章送给了王尧老师，并请教说："您是研究觉囊派多罗那他名著《印度佛教史》的专家，最近几年我一直在研读觉囊派的另一部学术名著，笃补巴·西饶坚赞的《山法了义海论》，现已草成一篇拙文发表，请您指正。"他当时开玩笑地给我说："你是否用批判角度写的？"我很谦虚地说："王老师，我不说啥，您看了拙文就知晓了。"当时我深知他的弦外之音：我的学术背景是哲学，而"文革"当中人们一提起哲学就是斗争哲学、批判哲学，这样哲学便背上了斗争哲学的黑锅。我理解王老师这样说，对我既是一种揣度，又是一种告诫，我能充分理解他的这一言外之意。后来他见了我就没说什么，我也未问他是否看了我的那篇拙文。

在这篇论文的基础上，我又一鼓作气将《山法了义海论》中笃补巴所引藏译经、论段落的相应汉译话语段落进行第二次、第三次检索，从大的段落一直扩展到中段落、小段落，并将这些对照异同的论文自 2009 年起在《中国藏学》杂志连载发表，直到 2016 年第 1 期，基本上已对照完毕。大约是 2013 年 9 月，在北京大学召开了一次研讨觉囊派"他空见"的学术会议，王尧老师也参加了，并向与会专家推荐了我在《中国藏学》发表的这些系列论文。为此我感到非常高兴，也十分感动，这说明王尧老师肯定了我对觉囊派"他空见"的研究成果。后来他又推荐我到北京师范大学和北京大学等学校讲授藏传佛教史，这些都说明王老师肯定了我研究藏传佛教觉囊派乃至藏传佛教思想史所取得的点滴成果。

文章写到这里，我的思绪又不由自主地定格到 2015 年 12 月 17 日下午 3 点钟，他尘缘将尽、归期即至前的形象，又一次浮现在我的脑海里。面对死亡，他是那样的坚毅、轻松、自然、安详。我们听说他自 12 号住院以来，对看望他的同学和同事写上了"我不怕死！"的字样。中国佛教协会前会长赵朴初居士是王尧老师生前十分敬重的一位佛学文化大师，他们有密切的交往。在此，我们将朴老晚年遗嘱中的一首意味深长的诗作为本文的结束，以此呈现王尧老师的心灵境界：

> 生固欣然，死亦无憾。
> 花落还开，水流不断。
> 我今何有，谁欤安息。
> 明月清风，不劳寻觅。

落其实者思其树，饮其流者怀其源——我和王尧先生

王家鹏
故宫博物院宫廷部研究员

初识先生

第一次见先生是在中央民族学院的课堂上，1988年为学习藏文，我参加了民院藏语系举办的藏语培训班，不脱产，每周两次课，民院藏语系老师们教学。一天接到通知王尧先生来做讲座，早就听闻先生的大名，一直没见过。找到了当年日记，那天是1988年12月8日，顶着五六级大风骑车赶到民院，下午两点上课，王先生准时走进课堂，先生身材魁伟风度儒雅，讲话声音浑厚，语言生动风趣，不时加进藏语、英语，一下就把我们十几位学员吸引住了，讲的内容是访问香港的感想。他介绍了香港大学的情况，藏学研究的情况，指出藏学在香港尚未开展，只是萌芽，但已经引起国际学术界的关注。讲课中他提到当时引起很大动静的马建的小说《伸出⋯⋯》，在香港和国际上走红，被翻译成多种文字，引起外国人的兴趣。先生以藏学家对西藏文化的深入了解，严肃批评了马建小说的荒谬。先生尊重热爱

藏民族文化的热忱，维护民族团结的坚定原则立场，深深打动了我们，澄清了许多模糊认识，也增加了不少西藏文化知识。先生鼓励我们学好藏文，他说的两句话给我留下深刻印象："成功等于努力加机遇，只要努力创造条件总会有机遇，错过一次还有下一次，如果不努力再多的机会也白搭。"还特别提到"季羡林先生在藏学中心成立大会上的说法：二十世纪是敦煌学的世纪，二十一世纪是藏学的世纪"，使我们深受鼓舞。课后我向先生介绍了故宫的西藏文物情况，他非常感兴趣，一再鼓励我好好工作。我和先生约定找时间详谈故宫的藏学研究问题，先生欣然同意。两周后先生又作了"国外藏学研究"讲座，先生思维敏捷，旁征博引，语言生动幽默。我听得如沐春风，茅塞顿开，真遗憾没有机会跟随先生在校读书。

第一次登门

听课后不久，我到先生家拜访，先生待我如老友见面，没有一点大教授的架子，我们畅谈了一个多小时。我向先生讨教了藏学方面的许多问题，他鼓励我说，现在是磨刀的时期，要学好藏文、英文，这是水磨的长期的功夫，不能操之过急，不要羡慕什么主任、科长的官职，那种官谁都能当，只有学问是谁也替不了的。他非常强调掌握语言的重要，我说学藏文、英文太耽误时间，短期难见成效，他说从长远看这个关必须过，不然终要成拦路虎，拦路虎还好办，就怕成拦路羊漫山遍野都是就麻烦了。劝我不要急于发表一些平平淡淡的文章，下一点功夫搞出点真东西。先生的话高瞻远瞩，我铭记在心终身受用。

三位泰斗相聚故宫

1992年在杨新副院长的倡导和大力支持下，我主持筹办了"清宫藏传佛教艺术展"，同时还举办了"西藏文物精粹展"。两个大展在故宫乾清宫东西两庑同时开展，一个是西藏的，一个是清宫的，主题是藏传佛教文物，这是故宫博物院首次举办的大型藏传佛教艺术展。故宫文物都是首次面世，有很高的学术价值，引起国内外藏学界的关注。以展览文物为基础，我主编了《清宫藏传佛教文物》一书，此书是故宫首次出版的藏传佛教文物图录，也是国内博物馆第一本全面介绍藏传佛教文物的大型图册。为做好这两项工作，杨院长决定聘请北大宿白教授、中央美院金维诺教授、中央民院王尧教授、藏语系佛学院那仓活佛四位作顾问。1991年的一天，按院长的指示，我把宿白、金维诺、王尧三位先生请到故宫，这三位考古、美术史、藏学方面的学术泰斗在故宫相聚了，这是难得的一次学术大家的聚首。我当时懵懵懂懂，连个像也没照，当年日记也找不到了，但那天的情景仍历历在目。我陪先生们参观了雨花阁、梵宗楼、梵华楼、养心殿西暖阁佛堂。我边讲解边向三位先生现场请教，真是难得的机遇，先生们仔细听我讲，不时提问和我讨论，我也及时向先生们求教，三位大家观察的角度不同，提出的问题和看法也不尽相同，对于我是极大的启发，获益良多。雨花阁一层事部金漆大佛龛两侧贴有四种文字题记一边是汉满文，一边是蒙藏文，王尧先生仔细读了雨花阁的藏文题记，当场给我翻译讲解。虽然雨花阁内楼梯陡峭，光线黑暗，大家都兴致很高地登上了雨花阁最高层。放眼望去，整个故宫西部尽收眼底。当时宿先生、金先生70岁多一点，王先生刚60多岁，身体都很好。王先生最年轻，步履轻松，谈笑风生。三位先生相互都认识，但也难得在故宫一聚，考察故宫的原状佛堂。中午我陪先生们在故宫食堂吃了顿便饭，也没处午休，只能在接待室的沙发上坐坐，现在想起来还有愧疚，真是怠慢先生们，好在先生们毫不在意。

1995年5月12日，先生陪奥地利公使一行三人，第二次来雨花阁参观，我负责接待讲解，先生英文翻译，公使一行兴趣盎然，看得十分高兴，大家一起登上了雨花阁最高层。走出雨花阁时，公使笔挺的西服裤子上沾了不少土，弯腰掸土时，先生用英文说："别掸，这土可是宝贝，二百多年了。"逗得大家笑起来。公使送我一本精美的维也纳画册，至今还崭新如初，先生已仙逝，思之泫然。

先生的鼓励

经过几年的努力，我已对故宫的藏传佛堂、文物，有了基本的了解，连续发表了几篇论文。每次送书给先生指正，都得到他的热情鼓励。想不到有一天先生还在《中国文物报》上专门写了一篇文章《故宫与藏学研究》，文章不长，分析了故宫文物在藏学研究中的重要性，特别对我的几篇论文给以好评。先生的文章，令我倍受感动和鼓舞，我上先生家当面致谢时，先生笑着说："没什么，没什么，正好我用稿费买了两本藏汉词典送给你，你可要下点功夫把藏文学好。"接过《格西曲扎藏文词典》《藏汉对照拉萨口语词典》这两本沉甸甸的词典，我一时语塞，除了"谢谢"不知说啥好了。

梵华楼前的背影

2007年3月，为了编写好《梵华楼》考古报告，我向先生汇报了我的编写大纲，并请他再次到梵华楼看看，提提意见。他的腿脚已不利索，仍欣然答应。一天下午，他和民大郭卫平副校长一起来到故宫，我在东华门迎接先生。院内不能开车，从东华门走到梵华楼有一公里多远，看到先生步履蹒跚，走路十分吃力，我赶忙上前搀扶，他说不用不用，慢慢走没关系。走到梵华楼前，他已气喘吁吁了。看完一楼，再看二楼需上十多蹬石阶，先生就实在迈不动步了，在我组里两位年轻小伙子的左右搀扶下才上了二楼。望着先生艰难登楼的背影，我的眼眶湿润了，17年前先生到梵华楼上楼时我和他边上边聊的情景又闪现眼前。梵华楼二楼正间是宗喀巴佛堂，三面墙上挂着宗喀巴源流大唐卡，画的是宗喀巴大师传记。我走到画前刚要给他讲画面内容时，他从随身的小包里拿出一本书《宗喀巴评传》说："差点儿忘了，有本书送给你作参考。"接过这本书，我心头一热。这是先生和褚俊杰合著的列入"中国思想家评传丛书"中的一部。扉页题字："旧作请家鹏同志指正。"显然先生是有备而来，记着梵华楼有宗喀巴画传唐卡。先生没有多说什么，厚重情谊，殷殷期待，尽在不言中。

亦师亦友情谊重

我不是先生的嫡传弟子，只能算个编外门生，但他在我心目中一直是可亲可敬的长者尊师，不敢以朋友论。他却常跟我说："咱们是亦师亦友。"为师不以师自居，把我这个半路出家的编外弟子以朋友相待，着实让我感动，这并不是每个老师都能做到的，何况是名重当世的一代藏学宗师。而且每次见面，都要把他的新作送给我。他在送我的《吐蕃文献选读》上题："家鹏吾弟案头备用，王尧甲申之冬。"令我感激又惭愧，惭愧的是我没有多少新作送先生，偶有新作送先生总是得到他的热情鼓励："你搞的文物研究，是藏学的重要一部分。做的学问是实打实凿的,是靠一件件摸文物,考证文物,长期积累出来的。你守着一座宝山,把文物与文献结合研究,一定能做出好东西。"

故宫博物院在杨新副院长的主持下,从1995年开始组织各领域专家编著60卷图录,涵盖了故宫各类文物精华,由香港商务印书馆出版,这是故宫学术史上的一项大工程。院长又聘请了王尧先生为特邀顾问,我担任了《藏传佛教造像》《藏传佛教唐卡》两卷主编。编撰过程中遇到问题,时常向先生请教,先生总是悉心解答,推荐参考书,或把他的书借给我用。先生的一本台湾版《密乘法海》,我一借好几年才还。其后《故宫博物院藏文物珍品全集》在香港陆续出版,书中的文物材料珍贵,图版精美,虽价格不菲仍大受欢迎。院里规定每位特邀顾问送一套书,当我要把已出版的40多册《故宫博物院藏文物珍品全集》给先生送家去时,他告诉我说,不要送家里,请把书直接送到民大藏学研究院图书室。我说这套书材料珍贵,印刷精美,价格挺贵,您留着送送朋友也挺不错。他说这么好的书,放图书馆让大家看吧。先生当时年事已高,还不辞辛苦,担任着中央民族大学藏学研究院名誉院长,为培养学生操心。先生一心教书育人、关爱学生的热忱,感人肺腑。

记得在1994年10月,为纪念雍和宫建庙250周年,雍和宫召开了一个学术讨论会。那是一次盛会，京内藏学界的老先生悉数到场。我在会上作了个发言，根据新发现的清宫档案专谈"金瓶掣签"的金瓶如何做的，乾隆怎么说的，探讨"金瓶掣签"的成因，引起与会者的兴趣，得到了大家的肯定。散会时先生高兴地对我说："你讲得好，得了满堂彩！金瓶掣签的史实容易搞清楚，可金瓶怎么造的就没人知道了，见微知著，这是重要发现。"先生的鼓励与鞭策，一直是我研究工作的极大动力。如今先生已溘然辞世一周年，留给我们无尽的痛惜与思念。先生虽归道山，他筚路蓝缕，呕心沥血，为中国藏学研究作出的贡献，我们会永远铭记在心。

2016 年 10 月 28 日

法门寺的悼念——怀念王尧先生

韩金科
法门寺博物馆原馆长

清晨六时,刚打开手机,短信随之而来,友人告知:"网上传:王尧先生逝世!"

我心里一震,匆忙间"走进"《学林春秋》第二辑下卷里有王尧先生治学之说,他在《我与西藏学》的结尾写道:1998年7月第八届国际藏学会在美国举行,我国28位代表参加,"我国藏学研究的进展已经是举世公认的了,我们以充分的信心迎接下一个世纪的藏学热或藏学研究高潮的到来"。正是在这次国际会议上,王尧先生的大论再次为国争光。正是在这次会议之后,王尧先生来到了法门寺。

1998年11月,法门寺迎来佛教传入中国两千年和法门寺对外开放十周年庆典。当时法门寺塔地宫曼荼罗庄严开光、净一法师升方丈座、1998法门寺唐文化国际学术研讨会在西安人民大厦举行。西安至法门寺间道路车马,日夜不绝。王尧先生来到了法门寺。此前,法门寺与先生结缘已深。

1994年，以中国佛教文化研究所所长吴立民大德为代表的佛教佛学界、社会科学界破译法门寺地宫唐密曼荼罗，引起海内外学术文化界的注目。1995年3月2日，中国社科院世界宗教所、中国佛教文化研究所、法门寺博物馆在北京中山公园"来今雨轩"召开法门寺地宫唐密曼荼罗研讨会，中国社科院、中国佛教协会、故宫博物院、北京大学、国家图书馆、中央民族大学、中国艺术研究院等有关领导、著名专家学者近百人出席，对法门寺文化研究的重要成果和与此相关的重要课题进行了热烈讨论。王尧先生以藏密对应唐密，阐述唐密的重要历史地位和当代价值，给与会者留下了深刻的印象。3月16日，法门寺博物馆举行了法门寺唐密文化研讨会，法门寺地宫唐密曼荼罗文化陈列开放。我们走进了中央民族大学家属院四高12层1号王尧先生的家，这里成了法门寺博物馆的"补习班"，先生热情开讲，深入浅出，我们获益良多，还享受着师母的热情招待，我们与先生缘分愈来愈深，我们期待着一把把金钥匙打开法门寺文化的宝库。谁曾想到，法门寺博物馆在北京还有这样一个特殊课堂为法门寺人不断注入新的"养料"，而王尧先生还有远在千里之外的"编外"学生。

  这次特别盛大的国际聚会，让法门寺人流如潮，印度、尼泊尔两国驻华特命全权大使代表佛祖国家出席佛教传入中国两千年在法门寺的纪念庆典，出席净一法师升方丈座仪式和唐文化国际学术研讨会，王尧先生参加会议全程作陪。学术大会开始的综合论坛上，先生以《千江映月，同是一月：〈解深密经疏〉遗事掇要》，解读陈寅恪先生关注藏学——以语言学推进宗教、历史研究，用藏文佛经所做的重大贡献，对《解深密经》、圆测、《解深密经疏》、法成、观空法师等重大历史课题、历史人物都做了详尽的梳理，获得与会专家的高度评价，成为大会重要成果之一。会议期间，各组代表集中讨论法门寺文化和法门学时，先生以法门寺地宫唐密曼荼罗为题，提出了重要的见解，为这一重要文化现象的历史地位、当代价值做了深刻阐述，此为法门寺文化建设的重要贡献。此次法门寺之行，王尧先生在法门寺留下了深深的印记，与法门寺结下了不解之缘。

会后不几天，我与吴立民大德出席香港志莲净苑的《法门寺地宫唐密曼荼罗之研究》首发式。本书主要是吴老所著，香港志莲净苑出资，在香港出版。首发式甚是庄严，各界有关著名人士出席，随后吴老作了两个专场的报告，我也作了一场讲述。吴老晚场刚开，有人电话来找，说是王尧先生将我在志莲净苑的消息告诉了在香港红磡体育场讲经的台湾星云法师，星云法师派车来接。我到了红磡体育场，数万人盛会，前两晚是星云法师讲经，当晚是香港特别行政区财务司长曾荫权主持，台湾地区佛光山梵呗音乐团演出。1994年冬，我随大陆文物博物馆事业代表团赴台交流十四天，在佛光山与星云法师结缘，星云法师满怀激情请求大陆安排法门寺佛指舍利入台瞻礼，让法门之光光被台湾地区，在两岸之间印象深刻。四年过去了，中间出了李登辉"两国论"、陈水扁上台等变故，此议怎样进行，我心渺也茫也。星云法师陪我上了贵宾席，此时佛光山三百僧众登台，一曲曲天籁之音，一幕幕清凉之乐，撼人心扉，我完全融入境界。五个节目后，星云法师邀至贵宾室，谈了三件事：一是迎请法门寺佛指舍利入台，坚定不移，坚持前行。二是佛光电视台播放十六集电视连续剧《法门寺猜想》，在台湾各界引起热烈反响，民众向往大唐，向往法门寺。星云法师要我介绍一个好编剧，他要从大唐玄奘开始，将《高僧传》上的高僧，一一拍成电视纪录片，在海内外播放，以弘扬佛法。三是邀请我赴台环岛演讲法门寺与法门寺文化。这三件事中，我2000年9月入台环岛演讲，与有关各界、特别是"四大道场"结缘，效应殊胜。我介绍的《法门寺猜想》电视剧编剧杨捷先生与星云法师见了面。特别是法门寺佛指舍利入台瞻礼，在中央的大力支持下，经过大陆有关人士、有关方面努力，经过星云法师联合迎请，法门寺佛指舍利与2002年2月13日—3月31日入台瞻礼，台湾全岛轰动，万人空巷顶礼迎奉，世界五大洲佛教代表和华人代表入台参拜，出现了千年一遇的"佛手牵两岸，雷音震五洲"的历史盛况，让当今世界为中华民族的千年凝聚而震撼。我们知道王尧先生与星云法师深交多年，这次历史盛举，有先生的"幕后之作"，更是一篇历史之作。

2006年12月,香港大学隆重举行饶宗颐先生九十华诞庆典学术研讨会,会上见到王尧先生。他与饶公因藏学藏密过从甚密。他早到几天,两人谈论甚多。学术交流的分组会上,先生主持的那一场,正是中国科技大学校长朱清时教授讲"佛教密宗的缘起性空与天体物理学",讲到英国科学家霍金宇宙起源"琴弦"说。我说的是"饶宗颐先生与法门寺文化研究",内中有唐密"菩提心为因,大悲为根本,方便为究竟"的"缘起偈"。王尧先生从藏密藏学角度,深入浅出,左右逢源,发挥得十分精彩,实是一篇分量很重的学术论文,赢得会议的赞许。

那次会议之后不久,我离开了法门寺,到西安协助大雁塔慈恩寺方丈增勤法师成立了西安佛教文化研究中心,做长安佛教研究的各项工作。经过一年筹备,在中国国际茶文化研究会的鼎力支持下,成立了大唐茶文化研究中心。成立之时,举行隆重的学术大会,省、市领导和有关方面专家学者近百人出席,王尧先生与北京的几位著名学者作为学术顾问,在主席台就坐。由此,在西安的一座崭新学术文化舞台和海内外佛教佛学界、社会科学界架起了一座座桥梁,长安佛教、大唐茶文化等一场场历史大剧开演了。为筹备召开长安佛教国际学术研讨会,我们专访了在京的学界领军大家冯其庸、黄心川、王尧、许嘉璐、方立天、楼宇烈、李斌城、杨曾文等著名学者。在王尧先生家,他对唐代与吐蕃的交往有许多重要见解涉及长安佛教，为会议的学术筹备增添了新的成果。2009 年 10 月，首届长安佛教学术研讨会在西安召开，两千人的会议开幕式在夜幕下的大雁塔前举行。当印度、尼泊尔大使接过大慈恩寺助印的印地语《西游记》，当《玄奘归来》《微笑的佛》开演时，大雁塔光芒四射，人们梦回大唐，全场掌声雷动，欢呼声经久不息。第二天，四百余人的学术大会"长安佛教·世纪论坛"开幕，西北大学名誉校长、著名历史学家张岂之先生主持，冯其庸、王尧等八位先生登台演讲自己的"箱底之作"，神采飞扬，气象万千。张岂之先生纵横展开，主持词引人入胜。"九者会"异彩纷呈，给海内外专家学者留下了深刻的印象。其中，王尧先生的唐代汉藏文化论让人耳目一新，是一篇精彩之作。这次会议收到近三百万字论文，成果宏富，但意犹未尽。2010 年，我们在大雁塔慈恩寺的东西两侧会议中心举办继续"雁塔论坛"，方立天、王尧、黄心川、楼宇烈先生先后登坛给西安学术文化界作专题演讲，开风气之先，影响广泛，让人对大唐、对长安佛教、对西藏西藏学有了进一步的认识

唐代长安的佛教密宗，是中国佛教的重要组成部分，是日本真言宗、韩国真觉宗的根和源。自唐"会昌法难"之后，唐密在中国式微不兴，近代虽有复兴，但为时太短便已消沉。作为唐密祖庭的大兴善寺担承着弘传历史、复兴唐密的历史责任。我们跃跃欲试，精心筹备唐密复兴的国际聚

会,又到了王尧先生的家。先生召来他的高足、刚从海外归来不久的中国人民大学教授沈卫荣博士一起讨论。对于大兴善寺首届唐密文化的国际会议,他俩都寄予厚望。针对西方学界否认汉传密教存在的问题,他俩从藏传佛教的判教时间、"有机历史观"的制约谈起,提出必须积极开展印、汉、藏传佛教佛学的比较研究,以推动密教研究的进步。

千载一时,一时千载。2011年11月25日,西安大兴善寺大雄宝殿落成、佛像开光、宽旭法师升方丈座,首届大兴善寺唐密文化国际学术研讨会开幕。宝刹重辉,盛世盛典,皆大欢喜。在大会的开幕式"长安慧光,盛世风采"论坛上,王尧教授作了精彩的演讲。先生从电视剧《济公》中济公所念的藏密六字真言谈起,讲述唐密、东密、藏密的殊胜因缘。他讲了两个动人的历史事件,一是一幅画,一是一本书。唐时日本空海入唐求法,传承唐密两部大法的惠果大师,传给他两部大法的两幅曼荼罗画,空海带回日本,结坛传法,创立"东密",传承至今。二十多年前,王尧先生在西藏札什伦布寺看到这两幅画中的一幅。这幅有特殊的历史价值、密教价值和艺术价值的文物,是日本伯原学而收藏,并详细记载系空海带回日本后在清水寺流失民间,另一幅被美国人买走。先生回京,立即给赵朴老报告这一重大发现,朴老激动不已,请示十世班禅大师,大师盛情隆意,亲自将这件国之重宝转赠中国佛教协会供养。正是惠果大师这幅唐密大画,印证了由不空到惠果到空海到东密的唐密法系,应证了法门寺地宫唐密曼荼罗。这是佛教的一大事因缘,也是中华文化的一大幸事,这是王尧先生的贡献。先生又讲了一部经的历史过程。当年大唐玄奘历经千辛万苦到印度取经求法,其中一部是《解深密经》。玄奘讲这部经时,新罗王子圆测听完后将自己的记录和理解整理出来让玄奘看,玄奘大为吃惊,认为圆测的记录和梳理是一部重要著作,称之为《解深密经疏》。后来这部著作流传敦煌,有个吐蕃法师将此著作全部译成藏文,千年流转,中国不存。清末民初,历史地理学家杨守敬在日本发现此著的汉文本,遂之抄写,带回国内,与文献核对,发现少了两品。时在德国的陈寅恪先生从德国珍藏的藏文《大藏经》中发现了此著的藏文本。后来,在赵朴老的支持下,精通藏文的观空法师圆满完成了补齐《解深密经疏》的任务。王尧先生由此联系法门寺四枚佛指舍利现世因缘,解读赵朴老当年的赞诗:"影骨非一亦非异,恰如一月映三江"。他说三江月都是一月,汉传、藏传、东传密教都是一脉相承的佛教,"千江映月"才是中国佛教的繁荣景象。王尧先生之论,确是长安之慧光,盛世之风采。

从北京到法门寺国际学术会、香港交往、法门寺佛指舍利赴台、赴香港瞻礼,到长安佛教国际学术雁塔论坛、大兴善寺论坛,等等,王尧先生走过了二十年,留下了深深的历史脚印,在法门寺人、海内外同道心中打下了历久弥新的印记。去年七月，我们在八宝山送别当代著名学者方立天先生的时候，王尧先生是拄着拐杖被人挽扶到来的。望着他艰难的步履，我心中十分沉重。前段时间，大兴善寺还在谋划明年第二届唐密国际会议，我们商量去北京拜谒先生，不幸的消息还是降临了。我无限悲痛，先生的音容笑貌、宏阔大论，先生的法门寺身影、西安身影、香港身影一幕幕扑面而来，我心里一阵阵惊悚，感叹哲人其萎无力挽回，望着《学林春秋》王尧先生的自述，望着北京，我默念一联，请先生高足陈楠教授呈上法门寺人的怀念：

汉藏架金桥，法门开示，圆融无碍，先生宏论，京华秦地，树树桃李竞芳菲；

显密通灵境，长安论坛，缘起性空，斯人高风，大江南北，口口丰碑放异彩。

王公回来！

2015 年 12 月 18 日

皆因有了王尧先生

马丽华
中国藏学出版社原总编辑，作家

是贤者，是智者，是通达汉藏文史的学问大家，是成就藏学伟业的一代宗师。王尧先生弟子众多，桃李芬芳，我曾为自己并非其中一员而心存遗憾，所幸先生著述甚丰，从中所获教益之多，岂可计量，由此自诩为"编外学生"，并将先生的许多研究成果以文学方式传播开去。也有当面聆听教诲的机会，每每为先生渊博的学问功底、对藏族人民及其文化的热爱之情所感染感动。尤其欣慰的是参与了先生多卷本文集的编辑出版工作，何止丰富了"中国现代藏学文库"书系，那是王尧先生留存于世的宝贵遗产：历史风云的再现，钩沉索隐的探访，真知灼见，文采斐然，"美人之美"，大爱无疆……而今我们送别了先生，举目四顾，世间已无，驾鹤者融入茫茫虚空，然而正好比"佛灭度后，以戒为师"，道德文章犹在，精神风范长存，在案头，在心头。

值此纪念先生的文集编发在际，遵任小波博士嘱，谨将多年前（2009

年11月6日）所写《王尧先生八秩华诞藏学论文集》"编后记"奉上，以志缅怀与感念。回首再看当年围拥在先生身边时的盛景，不禁唏嘘。

去年底在为王尧先生八十大寿举办的聚会上，老寿星的学生和学生的学生数十人济济一堂。名师高徒，"亲传"弟子中的陈庆英、陈楠、沈卫荣、谢继胜等知名藏学家，已为人师表，并在西藏史地和藏传佛教及相关艺术诸领域各有建树，乃至领军人物；"再传"弟子的硕博士生中，多有崭露头角者。若以王老为"宗师"论，可见这一派系渐成中国藏学界劲旅。

当然学术界非宗教界，尤其藏学界，一无门派之别，更无门户之见，王尧先生及其研究成果历来为海内外藏学家并广及大众所共享。祝寿晚生中，就有像我这样的非"嫡传"弟子，但编外学生的受益程度，也许不下于在场许多人。王尧先生的重要著述《敦煌本吐蕃历史文书》《吐蕃金石录》《西藏文史考信集》《西藏文史探微集》一一读过，还是反复查阅的案头必备；对他多年来主编的《国外藏学研究译文集》和《贤者新宴》等丛刊也多有涉猎。相关内容学识大都转化为积累，有些已转述在本人拙著中。此刻，当我为编辑出版这部《王尧先生八秩华诞文集》，通读了两代学生的论文，不啻一次检阅的同时，忍不住想要加盟参与，就以编后记形式。不打算罗列先生贡献，文集中自有"再传"弟子任小波悉心整理的《王尧先生论著目录》,另有陈楠教授由文及人的解读《王尧先生学术成就评述》,兼有学术性、个性化表达的则有沈卫荣教授的《汉藏文史研究的新思路、新成就——从王尧先生的〈水晶宝鬘〉谈起》,而其他二十余篇虽属文论,均可视为向师尊致敬之作。本文标题原拟为"假如没有王尧",略嫌唐突,来自祝寿聚会上的一个闪念:假如没有端坐上首的这位博学而谦和的长者将会怎样?也许敦煌遗书中吐蕃古藏文文献的译注工作将来会有人做,但当下的中国藏学界肯定少了许多风景;在场者也许有人仍会从事藏学,但显然不会有如此阵容。假如没有先生,这一天我们不会走到一起,正是因为有了,至少这一群的命运是被改变了;至于先生对于当代中国藏学事业推进的力度和程度,则是显而易见又是难以量化的。

具体到个体受益人,笔者作为文学转述者,潜移默化方面且不论,实实在在被植入新作《风化成典——西藏文史故事十五讲》中的内容,就支撑起吐蕃部分的大半;吐蕃之后还有一些,最突出的一例,是先生在海量藏文史籍中查访到的南宋少帝赵㬎其人踪迹,让这个汉地失踪者以藏传佛教高僧大译师面目再现于历史视野。这些转述而来的故事为拙著增色出彩,不乏高光部。另有部分内容来自先生弟子们的研究领域:从陈庆英先生藏译汉的《汉藏史集》中撷取了令人拍案惊奇的若干片断;从陈楠教授对于大慈法王释迦也失的论著中归纳出大师生平事迹;从谢继胜教授所经营的藏传佛教艺术中获知了古代内地传播的线索；最后是沈卫荣教授在对书稿的审读中，多有订正之外，建议将陈寅恪先生所称誉的"吐蕃玄奘"法成法师单列一节，这位曾在汉藏文化交流史上值得铭记的人物由此熠熠生辉……直接间接得自于先生教益的这一切，不期然体现了一连串的因果和缘分。

仅仅说明对于研究成果的借助是不够的。令我深受感动和感染的，是王尧先生对于毕生从事之业的敬业、对于西藏古今人民毫无保留的大爱之情。这一情怀来自深度的了解和理解，具有深厚的学术背景和道德基础，因而格外坚实和博大。以前对于唐蕃时期的藏汉关系，或战或和仅是一知半解，经先生提点，方才得知有激烈冲突的一面，更有空前繁密的文化大交流的一面，有那么多具体生动的事例可资佐证：佛经的同译互译、汉文古籍的藏译，双方阵营的互动以及相互投奔……凡此等等，先生的案头书卷中，自有千军万马，自有文脉奔流，有声有色，激荡人心，均为中华民族岂敢忘怀的往事经历。新资源、新材料对于学科进展的作用已是常识，敦煌遗书的发现开创了一门国际敦煌研究即是明证之一。就王尧先生对于吐蕃古藏文文献包括金石简牍的译注一项，不啻为藏学研究的大步迈进所做出的卓越贡献。藏学涵盖于大国学或曰广义国学之中，本是不言而喻的事情，之所以现在才想起需要概念上的确认，是因"国学"一词沉寂有年，随着近年间的加热升温,一经有人琢磨这门"中国的学问",才发现原有概念的狭义性。通过先生和一大批藏汉各族藏学家们的工作,我们看到大国学原来早有传统,且源远流长,方块汉字所体现的以外,至少在唐蕃时代,即有藏文方式的加入,另有其他文种。近年间,不仅在多所民族院校设立了藏学院系,先生的学生们在人民大学、在首都师大也各自创办了藏学机构,其中汉藏佛学研究中心就设在中国人民大学国学院中,即是率先垂范的标志性事件。

从事藏学、民族学的,较之其他行业,于族际人际关系方面,多了一个层面的喜乐、忧虑和使命。王尧先生精通史地,始终关怀:中华各族群历来相互依存,天然多元,终归一体,共生才能共荣。无需以智者眼光看取,这一观念本应当成为公众常识。我记住了先生说过的一句话:当中华各族人民都以作为中国公民而自豪时,那样的稳定才是最可靠的。

言不尽意,再回到标题,皆因有了王尧先生,既是中国藏学事业的幸事,也是我们一群的福分。那天的祝寿场合,目睹桃李满园的情景,我还试着寻找恰当的词汇来形容彼时的老寿星,终于找到——较为现代的比喻是航空母舰,自然物象的比喻是无限花序。

愧对王尧先生——兼记《法藏敦煌藏文文献》的出版

府宪展
上海古籍出版社原敦煌西域编辑室主任

从 1989 年开始，在上海古籍出版社的出版大战略中，我有幸被推到了《敦煌吐鲁番文献集成》项目的出版前沿。在 1992 年上古出版了上海博物馆藏品，随后又出版了《俄藏敦煌文献》第一册，到 1993 年项目全面展开，通过潘重规、吴其昱联系了法国国家图书馆。1993 年 7 月，副社长李伟国和我 (当时担任敦煌编辑室副主任) 赴巴黎法国国家图书馆，进行《法藏敦煌西域文献》的调查、著录等出版准备工作。李伟国代表魏同贤社长，对中法双方的合作协议做了最终修订。

协议确认的合作内容"包括伯希和编号中所有汉文和非汉文文献"，在双方拟定的总目录中，也包括了所有胡语和藏文文献。当时最完整、最有影响力的法藏藏文文献研究成果是《拉露目录》，也就是我们日后开展此项工作的主要参考资料。我们希望得到拉露后人的授权，允许我们使用。法国图书馆东方部郭恩主任和蒙曦女士告诉我们说："拉露后人已经授权给中国藏学家王尧和陈践先生了。他们曾在这个阅览室半年多时间里核对原件，做了很多补充修订工作。"我们喜出望外，既不需要和拉露后人进行复杂的联系和授权商谈，又能现成地利用王尧、陈践先生的最新研究成果。我们无知而又充满野心，只要我们定制了法藏藏文文献的缩微胶卷，做成照片，把王尧、陈践先生的解题目录逐条贴上，不就大功告成了嘛！我甚至感慨，国家规定的稿酬为什么是按照字数来支付的。不同类型的书稿投入的劳动是完全不同的，"解题目录"必须做到字字有来源，一百字的汉文著录，也许是浓缩一百页古藏文文献的结果。对这本书应该按照最高标准支付稿酬！

在巴黎的三个月，张广达先生每星期都会到我们的住处——圣米歇尔广场附近的人种学研究所宾馆来复印图书资料，经常询问我们的工作进展情况。听说我们计划出版法国全部伯希和劫取的敦煌文献包括藏文文献，张先生向我推荐，回国后有关藏学方面的问题，可以向王尧、陈践践、陈庆英各位先生请教。

1994年初，我从巴黎经圣彼得堡回到上海，向出版社领导汇报完将近四个月的海外工作情况后，很快来到北京中央民族大学寻访陈践和王尧先生。

找到中央民大家属楼，陈践家没人。过一会儿，有个面容沧桑的老先生骑车从外面进来，门房喊住他说，"你家有人找！"他带我进屋，让我稍坐，还递给我一张名片，"哇，格桑居勉。都是藏学家啊！"（后来知道他是著名的安多藏语专家、藏文语法专家。）不一会儿，陈践教授回来了。我立即说明了来意。

陈践教授捧出了几个硕大的卡片箱，说："我和王尧在巴黎法国国家图书馆根据《拉露目录》做了长时间的核对校订工作。我在那里有半年多时间。拉露女士有开创之功，非常不容易，但是遗留的问题也很多，有些写本基本没有著录什么内容，我们对照缩微胶卷，还调出原件逐条进行补正。不能说尽善尽美，但确实远远超过了《拉露目录》。""我还做了藏文编号和缩微胶卷号的对照表。拍摄缩微胶卷，每条长约15米，为了凑足长度或者完整收纳一个编号，造成写本编号跳跃，很难查找到。有这个对照表就容易使用了。"

我很感慨大教授做的小卡片。我想，只要把这些藏文文献以纸面出版了，按照馆藏流水编号编排到底，就可以彻底解决在缩微胶卷中难以寻找的困惑了。

陈践教授带我到王尧先生家。王先生真像个健硕的康巴汉子，身材高大，声音洪亮。他说他最早的论文就发表在上海古籍出版社的《中华文史论丛》上面。王先生讲述了于道泉老师的功绩，早在20世纪50年代就向中央提议，必须加紧培养藏学人才，才能确实保证国家统一，民族团结，把藏学研究提高到国家战略的层面，对于我真可谓振聋发聩。

王先生还询问上古总编辑钱伯城的情况。我说，正是魏同贤社长和钱伯城总编辑策划了《敦煌吐鲁番文献集成》包括相关藏文文献的重大项目，所以我才来登门求教和求助的。我解释了我们出版法藏敦煌西域文献包括藏文文献的计划，作为学术准备，首先就需要出版一本详尽著录包括定名的解题目录。两位先生商量，把目录卡片整理成书稿，还有许多工作要做，还需要有一段时间。但是既然有机会出版了，就一定会抓紧。

于是一拍即合，没几天就签订了出版合同。大约过了一年，全稿由王启龙参加整理完毕，就交到了出版社。

谁知出版社因为种种原因，陷入了很大的困境。欠债累累，债主盈门，捉襟见肘，不得不以"壮士断腕"的勇气"优化"和收缩选题，而王尧、陈践先生的《解题目录》首当其冲。我理解这部书稿不会赚钱，但不理解这是"伤腕""病腕"，而必须以手术来"断"！但当时连已经进行的法藏敦煌汉文文献项目都倍受攻扞，藏文文献既未启动，就彻底取消了。稿件拖延了一年，终于被判定付给一千元补偿而退稿了事。我亲自登门约定的稿件，又由我亲自写了退稿信。且不说出尔反尔信誉扫地，无疑是迟滞甚至谋杀了藏学界的重大期盼和我个人的梦想。王尧先生后来在《解题目录 序言》(此文曾单独以《一部赤忱之书诞生始末》在《中华读书报》发表)

中说：

在初稿完成后，想找出版单位，几经周折，一拖四年，直至1994年初，上海古籍出版社敦煌编辑室主任府宪展同志慨然应允，愿将本书纳入他们的编发计划，兴奋不已，乃商请博士研究生王启龙同志协助，将全稿重新誊清、补充了若干新的内容，编成现在的样子，才敢交到出版社（后又发生了变化）。几经波折，最后还是得到中国敦煌吐鲁番学会，特别是季羡林先生和柴剑虹同志的襄助，才转到了民族出版社出版。

1999年，这本《法藏敦煌藏文文献解题目录》在民族出版社出版了。每每在网上见到王尧先生的这一段文字，尤其是从"兴奋不已"到括号中"后又发生了变化"，总是让我无地自容，心如刀割。那是我巨大的悲哀。忘记了我当时是给王尧先生写了信还是打了电话，非常拙劣地说明了为什么不能出版的原因。然而，我无法宣泄的是"黑云压城城欲摧"的当时形势。出版社内传说种种怪话，竟然有人在职代会上提出取消敦煌项目的提案。虽然被有识见有大局的领导抵制住了，而我却只能做一些无力的反抗，闭门不出，埋头苦干。

此后，我就像祥林嫂一样，每次见到王尧先生都要为此道歉，而王尧先生又无数次说，这不是你的原因，大环境如此，不要往心里去。能不往心里去吗？连这样一本最基本、最权威的工具书都不能出版，意味着敦煌文献的出版将仅限于已经进行的汉文文献，藏文文献出版计划成为梦想。

从 2004 年开始，通过中国敦煌吐鲁番学会柴剑虹秘书长的推荐，在王兴康社长、赵昌平总编辑的坚决支持下，我社和银川贺兰山下的西北第二民族学院（后更名为"北方民族大学"）开始合作编辑出版《英藏黑水城文献》和《大麦地岩画》。随着两个重大项目的开展，双方蒂结了深厚的信任和友谊。然而，就在此时，一纸调令，将领导和推动这两个重大项目的校长谢玉杰先生调至兰州的西北民族大学担任党委书记。学校的欢送大会上，许多师生泣不成声，留恋不舍。而同时从中央民族大学副校长任上调任西北民族大学校长的金雅声先生，正踌躇满志，准备大刀阔斧大干一场。

作为出版社的代表，我专程到银川送别谢玉杰校长。我们在网上查阅了西北民大的网页。发现西北民大成立于 1950 年，其前身竟然是西北军政委员会进藏干部培训班，经过几十年发展，已经具备了很强的藏学研究力量。有否可能在西北民大继续开掘藏学项目呢？我和西北第二民族学院人类学民族学研究所所长束锡红很快在一张纸条上拟写了这样一段话，大概意思是：

1. 1993 年上海古籍出版社和法国国家图书馆签订的敦煌文献出版协议，是"包括全部汉文和非汉文的材料"，即包括了大量古藏文材料。

2. 西藏在公元 838—842 年间，是末代藏王朗达玛统治，因为他推行灭佛毁佛政策导致吐蕃王朝覆灭，西藏历史以此划分为"前弘期"和"后弘期"。

3. 当前，我们通常使用的《丹珠尔》《甘珠尔》主要是后弘期的材料，而且主要是十三世纪宗喀巴复兴藏传佛教以后的材料。因此，学术界对于"前弘期"知之甚少而需求更切。

4. 法国国家图书馆藏敦煌藏文材料，是传世最大宗的"前弘期"资料，曾经被伯希和编在汉文编号之前，可见有多么重要。

5. 西北民族大学历来以藏学研究力量强大著称，是否可以开展法藏敦煌藏文文献的研究，以及继续我们的出版合作。

在谢玉杰即将挥手告别的时候，我把纸条递给了他。谢玉杰说："此事很有意义，但恐怕要稍缓一下。我到兰州后首先紧要的是抓西北民大榆中新校区的基建，以保证9月开学时6000名新生能如期入学。"我说非常理解。

谁知，谢玉杰刚到兰州，金雅声校长就打电话来了，告诉我说："这件事太好了，必须马上做，由我直接来抓。新生进校当然重要，这件事同样重要。"

随后，我在兰州见到了金雅声校长。他说，开展法藏敦煌藏文文献的研究，本身意义十分重大；而对于学校，可由此打开视野，直接面向世界，促进教学改革，迅速进入国际学术前沿，具有更加深远的意义。为此，校领导会议决定，组建"海外民族文献研究所"，专门进行此项工作。我深受鼓舞。

2005 年初，借助于国际敦煌项目 IDP 第六次会议在北京香山召开的机会，我和束锡红（已被任命为西北民大海外民族文献研究所所长）找到了法国图书馆东方部负责人莫尼克·郭恩和英国国家图书馆东方部负责人吴芳思，她们都是长期合作或者在多次学术会议上见面的老朋友了。三方的商谈取得了实质性的进展，金雅声代表学校、我被临时授权代表出版社和法方郭恩、英方吴芳思分别签署了合作编辑出版法藏、英藏敦煌藏文文献的意向书。

2005 年 4 月 26 日，西北民族大学和上海古籍出版社在中央民族干部学院召开"海外民族文献研究出版会议暨签约仪式"，邀请在京的中国敦煌学家和藏学家、民族语文学家约 30 人与会，讨论英藏、法藏敦煌藏文文献和其他流失海外民族文献的研究与出版工作，得到了与会专家的高度评价和大力支持。

会议组织者商定，邀请王尧、陈践、多识、华侃先生作为丛书顾问。

当时王尧先生在香港讲学。金雅声校长就委托我起草一封给王尧先生的信，说明了我们的工作计划和会议情况。我借机表示"虽然当年我没有能够出版先生和陈践教授的目录，但是全部藏文文献的出版无疑具有更大的意义。"我的欢欣鼓舞溢于言表，并不仅仅是面临着一个伟大的时刻，也私心以为得到了救赎，再不用背着"退稿"的十字架艰难匍匐。但是，我错了，我永远都无法抚平这个伤痛，至今不能解脱。

信件是由陈楠教授转寄的。三个月以后，王尧先生回信：

上海古籍出版社编辑部　府宪展同志：

海外归来，奉到大札，得悉西北民族大学与你们合作开展"敦煌藏文写卷"的全面搜集、整理、研究、出版的重大工程。素愿得偿，无限欢喜。

自上一世纪六十年代起，在先师于道泉（伯源）教授指引下，开始了这项工作的探索，艰辛备尝，成绩不大，固因个人才智不足，环境条件亦颇困难。如今国运昌隆，人和政举。你们趁此良机，大展鸿图，谨申祝贺。

罗常培教授生前名言："但求有成，不必成功在我！"以此表达微忱。

顺致

　　敬礼

王尧

二〇〇五年七月廿日北京

王先生的回信，表现了热切的期盼和宽大的胸怀，让我十分感动。此后，我多次拜访王尧先生，聆听教诲。为积蓄编辑的学术储备和编排藏文的技术准备，也为支持藏学研究，我社承担了藏学论文丛刊《贤者新宴》第五辑的出版，还出版了《敦煌本吐蕃历史文书》的新版本。陈践先生非常了解作为编纂者和出版者需要什么，她向西北民大和我们个人赠送了她长期留存、业已绝版的藏学研究著作和教材、教学磁带。不料我们这些冥顽不灵的人谁也没有学会。她很无奈地退而求其次，告诉我们编排时必须遵守的转行规则和注意事项。

　　关于编纂工作，才让等提出了周密的设想。我提议首先将王尧、陈践先生的《解题目录》扫描后通过OCR文字识别系统转化为文本文件，以作为工作底本。但才让等一开始入手，就已经超越了《解题目录》的著录范围，当然《解题目录》的作用除了比定定题以外，更多的义项会在将来的《叙录》中用到。从海外图书馆回归的藏文图版，展示了无可比拟的信息优势，编纂者不是在外国图书馆，而是在自己办公室甚至家里，可以从容不迫地、反反复复地观摩、讨论每一片每一段的内容，可以在打印件上密密麻麻地进行标记和注解、疑问和提示。至少有数以百计的藏学家和他们的学生等待着我们将编纂者手中的图版化身百千，从中揭橥世间和出世间的地水风火！而反观王尧、陈践先生在肃穆有余的巴黎法图阅览室中长期伏案工作，更能体会到他们每一个字都是多么的来之不易。

在西北民族大学谢玉杰书记、金雅声校长和赵德安副校长领导下，才让、扎西当知、嘎藏陀美、叶拉太工作班子胜利完成了编纂任务，而王兴康社长和赵昌平总编辑同样站在国家战略的高度，全力推进编印出版工作。2006年6月，《法藏敦煌藏文文献》第1、2册出版了！

在我帮助起草的《序言》中，摘录了伯希和在藏经洞劫取古藏文文献时的情况和心情描述：

藏文卷子在藏经洞中出现得比婆罗米文或回鹘文卷子要多得多。我把它们全部放在一边，一共近500公斤的写本，可以上溯到藏传佛教的前四个世纪。但我害怕不能全部获得它们。……很明显，拥有一套比我们所知道的欧洲拥有的全部《甘珠尔》更要古老很多的经书，无论如何也是很有意义的。……千佛洞的《甘珠尔》最晚也是十世纪的，而且更有可能是九世纪。因此，它与非常古老的写本一样，并同时向我们提供了为译经断代的下限时间。我没有放弃这部分文书，我的坚持可能会取得胜利。

而我们将伯希和劫走的材料以出版形式重新回归的心情则是：

在将近100年以后的今天，国际学术界对于藏经洞文献的认识已经远远超出了伯希和当时的直接感受，以及拉露等编写注记目录时的主观态度。这种新的认识无疑是建立在这样的数据基础上：在全部藏经洞流失文献中，藏文文献的数量达到10000件左右，几乎和汉文文献的数量相当。当我们讨论汉藏文化的时候，当我们讨论敦煌陷蕃和归义军的时候，当我们研究藏经洞性质的时候，我们忽然发现，对于藏经洞中几近一半的藏文材料，我们还只是略有所知、甚至一无所知，我们的研究仅仅停留在半个藏经洞范围。对于那另一半材料的解读，会发生、发现一些什么，当然是非常值得期待的。事实上，当我们一旦着手开始接触这些古藏文材料的时候，我们已经不断有所发现，已经看到了一片广阔的天地。

　　发布会在西北民族大学召开。王尧、陈践先生和他们的弟子陈楠、沈卫荣、褚俊杰、谢继胜、熊文彬都参加了会议。还有柴剑虹、荣新江先生等敦煌学界的专家，以及法国、日本的专家。"王门弟子""季门弟子""多识弟子"以及诸多藏学、敦煌学专家欢聚一堂。会议高度评价了《法藏敦煌藏文文献》的出版，王尧先生说："对这项成果的学术价值，怎么估计都不会过高。"而法国远东学院今枝由郎先生则说："这对于藏学研究具有里程碑的意义。"法国国家图书馆东方部负责人蒙曦对于法、中双方继合作出版《法藏敦煌西域文献》之后继续进行的古藏文项目开始出版表示热烈的祝贺。

欢迎宴变成了庆功宴,所有的朋友举杯畅饮。散席后意犹未尽的游兵散勇又集中到一个桌子继续畅饮,喝酒结束后还到咖啡厅畅谈到凌晨2点。真不知那天喝了多少酒,说了多少话。谁都担心荣新江、沈卫荣第二天一早的学术总结怎么做。谁知第二天荣新江关于民族古文字和胡语文献研究概述和展望的总结,激励起学生粉丝当场欢呼;沈卫荣极其精彩地概括了流失海外敦煌藏文文献出版的意义和会上全部学术报告的价值。

会议期间,王尧先生因身体欠佳,在学校医院吊针治疗。在此前后多次参加和藏学家多识活佛、华侃、陈践等教授的座谈,对编纂出版工作和人才培养提出建议。对学校正在编撰的《古藏文辞典》给予充分肯定。陈践先生提议学校委派优秀老师到她那里接受培训。扎西才让、牛宏等四位藏族老师到中央民大培训回来说:"想不到汉族老师的古藏文水平比我们还高!"

2008年11月28日,中国敦煌吐鲁番学会民族语言文字专业委员会在西北民大成立,包括藏文、回鹘文、西夏文等西北民族古文字的研究揭开了新的一页。金雅声校长当初借助出版流失海外古藏文文献以推动教学改革、培养人才、走向国际的目标开始逐步实现。

从 2006 年到 2016 年，上海古籍出版社出版了《法藏敦煌藏文文献》和《英藏敦煌西域藏文文献》总数已达 30 多册，包括大约 21000 幅写本图版，推动了藏学研究特别是吐蕃时期西藏历史文化宗教的研究。这些前弘期的材料，成为国内许多学术会议的热点。国家各项科研基金中很多项目都与之相关。各种专业杂志发表的论文，广泛使用了这些重新发现和公布的新材料，取得了重大的突破。仅以主持编纂《法藏敦煌藏文文献》《英藏敦煌西域藏文文献》的才让先生的成就为例。在 10 年编纂过程中，撰写了煌煌 64 万字的论文巨著《菩提遗珠——敦煌藏文佛教文献的整理与解读》。对密宗经典《正说圣妙吉祥名》《白伞盖经》《圣观自在一百零八名》等五种观世音菩萨类的密典、《金刚摧碎陀罗尼》；显宗经论《心经》《瑜伽师赞无量光佛净土功德》《往生净土法》《顿悟摄要论》等禅宗经典；对祈愿类文献《金光明祈愿文》《天子赤沃松赞母子祈愿文》等四种；对于史传类文献《印度高僧德瓦布扎事略》《堪布善知识南喀宁布善知识传承略说》；疑伪经、超度仪轨及伦理类文献，对《天地八阳神咒经》等数种经文，首述这些敦煌写本的概况，次述该经典与《甘珠尔》所收译本的关系，或再述各本的录文、转写和翻译，或详述传主的生平考证和思想，成为法藏、英藏藏文文献出版以来的厚实的成果。

我最后一次见到王尧先生，是 2014 年 5 月在复旦大学。王先生将 130 多包、各个版本的全套藏文大藏经捐赠给了复旦大学历史地理研究所。他在报告中再次介绍了宋恭帝赵㬎被忽必烈遣送到萨迦寺出家修行最终成为高僧的历史线索。

会前会后，王先生多次向大家介绍我："他们出版了法国、英国的敦煌藏文文献，他是藏学界的大功臣啊！"我说："惭愧惭愧！"这不是一句虚与委蛇的客套话。法藏、英藏敦煌藏文文献的出版，是出版社多届领导的战略谋划和实践，是中法专家的联手协作和法国、英国图书馆馆方的支持，是学校领导和编纂人员的艰苦践行，还有王尧、陈践先生等藏学家的有力帮助，才能够化梦想为现实。而我本人的作用，只是在图书馆和藏学界之间，捅破了一张纸，搭起了一座桥。

在回顾艰难曲折的过程中，我总是充满自责和羞愧。王尧先生无数次说过不要因为退稿而心生愧怼，然而我暗对王尧先生，仍然要说："王先生，对不起！"

府宪展

2016 年 11 月 28 日完稿于白云机场候机楼

天长地远魂飞苦,恩师遥遥隔青天——悼王尧先生

徐忠良
上海远东出版社社长、总编辑

12月17日,本是个平常不过的日子,再有一周,就是平安夜了。听多位朋友说,王尧老师因吃饭呛着进医院救护了,不过已经无恙,便想着这几天去北京出差时再去看看老师。

孰料下午五点开始,就感到莫名的不安,头晕胸闷,坐立难平,心口堵得厉害。晚上七点半,收到了中国藏学出版社副总编辑冯良发来的信息:"今晚六点,王尧先生去世了,很平稳。"

这十四个字瞬间击中了我,眼泪夺眶而出,不敢相信!

痛彻心扉! 11月21日北京暴雪那天,才和几位同事一起去海淀四季青敬老院探望过王老师,那时他一切都很好呀!

王老师看到我来很高兴,一直拉着我的手,听我报告几个月来的工作,不住颔首、指点、微笑,说他在这里一切很好,让我放心。我们前前后后整整说了两个多小时的话,我送上了几本关于《圆明园四十景》原件再造

的图书,也报告了即将要推进与法国国家图书馆馆藏《职贡图》的合作,由于《职贡图》涉及乾隆时期二百七十多个民族,要请他做学术顾问,帮助把关,并参加原件再造展览开幕仪式和学术研讨活动,他欣然应允,还为我逐一指点门径。

那天,老师还很健朗,虽然坐在轮椅上,语速有点慢,但吐词清楚,思路清晰,怎么,才短短不到一个月,他就魂飞太虚了!

泪眼婆娑中,我脑海中闪出一幕幕跟随老师学习的情景以及近三十年的交往经历。

引领我踏入藏学研究大门

1988—1989年,我跟随王老师学习藏语文和藏族历史文化。我的大学毕业论文写的是《文成公主入藏和亲和汉藏关系研究》,之后又写了《金城公主入蕃和亲几个年份考辨》,并参与敦煌写本佛经注音的研究,加入了中国敦煌吐鲁番学会。在写毕业论文过程中,我认真阅读、参考了王尧老师的《敦煌本吐蕃历史文书》《吐蕃金石录》《吐蕃简牍综录》等著作,产生了向他学习西藏文的想法。毕业后,在获得当时的工作单位杭州大学的同意后,我给王尧老师写了一封信,申请能成为他的进修生,学习藏语文和敦煌古藏文。不意很快接到了王老师同意接收我为进修生的亲笔信,要我 9 月开学后去报到。

学完一个学期的现代藏语文和藏族历史文化课后，次年开春又和荣新江、钱文忠、王家鹏、吕铁钢和日本学者高田时雄等组成七八人小班，听王尧老师讲敦煌古藏文研究，讲他的吐蕃三书：《吐蕃历史文书》《吐蕃金石录》《吐蕃简牍综录》。正是这次的进修学习，引领我从此踏入了藏学研究大门。

返回杭州大学后，由于申请援藏未果，我转而关注杭州灵隐寺前飞来峰的元代藏传佛教造像和凤凰山、西泠印社等地的其他环西湖藏传佛教遗迹，收集了大量资料。后来这个项目的研究由王门弟子谢继胜教授组成一个项目组完成，《飞来峰藏传佛教造像艺术研究》业由中国藏学出版社出版。

1992 年初我离开杭州大学转入了浙江出版界工作。1997 年有幸得到王尧、陈庆英先生主编的《西藏历史文化辞典》书稿，获得当时国家新闻出版署领导于友先、杨牧之和浙江省委宣传部、浙江省新闻出版局领导的支持，确定由浙江人民出版社和西藏人民出版社联合出版，因而和西藏人民出版社社长旺久、责任编辑冯良、美术设计翟跃飞结下深厚友谊。《西藏历史文化辞典》出版后，在拉萨举行了十分隆重的首发仪式，西藏自治区党委副书记旦增、党委常委、宣传部长肖怀远和自治区政府副主席同时出席，一个省份负责文化工作的三位最高领导同时出席一部书的首发仪式，这在后来的图书首发式中再也未曾得见。图书出版后，获得了第四届国家图书奖提名奖，并引发了全国出版援藏的热潮。

当年抗日战士，心系汉藏一家

因在杭州工作，后受王老师所托与他在浙江桐庐的堂哥王作保持密切联系，方知王老师竟然和堂哥同是新四军金萧支队的战士，曾在浙江萧山、安吉、桐庐等地英勇抗击过日本侵略军。因此王老师每次到南方，都会尽量到杭州，找机会看望兄长王作。最近的一次是 2014 年 7 月，王老师只身南下，将他收藏的德格版藏文大藏经捐赠给复旦大学历史地理研究所之后，我陪同他前往浙江安吉，参观吴昌硕故居，探访这位"一月安东令"（王老师故乡江苏涟水旧称安东，吴昌硕曾任安东县令）旧迹，笑称要拜拜一百五十多年前的家乡父母官。随后，又陪他前往浙江桐庐第一人民医院，拜见带领他投身革命的长兄王作。躺在病床上已经不能说话的大哥早就盼着兄弟，坐在轮椅上的王老师一进病房即甩开轮椅，颤巍巍地走上去，一把攥住了大哥的双手，互相摩挲着，两人默默流泪，深情凝望，令我们在场的人都心伤不已。这是两位新四军老战士亲兄弟的最后一面，一个星期之后，离休干部、新四军老战士王作大哥安然去世。其后王老师与他家老二王敞几次和我说谢谢我，让他见了大哥最后一面。

2006年，杭州两所校园毗连中专的汉藏学生产生矛盾发生冲突，王老师到杭州出差，特意前往看望藏族学生，和他们拉家常，告诉他们汉藏是一家；也和浙江省公安厅和教育厅的领导沟通，希望给藏族学生更多的理解和包容，努力化解汉藏学生之间因文化差异造成的误解和矛盾。

2010年我已调到上海的中西书局工作，王老师来沪参加学术活动，特意带我参加一个在复旦大学新闻学院培训的西藏新闻工作者的聚会。听到他慈祥的藏语问候，在场的十几位簇拥着他的西藏媒体藏族记者涌出了眼泪，安静地听他讲述西藏历史文化和内地的关系，强调汉藏是一家等等。聚会结束后，王老师谆谆嘱咐，要我常去看望这些西藏新闻工作者，说他们长时间离开西藏在上海学习，你如能用藏语和他们交流，他们会很温暖的。这些话我一直记着，只可惜我的藏语长期不用，只能简单说几句了。

大力推动汉藏文献出版、文化交流

在王尧老师门下，我只是一个普通的进修生，充其量是编外门徒，却在王老师及王门弟子群中受到厚待。2010年，中西书局和佛教文化学者李家振先生与西藏萨迦寺民管委主任萨迦·班典顿玉上师合作，编辑出版了一套"西藏萨迦寺佛教艺术"丛书，内含《萨迦普巴金刚》《吉祥萨迦》《萨迦大黑天》三册。图书出版后，好评不断，但专家和读者都有一种想更详细地了解萨迦寺的愿望,因此我专门登门求教王老师,是否可以和西藏文物局、中国藏学研究中心以及王门弟子合作,组织出版一套扎实、系统、全面的萨迦寺历史文化研究丛书。萨迦寺是元代萨迦派主寺,是西藏归顺中央政府的象征,如能将萨迦寺所藏的相关汉藏文文献、文物,尤其是举世闻名的萨迦寺经墙经卷整理出来,那将是一个巨大的研究和出版项目,而且对于祖国统一、民族团结,具有特别重大的历史意义和现实意义。这个设想获得了王尧老师的肯定和赞扬,并立即多方联系落实。不久,我们就作出了由中西书局和中国藏学出版社合作编辑出版这套大型丛书的计划,王尧老师和马丽华先生等组织召开了几乎全部王门弟子参加的项目论证会。可惜因为牵涉面过大及经费尚未落实等原因,没有能够真正启动。

2013年初我调上海远东出版社工作,碰巧和浙江省安吉县人民政府合作,组织撰写出版了《幸福不丹·幸福安吉》一书,并邀请不丹前首相肯赞·多吉来安吉、北京出席相关活动。王老师得知后,特别高兴,说不丹是中国周边国家中唯一尚未建交的国家,因受印度的干扰,正常的官方渠道沟通很少,你们的学术文化的管道与不丹上层进行直接联系做了一件国家想做没有做成的事,让我尽快和外交部亚洲司负责印度、不丹事务的李亚处长取得联系。不丹是明代中叶从西藏地方附属小邦独立出去的,虽然其经济和外交受到印度的控制,英语为官方语言,但不丹民众日常生活使用的仍然是藏语、藏文，城镇乡村满眼的藏式建筑，藏族文化弥漫全国。王老师对我们能以幸福指数话题为切入点访问不丹，面见不丹王国政府前首相利翁波·肯赞·多吉、国家研究院院长卡玛·尤拉和国家幸福委员会秘书长卡玛·塔斯蒂姆先生等政府高官，就幸福指数和幸福话题展开学术交流感到十分欣慰。不久李亚处长召集我们访问不丹的成员专程去外交部亚洲司，听取我们和不丹政要的沟通情况，对我们的工作给予充分的肯定，鼓励我们继续用学术文化的通道和不丹保持联系。我们正在积极沟通，努力促成由王门弟子组成学术团队承担不丹国家图书馆藏藏文历史文献的整理出版任务，也积极筹备将《幸福不丹·幸福安吉》译成英文出版在不丹首发。

一代学术宗师，国际藏学大家

王老师的一生，待人宽厚，性格开朗，风趣幽默，学养深厚，著作等身，是一位具有世界影响的藏学家、敦煌学家和佛学家。然而他不单单只是一位学者，还是一位胸怀博大，视野宏阔，具有浓厚家国情怀的社会活动家。

作为新中国培养的第一代藏学家，中国现代藏学之父、《六世达赖仓央嘉措情歌》译者于道泉教授的衣钵传承人，其再传弟子任小波已经在《人民日报》2012年11月22日24版发表过一篇文章介绍他的学术成就。沈卫荣先生在《诗书画》杂志《重温王尧》栏目主持人语中，也做过颇为传神的介绍：王尧先生是中外知名藏学家中少有的文史兼通，对出世的宗教和入世的社会、历史和政治都有精深研究的藏学大家。他早年专治藏族文学，曾以翻译《萨迦格言》等藏文文学作品、研究藏族戏剧而蜚声学界。中年则专治藏文历史文献，著有《敦煌本吐蕃历史文书》《吐蕃金石录》和《吐蕃简牍综录》等。通过对这批最古老的藏文历史文书的收集、整理、翻译和研究，为吐蕃历史研究打开了一个全新的视角。到了晚年，王先生从心所欲，以出世的精神，做入世的文章，擅用文学的笔法，将藏传佛教之甚深密意，藏族历史的错综复杂，藏文文学作品的优美奇特，形象生动地传递给读者。

而我，细思与王老师近三十年接触的点点滴滴，总结所感所受，认为他就是一位由藏语文进入藏族文学、藏族历史、藏传佛教，由学术而心灵，对国家统一、民族团结具有甚深情怀的老战士、大学者、大菩萨。这样的学术宗师怕是越来越少了。

20世纪50年代初，作为新中国自己培养的藏语翻译，王尧老师参与了毛泽东、刘少奇、周恩来接见十四世达赖喇嘛和十世班禅，迎接藏历木羊新年的盛典；参与了中央人民政府和西藏地方政府关于和平解放西藏谈判代表团的相关接待，以及中华人民共和国宪法藏文版的翻译；改革开放之初，全程陪同中共中央总书记胡耀邦考察西藏，走遍前后藏区，并同时开启了和国外藏学界的广泛交流，连续参加第三至第十届国际藏学大会，主编二十辑《国外藏学研究译丛》。他风趣地说:"做点小贩而已,贩些洋货回来,贩些土产出去。"同时又将藏在法国的法藏敦煌藏文文献引回国内,由上海古籍出版社出版。到了晚年,他将自己的藏书分别捐赠给中央民族大学、中国人民大学国学院、复旦大学历史地理研究所和西藏民族学院、陕西师范大学;他培养的门徒遍布世界各地。谈起中国藏学,怎么也绕不开王尧老师,他对于中国现代藏学的兴起,具有不可磨灭的历史性贡献。

我曾多次和王老师说起,要着手安排请他详尽口述他参与西藏和平解放,和十世班禅大师、赵朴初会长、东噶·洛桑赤列活佛、贡噶上师和阿沛·阿旺晋美等佛学大德与西藏上层贵族交往的历史;他陪同胡耀邦总书记长达一个月的西藏考察经历;他和国际藏学界德国、匈牙利、法国、美国藏学家的学术交往等。他也觉得很好,愿意做这样的口述,将他亲身经历的这些历史留下来,供后人研究。可惜这个设想都来不及实现了。记得季羡林先生说过,敦煌学是20世纪的显学,藏学将是21世纪的显学,我们欣喜地看到,季老的预言正在步步实现,然而,王老师却溘然远去……

上有青冥之高天,下有绿水之波澜。天长地远魂飞苦,梦魂不到关山难。长相思,摧心肝!

王尧老师,您一路走好!愿您早日乘愿再来!

王尧先生印象记

高秀芹
北京大学培文公司总经理

2015年12月17日晚上八时五十七分,北京夜空清朗,刚去了一拨雾霾,预报的下一拨雾霾还没有到来,我走在硬朗的冬夜,忽然接到友人的信息:王老师走了。我顿时震在原地不动,仰望遥远的夜空里好像有星星远行。

王老师是王尧先生,德高望重的一代藏学大家。我第一次见到王尧先生时,他已经82岁了,说话声音铿锵,抑扬顿挫,声音带有浓重的磁性,每个字吐得都很重,带着北京话特有的委婉,他的声音给我留下很深的印象。我以为他是地道的北京人,一问才知他是苏北人,可能是天生有学习语言的本领,据说他的藏语十分地道,像母语一样流畅自如。除了汉语、藏语外,他还会好多种语言,区区一个北京话自然不在话下。他身上有很多传奇,1954年他亲历毛主席和达赖喇嘛、班禅额尔德尼共度藏历木羊新年,据说他是胡耀邦入藏考察时的翻译,也是改革开放后最早走出国门的中国藏学家。我于藏学是外行,可从他的几个颇有成就的学生身上,我大致可以看出他的研究路数。他于人是周全的，于事是磊落的，于研究是精进的，关键是他开创了一代藏学研究的新风尚，不仅自己著书立说，于国际藏学界声誉卓著，而且还培养了一批藏学研究的学术后进。他的学生我认识的很多，比如清华大学的沈卫荣教授、中国藏学研究中心的陈庆英教授、浙江大学的谢继胜教授，当然还有其他众多的徒孙们，他们在各自的领域内都有极高的造诣和影响力，王老师就像一棵老树，开花结果，名满藏学。

80多岁的王尧先生仍然可以用风度翩翩来描述，他南人北相，高大挺拔，加上语言功夫好，说起话来绘声绘色，引人入胜，众人聚会他总是社交的中心。第一次见到他是在一位收藏青铜佛像的朋友的饭局上，这位朋友是民间私人收藏青铜佛像的第一人。大家先看佛像，再交流，再吃饭。看了人家美轮美奂的青铜佛像，自然需要有人出来说话，王尧先生当仁不让，被采访拍摄好久，他说了些什么我记不起来了，但是他坐在镜头前的那份镇定和坦荡，他的话语表述之有序，让我觉得这实在是一个有学养、有气派的老先生。有范，有派，从事的又是深不见底的藏学，用魅力四射来形容他极非溢美、过分之辞。从80多岁的派头可以想像王先生年轻时的风采，在那个整齐划一的年代，他肯定是一位非常牛气的学者，再加上丰富的学识，出色的藏语能力。作为老师的王尧先生曾经是所有学生的骄傲和向往："王尧先生上课风趣，很少有教授把枯燥的语言课讲得这么生动。当时大家的服装基本上只有灰蓝黑三色，王先生却经常带着一顶十分帅气的八角帽。"三十多年后，当年青涩的学生沈卫荣也成了著名的藏学研究大家，他仍怀着倾慕的语气回忆上世纪80年代的王尧先生。我想王尧先生给学生带来的不仅是学识和追求学术的方法，更是独具一格的气质和修养带给他们追求学术和生活的动力。就是这顶别致的八角帽，成为一个青春学术之诗意生活的想象。王尧先生对于生活艺术的热爱，对于活泼生活的持守，给了那个时代的很多青年人多少生活的怦然心动！

我有幸结识82岁以后的王尧先生，此后的5年间我每年都至少可以见他一面，每次见面都给我很大的触动，我见证了一个藏学大家的衰老与青春。2014年冬天，我约请王尧先生吃烤鸭，当我开车去接他时，刚从医院出来不久的他显然有点迷糊，出于教养和礼貌，上车后他就和我寒暄（一个威武的人即使病了也想控制局面，拥有尊严），用他一贯庄严的口气问我："您府上哪里？"语调还是那个气贯长虹的重音加磁性，就是吐字有些模糊了。我听着心中难抑伤悲，还没想好怎么回答他，他忽然清醒过来了，好像自嘲似的："啊，您是北大的高总。"天有些冷，他的衣服很厚重，进包间坐定等上烤鸭的时间里，王老师进入了入定状态，好像这一切都跟他无关。我们随意说着话，有人提到了于道泉先生，他立即睁开眼，忽然清醒起来，开始讲于道泉先生的故事。这个故事我听了不止一遍，但这次他的讲述更加津津有味：于先生每星期要去张广达先生家看洋书，每次进门，不跟人打招呼，直奔书架，找到自己想看的书，看完后把书放回原处，也不打招呼，自顾自地静静离开。"文革"开始，于先生被批判了。于先生家原来雇着保姆，上边说不能剥削劳动人民，于先生就让保姆回老家，很严肃地跟夫人说："上面要让大家都自食其力，你也要自食其力。"于夫人从来就没有自食其力过，不知道怎么才能自食其力。于先生给夫人买了一只母羊，觉得让夫人放羊，喝羊奶，就是自食其力了。从此，于夫人每天放养一只母羊，成了民院家属院的一道风景。天下雨怎么办呢？于先生说下雨也不能淋坏了羊，否则你就无法自食其力了，让夫人给羊穿上雨衣……王尧先生的眼睛开始明亮起来，说起藏学，说起于道泉先生，他又回到了藏学和他的青春岁月。

一年前他还能大口吃烤鸭，过了半年多，即2015年8月初他突然摔倒，因颈椎骨折而住进了医院。看起来不大的病，大家都期待着他扛过去，学生们还筹划着他九十岁的学术文集。8月中旬的一天，我去医院看望他，他已经只能卧床而无望地看着我们了。跟前年一样，他还是礼貌地叫出了我的名字，只是声音更加微弱，已经没有了原来的气势。他想握手，手却不太听使唤了，他好像有些惭愧地低下了头，他为没有足够的尊严而羞涩。这是一个四人病房，同屋室友一看就是一般的病人，四个人合请一个护工。

这么大的一位知识分子跟一般病人挤在一间病房里，回来后我觉得有些郁闷，就发了一条微信："前些天去医院探望病中的王尧先生，快九十岁的老人挤在四人间病房，闷热局促，一代藏学大家，国务院参事，中央文史馆馆员，好像无人问津。"微信发出去后，很多人问候和关注，可以看出王尧先生在知识界的影响，乐黛云先生留言说："想念王尧，他瘦了！很想去看他！"谢冕先生回复："我认识他，祈福。"也许，所有人在往生的路上是平等的，这也跟王尧先生所致力研究的藏学是一致的，他也许什么都看淡了，从8月初发病，不到半年，那个一年前大口吃烤鸭的王尧先生，彻底跟这个世界切断了关系，他走了。用他得意门生沈卫荣教授的话说："20世纪中国藏学最耀眼的一颗星星陨落了。"

我和王尧先生的交往并不多，但他给我留下的印象十分深刻，我会时时地想念他！

匆匆远行的王尧先生

张世林
新世界出版社编审

　　两三个月前，我给王尧先生家打电话，是他的儿子接的，告我父亲已住进四季青桥旁边北京市最好的一家敬老院，一人一间，有专人看护，条件非常好。家里的电话准备移进敬老院，以便熟人联系。最后告诉了我敬老院的地址。我听后，心里有点戚戚然，因为我这么多年都已经习惯去民院宿舍四高层先生的家看望他了。当然，自去年先生的老伴突然病故，孩子又都远在国外，只先生一人在家，虽有保姆，仍很不便。所以，这样的安排算是不错的了。于是，我准备去看望先生。给他老人家带点什么呢？他最喜欢我编的书，这也是他眼下最需要的了。我给他准备好了《季羡林学术著作选集》的前五册，还有《想念张政烺》。他跟季先生很要好，我们经常谈这方面的事；他很佩服张先生，一直在等着看这一册；我主编的《想念大师丛书》都送给了他，他特别欣赏，总说我又为学术界做了一件好事。这不，《想念杨宪益》过几天就印出来了，我想干脆拿到书后一并给他送去，先生该多高兴啊！为此，我还约了我的同事，也是他的学生一起去看他。

今天（23号）中午，我在和一个朋友通电话谈事情，中间她告我：王尧先生去世了。听了后，我有些惊呆了，不能相信自己的耳朵。我原准备这几天去看望他的啊！我都能想得出，他看到我拿给他的这些书，一定又会夸赞我一番的！可这次，您怎么就这么匆匆远行了呢？我编的书还怎么能送给您呢？写到这里，悲从中来，潸然泪下。

我和先生是1985年认识的。有一天，他来中华书局看望赵守俨先生，赵先生是副总编辑，也是即将创刊的《书品》杂志的主编，我是杂志的责编，正忙于创刊前的准备工作。赵先生把我叫到他的办公室，将我介绍给王尧先生，并嘱我说：今后可以多约王先生给杂志写文章，他可是藏学方面的权威啊。就这样，我和他老人家认识了，从此就没有断过。最初是约他给《书品》写文章，后来又约他给《传统文化与现代化》杂志写文章，接着又约他为我主编的《学林春秋》和《学林往事》写文章，再后来，又约他为我参与编辑的《国学新视野》大杂志写文章。先生对我真是有求必应，厚爱有加，以致于我对先生都产生了依赖性，一有什么想法，就先跑去先生那里，和盘托出。每次他不仅认真听，还常常帮我出主意，想办法，并身体力行，带头写文章，按时交稿子。如我约他为《学林春秋》写稿，他交来了《我与西藏学》；我又约他为《学林往事》写稿，他又写来了《特立异行，追求真理——记我所知道的先师于道泉先生》。他不仅自己写，还告我可以约谁写。他认为我的这些想法都很好，对承传学术很有帮助，鼓励我坚持做下去。

1999年，我因故离开了中华书局，来到了现在的出版社工作，先生知道后，对我仍然是一如既往，有求必应。我提出想编一套《名家心语丛书》，他听后，极表赞成，认为这是我的风格和长项，鼓励我组织好编辑好。当拿到书时，他认真翻看后对我说：你又为老先生们做了一件大好事！

2006年，我为季羡林先生出版了《病榻杂记》，社里准备搞一个座谈会，我把书送给先生，他看了特别高兴，说这些年你帮季先生编辑出版了好几部书，先生总夸你书出得是又快又好。你对这些老先生有感情，他们都很信任你。我提出请他参加我社的座谈会，他欣然接受，并在会上发表了自己的意见。

2011年，《国学新视野》大杂志创刊前，我提出希望先生能出任顾问，他愉快地接受了。我希望能写一篇他的专访，他也高兴地答应了，这就是发表在2012年冬季号上的《"仁波切"与西藏活佛转世制度——藏学家王尧教授访谈》。第二年，该杂志在北京举行创刊一周年座谈会，我代表主办方请他出席，他也高兴地到会并表示祝贺。

同年，我提出主编《想念大师丛书》的计划，他听我谈后非常支持，认为这些大师都是国宝，确实值得我们永远怀念，应该编辑好这套丛书，给后人留下一笔真实、宝贵的研究史料。《想念周振甫》出版后我们召开了出版座谈会，王尧先生亲临大会并做了主旨发言。其后，每出一册，我都会送他阅正，他总会给我热情的鼓励，支持我把这套丛书出版好。

2014年，我着手编辑出版《中国古典数字工程丛书》，之前，我先向先生做了介绍，他听后，认为这是一个大工程，十分重要，钱钟书先生的远见卓识是举世公认的，由他倡导和规划的专案其重要性是不言而喻的；主编栾贵明殚精竭虑、费时三十年才初见成效，确属不易。我和他在山东大学见过面，听他介绍过此事。你今天能帮助他们编辑、出版这套大书真是太好了。当第一辑《列子集》《老子集》《庄子集》《孙子集》《鬼谷子集》和《中华史表》问世后，我社召开了新书发布会，学术界许多重要人物都莅临大会表示祝贺，王尧先生不顾年老体弱也亲临大会，用实际行动表达了对我们工作的支持。

这一桩桩、一件件还宛如昨日，虽然，这只是三十年中发生的一部分，无法一一列举，但先生对我的厚爱可谓尽在其中矣。其实，先生是通过这种绵长的爱来勉励我做好对文化财产的抢救工作，他老人家可能是怕我稍有懈怠。可对于已经养成依赖性的我，您怎么能不管我了，就这样匆匆远行了呢？

这几年，先生确实老了，光从他走路的姿态就已显现无余了。但他的精神状态和记忆力还是比较好的，每次聊起那些学人往事，我和先生常常是乐在其中。记得有一次说到他的老师于道泉先生，季羡林先生曾讲于先生相信这个世界上有鬼，并说于先生太聪明了，脑子里有许多奇思妙想，总会时不时地冒出来。王先生听后说，我给你讲一个故事：1949年中华人民共和国成立后，于先生才从海外回到了北京。作为一名二十年代入党的老党员，他不找党组织，不要求恢复党籍，不要坐享革命胜利的成果，而是心满意足地到北大东语系任教。他为投身新社会，迎来新生活万分高兴。他对老伴说：我去国这些年，一直是你照顾家和孩子，付出了很多，我很感谢你。但如今是新社会了，都要自食其力，不能剥削。为此，我想好了，你也要做点事，由我给你发工资。做什么呢？干脆去放羊。于是，他买来一只母羊，让老伴每天去放。此后，邻居们每天都会看到于师母到校外去放羊。遇到下雨天怎么办呢？于先生便买了两件雨衣，一件给师母穿上，一件披到羊身上。当时，塑胶雨衣还是稀罕物，红红绿绿的，十分鲜艳。这一下子成了人们眼中的一道风景。特别是后来，于先生听说听音乐能有助于母羊产奶，他又买来半导体收音机，叫老伴随身带上它，一边放音乐，一边放羊。遂成为当时的奇谈。王先生讲完，两眼笑眯眯的；我听罢，则笑出了声。我和先生在一起是多么的开心啊！可如今，这一切都不可能再有了。我的心碎了。

他的老伴还在时，每次我去，都是她给我们端吃的、倒喝的，看得出，先生平时在家被老伴照顾得很好。但就在去年，他的老伴突然先他而去了，这对先生的打击实在是太大了。老伴走后，他先是到奥地利孩子们那里住了一段时间，回来后，我去看他，房间里顿显空荡荡。他告诉我，平时他的日常起居都是老伴照料，家里除了书以外，东西放哪里他一概不知。每次出门，也都是由他老伴打理，陪他一起去。现在老伴走了，他连钱和证件及一些日用品放在哪里都不知道。老伴是因心脏病突发而去世的，所以他没有心理准备。但他说，老伴在病发前，有一天曾对他说，你来，我告诉你咱家的钱和证件及一些日用品都放在哪里了，万一有事，你也好知道。我当时没明白老伴的用意，还说，你知道放哪里就行了，我不用知道。可谁知，老伴有一天竟突然走了，来不及跟我说话，叫我一下子如何是好？先生说到这儿，眼圈红了。我跟先生认识这么多年，还是头一次看到他这么伤心。

自此以后，先生的身体就每况愈下了，终于就这样匆匆地走了。我现在明白了，他是急着去找老伴了。

2015 年 12 月 25 日夤夜，含泪改定于京北传薪斋

追忆藏学大师王尧先生

何喜报
浙江省富阳市委宣传部

王先生既是我的长辈,又是我的朋友。追思王先生点滴工作与生活细节,于细微处感悟到王先生崇高的精神品质,渊博的知识,学者的风范。

王先生是江苏涟水人(1928年出生),曾是在新四军金萧支队战士,又在富阳中学当过老师。王先生去世后,我走访了新四军离休干部赵文光(现年92岁)老人,赵老曾任新四军江北办事处主任兼江北独立大队副教导员。据赵老回忆:王先生1948年底投笔从戎从江苏南京来到浙江参加新四军,担任金萧支队江北独立大队文书。金萧支队常年在富阳、新登、桐庐、临安、余杭一带从事抗日与解放活动。1949年初新四军江北独立大队驻扎在富阳胥口镇垅坞村,为支持地方教育事业,王尧到富阳县立中学当了一名教师(富阳中学的前身)。

据赵汝湘老师(现年90岁)回忆道:"1949年他与王尧相处了一个学期,王老师思想激进,在学校教唱《解放区的天》等革命歌曲。1949年国庆节前后，王老师参演了古装话剧《闯王李自成》，在戏里扮演李闯王的谋士牛金星，演出很成功，深受群众喜爱。解放后，王老师回南京读书了"。

王先生给我最深的印象是心胸宽广、平易近人、善交朋友。2003 年到 2013 年这十年里，王先生多次来富阳，基本上都是到杭州、临安、桐庐、安吉等地开会、讲学，顺道来富阳看望老领导、老同事以及学生。

王先生记忆特别好，我们第一次见面是在北京王先生家里。我介绍说："富阳场口那边人"。王先生居然能清晰地说出场口的方言："gou er"？其意就是"什么"？让我非常惊讶。

有一次，我与王先生谈起二十四孝，王先生不假思索地说道：二十四孝里有几个孝是愚孝，是糟粕。如"埋儿供母"，把小孩弄死，省下点粮食给老母亲吃，这是愚孝。这是我第一次听到孝道文化中还有"愚孝"一词，听了王先生的教诲，我在以后的墙景画中就把"埋儿供母"这个孝道故事删除了，用其他的孝道故事替代。

王先生悉知我母亲信佛，特意送了二盒沉香给我母亲，至今保存着。几年过去，一打开盒子香气四溢，深入心扉。王先生在电话里或者是见面总是亲切地叫我："喜报先生"！这让我感到很温暖。

王先生二次到过环山乡诸佳坞村，2013 年秋天，王先生在小儿子王敞陪同下来富阳，也是最后一次来富阳，前几次都是夫人薛老师陪同前来的。

这一年王先生身体大不从前，行走不大方便。我们从桐庐回富阳途中，还顺路到诸佳坞村参观胡震纪念馆。当我们一起参观时，王先生倒成了讲解员，对西泠印社"八大家"生平事迹、艺术成就，十分了解，我与村书记胡大华听得如痴如醉，深深为王先生历史知识的渊博所敬佩。

2009年初夏，王先生去桐庐县参加一个新四军研讨会，会前先到富阳，约见了几个老朋友。第二天早上8点钟我去富阳宾馆接王先生，一到房间里，王先生焦急地说："桐庐去不了，拉不出来，用了二瓶开塞露不见效。"面对突如其来的事情，我心里很紧张，马上给富阳人民医院申屠琍明院长打电话求救，申屠院长叫我送医院急诊室。

当我们来到急诊室时，值班医生在等候我们了，不到半个小时就解决了问题。医生告诉我们，遇上这种情况不要强用力，不要性急，要上医院处理。特别是患有高血压的老年人，血压升高，很容易脑血管破裂，引起中风等毛病。听后着实吓了一跳。事后我与王先生开玩笑说："您知识渊博，生活意识淡薄。"便秘可能与先生饮食有关系，他喜欢吃荤菜，很少吃水果蔬菜，他几次来富阳，我买点水果放着，他总是不吃。

王先生的离世，是藏学与佛教研究领域的一个重大损失。在王先生的告别会上，李克强、张高丽、朱镕基、温家宝等现任与前任国家领导人，以及十一世班禅送了花圈，足以彰显王先生的功勋。中央电视台《朝闻天下》

栏目用这样一段话评价王尧先生：王尧先生是一个最懂西藏历史的汉人，是藏学研究的开拓者，他令中国藏学真正走向世界。

我能与一代藏学大师王先生相识，并有这样一段鲜为人知的友情，是我一生的荣幸与骄傲。

回忆父亲二三事

王敞
王尧先生次子

一

我父亲是在江苏北部的一个小县城里出生的,后来经过多次辗转最终来到了北京。他平时在家一直操着味道浓厚的家乡土话,但在工作中或与北方朋友在一起时,他又能讲一口地道的北京方言,如果碰巧又有一位藏族同胞来访,他立马又可以转为双语同声了。对他这种"特异功能",我从小就非常佩服。小时候在纪录片里看到领袖们接见外宾,那时只有解说员的声音,所以我一直认为他们也和我父亲一样可以说普通话哪。到后来"文革"中看到了原声纪录片,我才知道他们说的话是那么难懂的家乡话,总觉得他们的浓重乡音和他们在我心目中的伟人形象有点对不上号,我那时还曾天真地替他们瞎操心呢。这么重的口音在大会上讲话,台下的人听不懂怎么办呢?

1950年我父亲刚到北京时，中央民族学院正在大兴土木，修建校舍，他当时住在东城的柴棒胡同，每天往返学校之间都是以步代车（以脚踏车代替公交车）。他就利用这个"走街串巷"的机会，天天绕着路走，从来不走回头路。到后来他几乎能把老北京城区里近千条胡同都摸熟了，名字也能倒背如流：马大人胡同、钱粮胡同、羊肉胡同、东总布胡同、劈柴胡同……这些胡同的名字他可不是死记硬背的。胡同的历史和名称的由来，都经过了他自己的严格考证。在父亲的脑海里，如同有一部今天我们所说的卫星导航仪，他总能准确地告诉我哪个胡同是和哪个胡同衔接的，其方位和名胜古迹又是怎样的。记得我已长大成人了，进城办事前还会经常询问一下父亲，怎么样走最便捷。我的童年的记忆中，就有他给我讲过的许许多多有关北京胡同的故事。

我佩服父亲的另外一个方面是他的古汉语和文献学的功底。在我上小学的时候，经常会被一些生字难倒，我就想让父亲给我买一本《新华字典》。可他回答说：我就是你的活字典，有什么不会的字问我。对他的回答我当时是半信半疑的，随后我到隔壁邻居家借了一本《新华字典》，我专门挑选一些笔画复杂的繁体字和一些不常用的冷字、偏字来考问他，结果都让我一无所获。

还有一次，我在学校新学了鲁迅的"鲁"字，但在听写时我写错了。

回家后父亲为了让我记住这个字，就给我讲了一个吃半"鲁"的故事。说的是一个私塾先生平时对学生很严厉，学生动不动就被体罚，吃他的板子，大家敢怒不敢言，只好忍气吞声。这个先生有两个特点，一是喜欢贪小便宜，二是特别爱吃鱼。这时，一个聪明的学生想出了一个戏弄先生的办法，他说要在第二天中午请先生到他家去吃半"鲁"。先生一听，心想你才上了几天私塾呀！请我吃鱼就吃鱼呗，怎么还和我拽起文来了。但转念一琢磨，明天中午又有免费的午餐吃了，而且还能吃到自己喜欢吃的鱼，就欣然答应了。结果，第二天在学生家的庭院里，坐在八仙桌旁等了整整一个中午，人被晒得都快要中暑了，连个鱼骨头也没有吃到，最后才弄清原来他的学生是请他吃的下半鲁"日头"。像类似这样有趣的故事，在我儿时父亲给我讲了很多。那时虽说百姓家里还没有电视、音响，可我觉得我是生活在父亲给我营造的童话世界里，并没有感觉到文化娱乐的匮乏。

他还给我们讲过水浒的故事。那时夏天每到晚饭后，邻居家的小孩也会搬着小板凳，来到我家门前听他讲故事。父亲的口才绝不比今天那些说书的名家差，我们这些听他讲故事的小朋友，在听故事的过程中，个个都到了如梦如痴的地步。我们不仅仅是在听他讲故事，我们感觉到他已经把我们带入了故事里的那个朝代，带入了故事发生的现场，我们都已经不自觉地变成那个朝代的人了。

那时每到饭后我在公用水池洗碗时，总会有小朋友问我：王敞，你爸爸今天还能再给我们讲故事吗？听到这些渴望的话语，我心里总有一种说不出来的自豪感。后来听父亲的学生讲，他在课堂上讲课也是非常生动有趣的，学生们都被他的语言魅力深深地吸引住了，每到下课铃响了，学生们才仿佛从梦中惊醒一样。

父亲晚年被温家宝总理聘请为中央文史研究馆馆员，母亲说每当馆里活动聚会，同事们都喜欢和我父亲坐一桌听他谈古论今。在我的心目中，父亲对古今中外的历史无所不知，中国历史更是了如指掌，特别是对清朝的历史到了如数家珍的程度。

时间过得真快，父亲离开我们已经快一年了，但在北京的家里至今还保存着国家图书馆、故宫博物院、清史研究会给他发的聘书，每当我进入他的书房时仿佛父亲就站在我的身后，他那低沉浑厚的声音又环绕回荡到了我的耳旁。

二

我的童年是在学校大院里度过的。记得在上小学的时候，有一年秋天不知是什么原因，我右手手背上长了几个"瘊子"，既不美观又觉得别扭，母亲带我去学校的校医院看过几次也不管事。后来小瘊子越长越多，大有发展第二个"瘊群"的趋势。看到事态比较严重，母亲就让父亲帮我找个好大夫仔细看看。父亲通过一个叫傅家章的同事介绍了一个她的世交，并说这个朋友一定会帮你把病治好的。记得父亲那天是骑着自行车带我进城的，那时我刚上小学，他那年也不到四十的样子。我们好像是去了北京市第四人民医院，在医院找到了何大夫，她已经知道了我们的来意。看见她的第一眼，我就觉得她长得有点奇怪，她和我们普通的人长得不太一样，白白的皮肤，深深凹陷的大眼睛，高高的鼻梁，怎么看都有点像外国人呀。何大夫拿起我的右手看了看说：我帮你们介绍一个老中医吧，他是中医世家，治这个很有一套办法。

在我的印象里父亲和什么样的人都聊得来，在老中医的诊所里，他和这位老中医也攀谈了起来，从北京的四大名医一直聊到这位老中医的祖上，他把老先生给聊高兴了。老先生就细心地给我们讲：其实你手上长的这一群"猴子"并不可怕，你们看见没有，其中那个长得最大，头上有点裂开的那个是只"母猴子"，只要把它除掉了，其他的"小猴子"就会自然消失，这就叫"树倒猢狲散"！

随后他给我开了一副药，形状有点像蜡烛，只是颜色是黑的。在回家的路上，父亲一边吃力地蹬着脚踏车一边回答了我对那个何医生的疑问。原来何医生叫何鲁丽，她的母亲是个法国人，她父亲何思源是1949年以前北平市的市长，傅家章的父亲是当时的财政局局长，她们两家是世交，而她们两个晚辈也就是今天所说的"发小"了。带着对这个神奇黑蜡烛的好奇我们回到了家，父亲帮我点燃了这支黑色的蜡烛，并让它熔化了的"蜡油"滴到了那个"母猴子"的上面。当那滚烫的热油接触到我手面上的一刹那，我心中也同时悠然升起了一股暖流。循环往复大约两个星期，父亲天天都亲自给我上药，后来那个"母猴子"真的脱落了，手上落下了一个小肉坑。又过了两个星期肉坑平复了，那些"小猴子"们也跑得无影无踪了。

改革开放以后，我在报纸上电视里又见到了何鲁丽。她的职位在不断地升迁，民革中央主席、北京市副市长、全国政协副主席，后来又当选为全国人大常委会副委员长，步入了国家领导人的行列。我的右手上的疾病是她帮着看好的，如果我当时有选举权的话，我也会举起我的右手投她一票的。

三

父亲是一介书生，但他并不是书呆子，老先生们对他的关怀培养和他对老先生们的那份尊重惦念，真是让我非常感动，他们的师生情谊就如同父子一般。记得在文革前父亲是穿中式外套的，那时他的工资并不高，家中又是上有老下有小，那件出门会客的"行头"经常是星期天洗了晾干后星期一还穿它，可谓"歇人不歇马"，至于外套里面棉袄的惨状就更不言而喻了。我感觉六十年代北京的冬天比现在冷多了，再加上那时屋里没有暖气设备，住的又是平房，全家仅靠一个身兼二职的小煤火炉子既取暖又做饭，常常是好不容易把屋子烧暖和了，一开大门就又前功尽弃了。那时冬天我们在屋里也得穿棉袄，所以说棉袄的利用率特别高。

有一年眼看就要过年了，父亲收到了一个从苏州寄来的大邮包，打开一看是一件崭新的丝绵棉袄，有里有衬，做工之考究，我从来没见过，再配上深棕色的缎子面，真显得雍容华贵。后来父亲告诉我这是他中学时代的一个国文老师送给他的。上学时这个老师就对他非常好，后来知道他到了北京，猜想他这个南方人一定适应不了北方的冬天，于是就找了苏州最好的裁缝师傅给我父亲做了这件加厚的棉袄，这位雪中送炭老先生的举动给我留下了深刻的印象。这件棉袄父亲一直穿了近二十年，直到改革开放后才不得不让它"下岗"。后来父亲告诉我说：送他棉袄的这位老先生在"文革"中去世了，他的家人也搬离了原来的住处。父亲先后托了很多朋友帮着寻找，也一直没有音信。我真希望老先生的家人此时能看到我写的这段回忆。

费孝通先生是父亲的师辈，但与他师生情谊的加深还要感谢那段"五七干校"的生活。父亲是1969年底去的"五七干校"，为了让我们少跟着他受罪，他就把我们留在了北京。记得去火车站给他送行时，母亲给他带了一大茶缸子酱肉和十个茶叶蛋，我老姨又给他买了两包糕点，看到那么多好吃的东西，我心想去干校多好呀，不但能吃到肉和鸡蛋还能吃到点心，我那可怜巴巴的馋相没能逃过父亲的眼睛。他把我拉到一边分出了一部分食物给我，并说不要让别人看见，自己找个没人的地方慢慢吃吧。"民以食为天"，我当时的感觉，父亲就是我的"天"。现在算起来父亲那时也就刚过了不惑之年，在干校还要干体力活，在那个物资缺乏的年代又赶上他手头拮据，真是"屋漏又逢连阴雨"，他当时生活的窘态是可想而知的。

后来他告诉我说，在干校多亏了他恩师"费公"的关爱，才使他度过了那段肚子里毫无油水、饥肠辘辘的干校生活。由于我们每个月都和他通信，到现在我还记得他们"五七干校"的地址是：湖北潜江广华寺中央民族学院五七干校。费师母原本能烧得一手好菜，但在"文革"开始不久就被红卫兵撵回老家去了，所以费先生也是孤身一人来到了干校。他们师生同属"反动学术权威""反动文人"，白天要在军宣队的监督下干活，不许乱说乱动，只有在晚上收工后才能说点心里话，但那时都是住集体宿舍，所以他们也不敢说得太多，怕被那些"要求进步"的人士揭发检举。后来费先生想出了一个两全的办法，就是利用星期日休息时间，让我父亲骑车陪他到沙洋县城里打牙祭，后来每逢有什么重要文件传达，或是肚子提抗议了，他们就会结伴而行，进城补充蛋白质去。

费先生平日爱吃肉，还特别喜欢吃肥一些的，这点上他们师生二人的"兴趣"倒是一致的。一路上他们总是有说不完的话，从对国际国内形势的分析到对目前时局的看法，从民国国学大师间的文人趣事到当前知识分子的悲惨处境。父亲说那时沙洋城里也没有几家像样的饭馆，而且他们老到一家去吃怕被熟人看到告诉军宣队，说他们不好好接受改造，还忘不了资产阶级生活方式。所以他们有时也变换花样到合作社买些肉罐头解馋，但每次在吃东西的时候他们都像做一样非常地"低调"。至于费用当然是老师"费公"请客了，父亲还开玩笑说：我老在费先生那里吃蹭，"费公"报销都快变成"公费"报销了。

有一次下大雨，费先生在路上摔了一跤，划破了一块皮。我父亲当时很是担心，可费先生却说：回去千万不要告诉任何人。庆幸的是由于他们额外地补充了营养，没过几天费先生的那点皮外伤也就不治自愈了。

"九一三"事件以后，凭着对政治时局的敏感，费先生对我父亲说：我可能要先走一步了，果不其然没过多久费孝通就和谢冰心、吴文藻等先生第一批被调回了北京。而我父亲一直到湖北"五七干校"解散后才和行李车一同回到了北京。按他自己的话说：他是"五七干校"本科毕业生，压着行李车去，又压着行李车回来，整整三年多的时间。听说我父亲也回到了家，费先生还特意让费师母专门烧了一大碗无锡排骨送到了我家。费师母走后我当然对那一大碗无锡排骨也没太客气！现在回忆起当时的场景，我嘴里好像还留有那阵阵的余香。

父亲藏语入门的领路人于道泉先生，是一个语言奇才，早年在英、法、德等国留学访问长达16年，精通13种语言。他学富五车，满腹经纶，一生淡泊名利。由于他是父亲的老师，平日交往频繁，我们和他也很熟悉。如在路上遇到，同样叫他于先生。我家那时住在家属院东区，只有两间小平房而且还是套间，父亲是个好客并重乡情的人，每当老家有亲戚到北京来，我和我哥哥就会"被撵出家门"到于先生家借宿，那时于先生家可以称得上是我家的"临时招待所"，记得在于先生家看到，他家的外文打字机就有三四台之多，他每天晚上都在研究一些我们永远看不懂的稀奇古怪的玩意。

有一次有个外单位的人来家找我父亲，可他不在家，我只好请客人在家稍等，自己骑上车就往大学部飞奔。当我急匆匆推开一间办公室门时，看到于先生正在聚精会神地把两个绿色的塑料肥皂盒组装成一个耳麦一样的东西。我冒然地问了一句：于先生，我爸在哪儿？他抬起头来蒙眬地回答：什么"古巴"，我们这里没有叫"古巴"的。后来我又强调了一遍"我爸是王尧"，他才清醒过来回答了我。见到父亲后和他说起刚才的那段趣事，父亲说虽然你看到于先生人是在办公室里，可此时他的脑子也许是在大英帝国的图书馆里，或者是在联邦德国的实验室里哪。

改革开放后国外来访的同行很多，于先生都尽量向他们推荐我父亲，并把父亲有意地往前台推,有时还帮助我父亲回复、解答一些外文信件,并为父亲向外国友人写一些推荐信。父亲第一次出国时,领带也是于先生手把手教他打的,可是于先生自己却再也没有迈出过国门一步。于先生去世后,父亲受于若木(陈云的夫人)、于若琳(钟赤兵老将军的夫人)的委托,为她们的大哥于先生撰写了《于道泉传》。

　　父亲对待自己的学生也完全继承了他老师们的"衣钵",而且还有所发扬光大。尤其是他到了晚年,到了他孤身一人的时候,他拒绝了孩子们请他来欧洲一起生活的美意,而是选择了一个人留在北京和学生弟子们在一起。如今父亲自己也已是桃李满天下,他的学生都在各自的领域独当一面,有些已成为大师级的专家、长江学者,真可谓长江后浪推前浪。我想,父亲见到此番景象一定也会含笑九泉的。

王尧先生和《中国文化史丛书》二三事

廖梅
复旦大学历史学系教授

得知中央民族大学王尧先生去世的消息，十分震惊。我没有见过王尧先生，也不是治民族史的学者，但在我求学、工作过程中，无数次读到王尧先生的名讳；在先师朱维铮先生留下的信函中，也常常看到王尧先生的墨宝。此刻，亲朋师友学生皆为王尧先生的离世而哀痛，我愿将我所知道的王尧先生对于《中国文化史丛书》的贡献记录下来，作为一朵洁白的小花，缅怀杰出的藏学家王尧先生。

上世纪八九十年代念大学的朋友们，也许都在图书馆书架上见过一长列排列整齐、装帧淡雅的乳白色书籍，书脊上部印着源自半坡彩陶鱼纹的LOGO，这就是《中国文化史丛书》。在学术与出版远不如今日繁荣多元的彼时，这套书籍以集体形象亮相，给读者以极大的视觉和精神震撼，也被视为大陆史学界掀起文化史研究热潮的标志。当时，在青年学生中流行的丛书还有《走向未来丛书》和《五角丛书》，但这两种开本较小，《走向未来丛书》偏向学术普及性质，被称为"青年丛书"；《五角丛书》定位为大众口袋读物。《中国文化史丛书》属于严肃的学术著作，让身为大学生的我心生敬意，每每觉得若是在古代,定要洗手沐浴之后才能打开书页。

正是在这套丛书中，我第一次见到了王尧先生的大名。

翻开书籍，扉页之后印着《中国文化史丛书》编辑委员会名单，第一行是主编周谷城先生，第二行起按照姓氏笔画排列着17位编委名单。王尧先生以笔画取胜，位列第一。在丛书出版的十多年里，王尧先生的名字便一次又一次刻进我的眼帘。

《中国文化史丛书》由蔡尚思先生领衔的复旦大学历史系中国思想文化史研究室和《历史研究》等单位发起编辑。编委会常务联系人有两位，一是在北京的《历史研究》主编庞朴先生，一是在上海的复旦大学朱维铮先生。丛书由上海人民出版社出版。

"文化大革命"后来被称为"大革文化命"。"文革"后学者们开始反思，到底什么是文化？什么是文化史？学界应该如何拨乱反正，冲破学术禁区？庞公在1982年、1983年三次感叹"现在国际上研究中国文化史的学者，使用的资料还是解放前那套陈旧不堪的《中国文化史丛书》（台湾地区曾一再重印）"，编辑出版新的文化史丛书迫在眉睫。

1983年5月在长沙召开的全国历史学规划会议上，发起者积极征求学界意见，聚合全国力量，共同推进文化史研究。最终形成的编委名单具有三个特点，一是汇聚老中青三代学者。既有德高望重的学界领袖、出生于1898年的周谷城先生，也有出生于1920年代、1930年代、1940年代的成名学者与中坚学者，从人员配备上可以保证在十年内顺利推行丛书的宏大出版计划。二是有广泛的地区代表意义。编委分别来自中国的北（北京）、中（上海）、南（广东），可以涵盖大半个中国。三是具有广泛的学科代表性。丛书"编者献辞"将文化分为15种类型：区域文化、民族文化、考古学文化、科学工艺、生活起居、思想学说、语言文字、艺术文学、体育武术、宗教神话、文化制度、文化事业、文化运动、文化交流与比较。这一分类令人视野大开，从宏观上拓宽了文化史研究的思路。相应地编委也不再局限于传统政治史、哲学史和经济史，而是加强各学科的交流互动，增加了科学史、艺术史和民族史等方面的专家学者。

王尧先生就是编委会中民族文化学科的代表人物。

现在有不少丛书，编委但列姓名，不做实事。文化史丛书整个编委会齐心协力，殚精竭虑，推出《中国甲骨学史》《方言与中国文化》《禅宗与中国文化》《士与中国文化》《中国民间信仰》等大量引起海内外学界和社会关注的好书。各位编委兢兢业业，恪尽职守，商议选题、荐稿、组稿、审稿，庞公甚至亲自上阵替作者改稿、核对史料。王尧先生亦不例外。

朱师是唯一在沪常务联系人，除组稿外，还负责定稿、审稿、签字付排等日常出版事务，王尧先生便经常与朱师互通函件，字里行间尽显赤诚之心；另一位常务联系人庞公与王尧先生同在北京，给朱师的函件中也不时提到王尧先生的工作。

王尧先生是国际知名藏学家，他的大量组稿都集中在民族学领域。1985年8月23日，他写信告诉朱师："马学良先生的《彝族文化史》已经上马，组织了五位同志动笔，由他总纂。明年七八月间可以交稿。""另：马公嘱弟相询你们是否可以接受《傣族文化史》一书？他可组织人写。望来信道知。"

1989年8月17日来函："新近约就梁庭旺先生撰写'壮族文化史'一书，前收梁君写来的详细提纲附上。鄙人拙见：壮族是兄弟民族中最大的一族，文化渊源广被南粤。梁君从事壮族文化教学、研究多年，壮人论壮，自有独到之处。……审稿事当然由鄙人负责。"

《彝族文化史》于1989年顺利出版。《傣族文化史》《壮族文化史》未见面世，其中可能有出版社收缩计划等各种原因。这些信函说明，编委的工作量，远远大于已出丛书所能体现的工作量。很多书稿，花费时间商谈讨论，甚至动笔，但因各种原因中途流产。古人云"积土成山"，而埋在山底的土壤，外人是看不到的。然而没有这些土壤垒实根基，没有不求回报的辛苦精神，又如何能筑起《中国文化史丛书》的大山？

今天，德国著名汉学家、波恩大学顾彬教授在中国学界已广为人知，其作品不断被译介入华。12月17日，就在王尧教授去世当天，北京外国语大学为顾彬教授举办了七十华诞庆祝会暨纪念文集首发式。那么大家知道，三十年前，是谁第一个将顾彬教授介绍给中国读者吗？是王尧教授。

1987年2月4日，庞公高兴地致函朱师："王尧从波恩推荐一位作者的一本著作，同时推荐了一位译者。""作者叫顾彬，写有一本三二〇页的论中国文学中自然观念的专著；译者叫马树德，北京语言学院教师，曾于1974-1975年间任顾彬的中文导师。"查王尧教授履历，1986至1987年接连访问德国，在慕尼黑和波恩开会、教书。工作之余，勤恳履行编委职责，慧眼挑选适合文化史丛书的海外著作。

庞公是位思想活跃的大家。他看过顾著内容提要后，深有感触："我是比较喜欢德国的三段式思维方式的。德国人以三段式看世界，往往有出人意外的新奇发现；纵或所得不能尽如人意，但确足以发人深思者久之。去年此时在上海听傅敏贻（怡）的三段论，今年此时又读到顾彬的提要，都有这样感觉。从提要看，这本书似乎符合我们所想象的'文化史'的要求。请你过目后谈谈想法，以便向王尧和译者作正面答复。"

朱师意见与庞公一致，更提出请作者写一自序，顾著以《中国文人的自然观》汉译书名列入丛书。1988年1月6日，庞公提醒朱师："顾彬稿需配插图（诗意画或诗人画像），以增光彩，请勿忘了求有关方面帮助。"1990年此书正式出版，这是顾彬的第一部中文书籍。

从1986年底荐书到1990年正式出版，整整经历了5个年头。在前互联网时代，中德之间的商讨信函，飞越亚欧大陆，一来一复，至少耗时半月，无形中增加了编辑时间和工作量。顾彬教授迈向中国的第一步走了五年，如今，他在中国学界广受重视，一年也许可以迈出五步。而这第一步，就是由王尧先生牵引而来。

王尧先生为中外文化的交流，为中国学界引入域外视野，为增进不同学术群体之间的理解，做出不懈努力。这只是一个小小的例子。身为国际著名藏学家，王尧先生在国际藏学界非常活跃，广交朋友，若用读者都知晓的人物举例，他在1980年代便与昂山素季的丈夫、牛津大学藏学家阿瑞斯·马可教授（Aris Marke）有着学术往来。王尧先生在全球藏学研究的交流与发展上所做出的贡献，数不胜数，当留给王尧先生的同行和学生们来评价。

除了为文化史丛书组稿，王尧先生自己也准备撰写一部《藏族文化史》。"弟之《藏族文化史》也已开锣，争取及时交稿。""'文化史'书稿已着手，希望明年能按时交卷。"遗憾的是，我们没有看到这部大作。但我相信，王尧先生想在书稿中表达的真知灼见，一定已经体现在他此后出版的其他著述中。

王尧先生在其位谋其职，非常关注文化史丛书的整体编辑出版情况。多次给朱师写信询问，"不知目下又收到什么书稿？今年可发几部？便中乞示知。""久未联系，近况如何？时在念中。能否接信后来一短束，以慰长想。"

在编辑丛书的同时，复旦大学历史系于 1986 年 1 月召开了复旦大学首届国际中国文化学术讨论会。这次讨论会还在丛书筹备过程中便已纳入计划，拟邀请百位以内国内外专家学者。回顾历史，我们说庞公、朱师等人是上世纪八十年代"文化史"研究的主要奠基人、倡导者和建设者，丛书出版掀起了国内的"文化热"，并非虚言。他们在八十年代文化史领域的重大学术活动可以概括为"一书一刊一会"，小型国内讨论会、座谈会则不胜可数；一书即文化史丛书；一刊即《中国文化》研究集刊；一会即国际中国文化学术讨论会。以多种学术活动互相配合，以稳定的发表园地做为支持后盾，以坚持不懈的精神开拓进取，多管齐下，造成浩大声势，铸就了文化史研究的热潮。

召开大型国际学术讨论会的准备周期非常漫长，一般要提前一年或半年发出邀请函，给与会学者准备论文时间。王尧先生积极介绍海外学者参会，为国内学界带来思想碰撞。1985 年 6 月他写道"维铮兄：会议通知已收到，谢谢您的安排。弟所荐一位欧洲友人处通知已发否？念念。"不久又道"明年一月会议进展情况亦在念中"，"凡此种种，统望见复。总之，望来信，再细谈。"

1986 年 1 月上旬，国际中国文化学术讨论会成功举办，周谷城先生主持会议。与会者七十余人，其中国外学者十人。据与会邹振环教授、李天纲教授回忆，会议气氛热烈开放，日后影响文化史研究的许多重要观点便源出此会。根据名单推测，王尧先生介绍的学者可能是研究中国民俗与传奇文学的德国波恩大学中亚研究所庞纬教授。

今天的学者站在前人的肩上前行，明天的学者又将站在今人的肩上前行。一代又一代学者的辛勤努力才使得学术事业不断壮大，醇香四溢。王尧先生已经远行，他在上世纪八十年代《中国文化史丛书》编委会中，为中国文化史研究领域的拓宽，为促进中外学界碰撞与理解所做出的贡献，终会为后人牢牢记住。

2015 年 12 月 21 日

依然白发一书生

刘茜
《光明日报》记者

此文原刊《光明日报》2014年10月10日11版,对王尧先生的学术风范作了精要的概括。而今收入此集,作为一份永久的纪念。

耄耋之年的王尧先生,刚刚送走陪伴自己60年的老伴。在这个不太适宜的时间,记者敲开了他的家门。屋里有些凌乱,中央文史馆的工作人员在老先生的房间里外忙乎着,取景做资料。

"我的老伴心脏病,突然就走了。家里乱,别在意。"夏日的京城,闷热,少有凉风。"抱歉,我无法请你们落座。"白发,白短衫,灰长裤,王尧脸上略显倦色。

"我一辈子跟西藏打交道,在藏区待了20多年,直到1999年才第一次带老伴去了西藏。她没有福分,高原反应太强烈,没怎么体验西藏的风土人情,就回北京了。"

"老伴是小学老师，一直在北京。长年来，我不是在西藏考证就是在国外研讨。藏学是跨越社会科学和自然科学的综合性研究学科，而藏语文恰好是入门的钥匙。我接触、进入西藏学领域，正是从学习藏语文开始的。"眼前这位身材高大的老人话锋突然转到藏学，房间的气氛瞬间清畅。

从民间开始

大凡对藏学感兴趣的人，基本上都知道王尧。因为涉及藏学研究的许多学术著作，都能看到他的大名。

王尧早年就读于南京大学中文系，1951年初进入中央民族学院（今中央民族大学）研习藏语和藏文，在我国现代藏学的开山祖师于道泉教授指点下，投身于藏学研究。

"刚开始，我对西藏和西藏学一窍不通，胸中茫然无绪。只是响应'到边疆去，到祖国最需要的地方去'的号召，报考中央民族学院学习藏语。"

谈起往事，王尧头脑还十分清晰。他回忆道："于道泉教授精通藏、蒙、满、英、法、德、匈、土耳其和世界语等多种语言，感谢他以最大的热情和耐心教导我们。当时，我们作为中央民院第一批学习藏语的大学生，住在北长街的班禅办事处后院，有机会跟藏族官员接触，向他们学习语言。云南迪庆藏族钟秀生先生和四川巴塘藏族格桑居勉先生作为助教，帮助于教授做辅导工作。那时，整天听到嘎、卡、噶、阿的拼读声，弥漫在北海公园的侧畔。不久，我们远离北京，前往藏区，开始了新的学习里程。"

贡噶寺是年轻的王尧进入藏区的第一站，贡噶活佛是他们的老师。贡噶活佛出生于四川康区木雅，聪慧伶俐，博学多才，曾担任十六世噶玛巴活佛的经师。他著有西藏历史、宗教、文化等方面的多部著作，在东部藏区威望极高。

贡噶活佛选用西藏哲理诗《萨迦格言》《佛陀本生纪》作为教材，让学生们逐篇通读精读，这是王尧初次接触藏文古典作品。后来，王尧将《萨迦格言》译为汉文，在《人民日报》文艺版上连载了两个多月，后又结集出版，让内地读者了解到藏文韵文经典著作的魅力。

贡噶山的生活，王尧至今萦怀："那段时光，既紧张又活跃。"他们到离寺几十里的玉龙榭村去参加过一次婚礼，第一次直接了解了藏族的礼俗，热烈的场面，送亲迎亲各种仪式，酒肉频频传递，歌舞通宵达旦，尤其是赞礼的人长长地诉说本地本族历史的赞词。刚刚入门的王尧还听不大懂，只能靠着藏族学长斯那尼玛的口译才略知大概。

"美丽的姑娘啊，你就像个木头碗。"婚礼上的歌词让王尧摸不着头脑，为什么把姑娘比喻成木头碗呢？后来他才了解到，藏族每个人都有自带碗的习惯，而且都在藏袍里贴身揣着。"碗"是最私有和最亲密的比喻。

这些鲜活的知识给了王尧很大动力,他从藏族民歌、民间故事、民间戏曲开始了自己最早期的研究。

"最有收获的是1954年9月,有幸作为助手随贡噶上师到北京,参加第一届全国人民代表大会,后来协助藏学界一些大学者,翻译《中华人民共和国宪法》等五部法律文件。"王尧回忆说,"那些大学者的风范和学识让我终身受益。"

王尧以《藏语的声调》一文开始在藏学界崭露头角。他说,在广阔的藏区,"一个喇嘛一个教派,一个地方一个方言"。由于长时期的历史演变,藏文在所有的藏区都能通用,但文字与口语之间产生了距离,藏区各地方因为山川险阻,交流不便,形成了拉萨、安多、康巴三大方言区。

在以后的几十年中,遵循于道泉和贡噶上师的教导,王尧一直努力探索书面语与方言之间的发展关系及异同。1956年,根据赵元任对《仓央嘉措情歌》一书的音系分析,王尧就藏语拉萨方言的语音系统进行归纳,进一步明确了藏语拉萨方言中声调形成的语音变化现象,并以若干书面语的实例来证明声调是古代藏语演变的结果。

这一篇发表在《中国语文》杂志上小小的论文,受到语言学大师王力先生的重视,并在《汉语史稿》第一分册中加以征引,使王尧倍感鼓励。

此后,王尧开始探索古代藏文的发展脉络,主要把精力放在吐蕃时期

(即公元 11 世纪以前)的藏文研究上。50 多年过去了,他十余次深入藏区,访遍雪域高原的山川胜迹、古刹庙堂、农牧宅帐,这些经历让他的藏语毫无生涩的书卷气,著书立说却又渊博地道。

在藏学领域,王尧有着开拓性的贡献。中央民族大学陈楠教授这样评价他的老师:"他对藏学研究最突出的贡献在于,把古藏文文献引进对西藏古代历史的研究,开辟了吐蕃历史研究的新时期,同时对唐史、中亚史研究等相关学科亦起到了异乎寻常的裨益作用。"

王尧研究藏学六十余载,撰写了 27 部专著、200 余篇论文,主编多部藏学研究丛刊,在藏语的分期和方言的划分、古藏文文献的整理和译释、汉藏文化的双向交流轨迹、藏传佛教和藏汉佛学、藏族民间文学等诸多领域成就卓著。尤其是,他将吐蕃时期的三大藏文文献(敦煌写卷、金石铭刻、简牍文字)引入西藏古史研究,对吐蕃史、中亚史及相关领域推动作用不可忽视。

王尧将自己平生主要藏学论著的结集视为"回馈社会、仰报师友"的一份文化使命。5 卷本《王尧藏学研究文集》气魄宏伟,第一册《藏文碑刻录》、第二册《敦煌吐蕃历史文书》、第三册《藏传佛教考述》、第四册《汉藏文化考述》、第五册《藏传佛教考述》。从对藏学一窍不通到受命学习,再到兴趣所在、潜心研究,最后倾注了毕生的心血,五本沉甸甸的著作展开了王尧一个甲子的生命画卷。

"藏族文献典籍浩如烟海，卷帙浩繁，内容广博。我国的藏学研究有优势，但还没有很好地开展起来，另外，宗教学在我国也没有得到很好的研究，在西藏，开展任何工作都是不能够脱离宗教的啊。"86岁的王尧依然心系藏区。

成全读书人

王尧的父母不是读书人，家中三子，他是唯一的男孩，名字取做"尧"，寄托了父辈的希望。

北京图书馆是王尧的精神家园。1951年，他从南方到北京求学，住在北长街78号后院，旁边就是十世班禅大师在北京的办事处，许多藏族人士和家属在这里工作、生活。也正是从这里开始，王尧迈开了学习藏语的第一步。因为当时的北京图书馆靠近北海，近水楼台，他几乎一有空闲就到北图去读书。

北京图书馆前身是国立北平图书馆，1917年在国子监南学旧址开馆。"在北京图书馆，我真正享受到了读书的快乐。那里真是书的海洋、书的宝库，过去许多想看而不可能看的书，都能在这里借到、看到。后来，我参加了工作，住在安定门，离北图远了些，但一有机会就会来参加北图组织的学术讨论会。

比如，在李煜词的讨论会上，作为听众，我听到了郑振铎、冯雪峰、何其芳等一些大家的发言。特别是王仲闻先生，我只知道他是安定门邮局的工作人员，谁知道他竟是王国维先生的二公子。他的发言语惊四座，有很卓越的见解，令人叹服，经久难忘。"

回忆并不都是美好的。"文革"期间，王尧作为"牛鬼蛇神"挨批挨斗，下放劳动，不敢摸书，更谈不上读书。可是，他"贼心不死"，经常偷着藏着掖着读一点东西。比如，韩素音的《目的地重庆》（于道泉给他的练习英文的读本）。

另外，王尧还把敦煌卷子藏文原文，抄成小卡片放在兜里，或在农田工作之闲，或在厨余饭后空档，掏出来琢磨琢磨。生活因为有书的存在，还是美好的、有希望的。

王尧时常记起年轻时读袁枚的《黄生借书说》："书非借不能读也。子不闻藏书者乎？七略、四库，天子之书，然天子读书者有几？汗牛塞屋，富贵家之书，然富贵人读书者有几？其他祖父积、子孙弃者无论焉。非独书为然，天下物皆然。"他认为袁枚说出了穷苦读书人的痛苦和愿望。

如今，公共图书馆事业蓬勃发展，王尧特别欣慰"苦难深重的中华民族，经过了100多年的血与火的锻炼，多少读书人、仁人志士为了民族的复兴、国家的富强抛头颅、洒热血，赢得了国家的独立、民族的发展。古今中外的知识传承，通过读书所起的作用可想而知。公共图书馆这项公共设施，实在是非常伟大，成全了多少读书人，功德无量啊。袁枚先生地下有知，也可以另写一篇'借书记'了。"

王尧爱书，但从不据为己有。前些年，儿子将他堆满房间的各类书籍拉到了一个寺庙存放，并将居所翻修一新，希望父母能在更好的居住环境下安度晚年。不想，失去书的生活，王尧很不开心。

这几年，王尧将自己大量的藏书，尤其是珍贵的外文藏学文献，捐给了中国人民大学国学院。2014年5月，王尧更是将130多包、各个版本的全套大藏经捐给了复旦大学历史地理研究所。

成全读书人，唯有这样处理自己的"宝贝"，才能如王尧所愿。

2011年6月，中央民族大学举行捐书仪式，学校领导和藏学研究院师生代表80多人到会。王尧所赠图书共计500余卷（册），包括《西藏大藏经》（日本版）150卷、大正新修《大藏经》101卷、新纂大藏经《续藏经》52册、《大藏经》（法轮图标）110册、《故宫博物院藏文物珍品全集》44卷。

王尧在捐赠仪式上说，他非常同意季羡林先生的"大国学"理念。中国文化源远流长，研究国学，就要研究包括汉学在内的中华各民族的优秀文化。其中，藏族文化作为中华文化的一部分，值得大家认真研究。

王尧以自己的经验告诫学生，研究藏族文化，非掌握藏族语言不可，语言是钥匙。从最基础的语言文字入手，才能把藏族文化学通学精。他还表示，虽然自己年纪大了，退出教学一线，但仍不忘老师之责，同学们如有藏学研究之疑，尽可来咨询。

记者再次拜访王尧已是初秋。问及生活与家庭情况，老先生三缄其口。但谈起藏学，谈起对他本人学术生涯有巨大帮助的人和事，则是滔滔不绝。

与大师结缘

藏区的长期生活，加上明师的点拨，成就了王尧丰富的藏地阅历和深厚的藏文修养。他师从贡噶上师、东噶活佛，多次为十世班禅、阿沛·阿旺晋美等担任翻译，同大师们结下了不解之缘。当然，最重要的老师还是引他进藏学之门的于道泉教授。

从入校之始到耳提面命，王尧始终对于道泉怀有崇敬之情。在中央民院开办"藏文研究班"时，于道泉将从海外带回的《敦煌本吐蕃历史文书》（巴考等人合编，巴黎出版）交给王尧学习。从此引起他对海外藏文文献研究的兴趣。

在于道泉的帮助下，王尧成为中国藏学界首开研究敦煌藏文卷子的学者之一，并获得丰硕成果。1983年，他受法国藏学家石泰安邀请访问巴黎，石安排他的助手陪同王尧多次到巴黎国家图书馆东方手稿部，阅读敦煌写卷文书，尤其是反复阅读《敦煌本吐蕃历史文书》，一一核对卷号材料，"目验手批，逐字对读，发现我们初版所根据拉丁文转写，有若干阙漏、伪误和脱失，均将其一一订正"。

除了于道泉教授和贡噶上师，还有一位西藏活佛学者对王尧有着重要的影响。那就是西藏著名的东噶·洛桑赤列教授。东噶是西藏东部林芝扎西曲林寺（东噶寺）第八世活佛，曾在西藏若干大寺庙和上密院学习，获得西藏最高佛学学位"格西拉让巴"，先后担任过中央民院及西藏大学教授、西藏社科院名誉院长，出版过《论西藏政教合一制度》《藏学大辞典》《西藏目录学》等，在国内外藏学界享有极高声誉。

20世纪60年代，中央民院开设"藏文研究班"，从西藏请来东噶讲学，王尧除了担任助教，还多次随东噶出席国际上的藏学研讨会。他评价东噶"是西藏最为通达的大师级权威"，"对我的学术生涯影响至巨"。

与十世班禅额尔德尼·确吉坚赞的初次见面是在1951年，时年13岁的十世班禅到中央民院做报告，5分钟的演讲，翻译用了半个小时才诠释清楚，王尧当时就在台下，藏汉语言交流如此困难，他如坐针毡。

时隔多年后，王尧的一个学生告诉他，扎什伦布寺的文物室有一幅古画，非常值得注意和保护。王尧前往查询后，认定是一幅唐代密宗的坛城图。后来，在北京，王尧对中国佛教协会会长赵朴初谈到了这幅画，赵朴初向十世班禅提出借观的要求。班禅把那幅画提出来，郑重地交给了赵朴初并称："这是扎什伦布寺全体僧众供养中国佛教协会的礼品。"

《中国大百科全书》宗教卷"历辈班禅大师"和"当代班禅大师"两个词条的编写由王尧负责，这加深了他与十世班禅的接触。在班禅大师佛邸的多次对话，他们已经完全能用汉语交谈了。

一次，十世班禅邀请王尧携眷一起到其佛邸吃饭，班禅接待热情，并亲自削苹果递给王尧夫人。王尧夫人不好意思直接接下，王尧连忙提醒："赶快接下，谢谢大师，连苹果皮也要接下，按藏族的规矩，这是添福增寿，以作纪念。"那次宴请，十世班禅还邀请王尧的父母一起用餐，这是藏族中尤其是活佛、喇嘛中的最高礼仪。

1989年，国家决定在扎什伦布寺修建五至九世班禅合葬灵塔。本来，十世班禅邀请王尧同行进藏，但他当时因有出国任务不能前往，谁知，这竟成了两人的永别。

王尧与高瓦喀寺的转世活佛曲杰建才的交情是从拉萨开始的。曲杰建才是西藏自治区工业设计院古建保护工程师，他对布达拉宫、大昭寺、小昭寺、木鹿寺以及三大寺的辉煌建筑研究颇深。

1998年，在美国召开的第九届国际藏学会上，王尧和曲杰建才活佛重逢。曲杰建才《布达拉宫——古建的修复和整容》的演讲让他记忆深刻：

"他把布达拉宫整修的全过程做了介绍，并从原始资料调查入手，彻底摸清了这一雄伟建筑的档案，近三百年来木结构的腐朽、颓坏，香火的熏习，鼠啮虫蛀，破损十分严重。整修过程有时要偷梁换柱、有时要托上换下……所有都要修旧如旧，保持原貌。他的发言使国外关心西藏的人十分惊叹，而一些不协调的声音说我国在破坏藏文化，如何消灭藏文化等谣言就此不攻自破，成为笑料。"

"后来，他还邀请我去看他拍摄的'贡噶上师的故居'，贡噶活佛在俗家中简单的陈设，朴素的藏民家庭环境，圈养着牛羊，焚烧着牛粪的茶炊，亲切的话语保持了藏族劳动人民的善良品行，这一切令我肃然起敬。"回忆起与曲杰建才活佛的交往，王尧感叹，由于自己师从贡噶上师，贡噶上师与高瓦喀活佛曲杰建才是"金刚兄弟"。

人才多出"王门"

陈庆英、沈卫荣、谢继胜、熊文彬、陈楠、储俊杰……这一串名字是当今中外藏学研究舞台上一支引人注目的力量，他们都师承王尧。得天下英才而育之，乃人生最大快事。对于青年藏学人才的培养，王尧曾经用周谷城的话劝导同行："教学生好比编草鞋，编着编着就像样儿了。"

王尧是中国藏学界与国际藏学界的穿针引线者。

1991年，王尧参加维也纳国际藏学会回国，他认为，国外藏学研究硕果累累，其研究方法、资料的占有等应该引起国内藏学家注意并虚心学习。在他的积极推动下，《国外藏学研究译丛》应运而生。这套丛书打开了国外藏学研究领域的大门，其选材之广泛，材料之丰富，颇受国内藏学家和藏学爱好者青睐。

沈卫荣，中国人民大学国学院教授、汉藏佛学研究中心主任。实际上，王尧并不是他的直接导师，但沈卫荣一直称自己是王尧的弟子。

"是王尧先生引我登堂入室，如果没有他，我不会研究藏学。我去德国波恩大学攻读博士，主要研究藏学，也是王尧先生推荐的，那些珍贵的藏学史料也只有在王尧先生家中才能见到。"硕士研究生期间，沈卫荣研究的是蒙元史，记载那段历史的古籍中，很多是用藏文书写的，为了更深入地研究，沈卫荣北上，求教于王尧。

"王尧先生上课风趣，很少有教授能把枯燥的语言课讲得这么生动。当时大家的服装基本上只有灰蓝黑三色，王先生却经常带着八角帽，这些都让他深受学生的喜爱。"沈卫荣回忆。

1984年9月，王尧在中央民院开了一门古藏文的课，许多外校学生都来旁听。虽然古藏文班仅开了10个月，却改变了一些蹭课学生的人生。他们背离了原来的专业，改为研究藏学。

这些蹭课的学生一直认为自己是"王门"弟子，并引以为荣。即便后来慢慢成长为藏学领域的专家，他们对王尧在学术上的请教和交流也从未间断。以藏学研究为中心，"王门"中人相互支撑、相互补给的师生情谊一直延续了30多年。

2006年，沈卫荣应邀回到人大国学院任教，他邀请年近八旬的王尧来给学生讲课，老人欣然前往。"于道泉先生被尊称为'中国藏学之父'，但他真正的藏学研究成果并不多，真正把西方关于藏学的学术成果介绍进我国，并掀起藏学热，我认为是王尧教授。王先生最主要的贡献是在国际藏学和中国藏学之间搭建了沟通的桥。"沈卫荣说。

1981年，王尧第一次以新中国学者的身份到匈牙利参加国际藏学会议。发言时，他先用几分钟时间以标准的藏语问候在座的藏学家和海外藏人学者，全场震惊。那时，能讲藏语的藏学家少之又少，何况还是来自中国的汉族学者。

就在这次研讨会上，在国际藏学界负有盛名的匈牙利藏学家乌瑞帮助王尧再次拓宽了研究藏学的路径。他向王尧赠送了大量西方有关藏学研究的著作和资料，介绍许多西方知名学者与王尧结识；次年，乌瑞又推荐王尧到维也纳大学任教并接替自己的教职。

后来，王尧还曾先后在德国波恩大学、日本京都大学、美国洛杉矶西来大学、加拿大多伦多大学、香港中文大学或当客座教授，或是讲学，在藏学领域，桃李满天下。

"20世纪80年代，只有王尧一人联系国外藏学研究同仁，将他们拥有的史料和研究成果带回国。他不但将被劫掠到海外的敦煌古藏文文献重新引介到国内，而且还将西方人于藏学研究领域所取得的成就和可供借鉴的研究方法介绍给了国内同行，特别是教给了随他专修藏学的众多弟子，他对中国藏学于20世纪80年代以来的兴起，有着不可磨灭的贡献。"沈卫荣如是评价道。

王尧先生追思会发言摘登

《中国藏学》编辑部

著名藏学家、民族史学家、中央民族大学教授、博士生导师、藏学研究院名誉院长、中央文史研究馆馆员、中国佛教文化研究所特邀研究员王尧先生不幸于 2015 年 12 月 17 日下午 6 时与世长辞，享年 88 岁。

王尧先生对中国藏学的发展有着非常重要的影响。在 50 多年的藏学研究过程中，他先后撰写了 30 余部专著、合著及 200 余篇论文，主编及参编的书籍 17 部。王尧先生的研究成果极大地推动了敦煌古藏文、藏传佛教、藏汉文化交流等领域的研究工作。尤其是他运用吐蕃时期三大藏文文献（敦煌写卷、简牍文字、金石铭刻）研究西藏古史，推动了吐蕃史、中亚史及相关领域研究的深入。

王尧先生的辞世是中国藏学界的巨大损失。为了缅怀这位德高望重的藏学家，中国藏学研究中心微信公众平台从 2015 年 12 月 18 日起连续 8 天对王尧先生生前的藏学著作进行了回顾，中国藏学杂志社也在王尧先生追思会前推出了《追思王尧先生》纪念册。

2016 年 1 月 9 日上午，王尧先生追思会在中国藏学研究中心西藏文化博物馆举行。追思会由中国藏学研究中心、中央民族大学、中央文史研究馆主办，中国敦煌吐鲁番学会、中国佛教协会、中国人民大学国学院、陕西师范大学国外藏学研究中心协办。来自北京、上海、四川、陕西等地的百余名专家学者共聚一堂，共同追思和缅怀王尧先生，学习他的高贵品质和治学风范。

追思会开始前播放了王尧先生的生平短片，再现了王尧先生投身藏学事业，传播藏文化一生的精彩瞬间。追思会上，王尧先生的生前友好和学生追忆了王尧先生低调谦虚、睿智勤勉的工作和生活片段。

王尧先生的学术生涯伴随着新中国藏学风雨 60 年。他致力于向国际藏学同道介绍西藏民间文化，亦积极推动国际藏学研究和藏文化交流，被誉为"国际藏学和中国藏学之间的沟通桥梁"；他知识渊博、学贯古今，学术研究涉及民族学、佛学、敦煌学、唐史等众多领域，是深受学界敬仰的学术大家；他治学严谨、著述等身，为民族教育事业倾尽毕生心力；他心系良才、桃李天下，培养众多民族研究领域精英骨干和优秀人才，为民族地区发展和稳定以及我国民族团结进步事业做出积极贡献；他爱书惜书、成全他人，不仅在母校 60 华诞之际捐赠大量珍贵文献鞭策后人和奖掖后学，亦福泽中国人民大学和复旦大学；他潜心书斋、热爱祖国，在涉藏问题上始终旗帜鲜明、立场坚定，为维护祖国统一和民族团结做出重要贡献；在耄耋之年仍不知疲倦地工作，帮助、扶植年轻人的成长。

对王尧先生重要学术贡献和崇高精神品格的追思，既是对王尧先生的哀悼、缅怀及告慰，更是对其的感恩和传承，希望其精神永存，激励后人不断前进。

廉湘民（中国藏学研究中心当代研究所研究员）：

今天，中国藏学研究中心、中央民族大学、中央文史研究馆等单位在这里共同举办王尧先生追思会，旨在缅怀著名藏学家王尧教授。这次会议是藏学界多位专家学者共同倡议召开的。作为全国藏学研究牵头协调单位的藏研中心非常愿意和兄弟单位一起举办这次会议。在此，我代表藏研中心，向已故的王先生表示深切的哀悼，向与会的专家学者和各位朋友表示欢迎。

"为维护祖国统一，加强民族团结服务，为西藏和四省藏区的发展稳定和精神文明建设服务"，是党中央赋予藏研中心的光荣职责，是藏研中心的宗旨。2015年8月召开的中央第六次西藏工作座谈会把"维护祖国统一，加强民族团结"进一步明确为西藏工作的着眼点和着力点。我们认为，王先生一生所为，充分体现了"两个服务"，他为"两个服务"付出了毕生心血。

  大家对王先生的生平都非常熟悉。他 1928 年生于江苏涟水，大学毕业后，一直从事藏学研究。我本人第一次见到王先生是 1982 年，当时我是复旦大学历史系的一名本科学生。上个世纪 80 年代初，中国正处在改革开放初期，学术界兴起了文化研究热。《中国文化史研究丛书》是这股热潮的一个重要标志。复旦大学历史系中国思想史研究室一批从事中国思想文化研究的知名学者，如蔡尚思先生和朱维铮、汤纲、李华兴、姜义华老师等，参与到了文化研究热和丛书编纂工作之中。1982 年底，"中国文化史研究学者座谈会"在复旦召开。会议期间，邀请了庞朴、李学勤、金维诺等与会专家举办学术讲座，其中就有王先生。我清楚地记得当时王先生的讲座情景：他一上讲台，就拿出一张一元人民币，将藏文"中国人民银行，一元"抄在黑板上，大声读了一遍。他说，大家使用人民币时，除了汉字及拼音以外，还应该注意有 4 种少数民族文字，其中就有藏文。他强调，中国是一个多民族国家，藏族是其中的重要成员之一。接着，他介绍了我国藏族地区的自然地理、人文历史、宗教文化等方面的情况，希望复旦大学历史系有学生能从事藏学研究。这给我留下非常深的影响。当时姜义华老师在介绍时，说王先生曾参加过《中国历史地图集》的编写工作，对藏区地名的考证受到了主编谭其骧先生的高度评价。谭先生当时是复旦历史系主任，是我国历史地理界学术泰斗，能得到他的赞扬，自然是学问了得。我后来阴差阳错走上藏学研究之路，常常感到王先生实际上是引路人之一。

1990年7月，我从北京大学历史系硕士研究生毕业后，来到藏研中心工作，在中国藏学出版社当编辑。期间，有幸担任了王先生的《西藏文史考信集》一书的责任编辑，多次到王先生家里向他讨教。王先生结合《西藏文史考信集》的各篇文章对我进行指导。之后，与王先生有了更多的交往。王先生知识渊博，口才极好，尤其是对年轻人从不摆架子，循循善诱，令人如沐春风。他经常和我谈到他步入藏学的过程。西藏和平解放之后，党和国家急需涉藏工作人才，从全国各地著名高校抽调了一批在读大学生，到当时的中央民族学院学习藏文。王先生便是其中之一。他原本正在南京大学中文系学习。这些学者后来成为新中国藏学中坚。现在我国藏学界的许多骨干人才，都是王先生和他的同学的弟子或再传弟子。在藏学方面，我本人和王先生虽然没有直接的师生关系，但从亲受教诲看，可算是私淑弟子。当然我还从其他一些先生处受益匪浅。

在中央民族学院学习时，王先生到四川藏区随从贡噶活佛学习藏语，后来又在西藏工作3年，从事翻译工作。他是在与藏族同胞交往之中，学习藏语、学习藏族生活、学习藏族文化的。他从事藏学工作过程本身，就是民族团结的过程。熊文彬教授曾经提到他在民院学习期间，王先生对藏族学生的关心比对汉族学生的关心更多。这是因为藏族学生主要来自比较偏远、贫困的地区，对内地不熟悉，需要更多关爱。王先生对藏族学生的特殊关心正是他高度重视民族团结的具体体现。

王先生多次出国进行学术交流，经常会碰到一些人不怀好意的挑衅。在维护祖国统一，加强民族团结这一大义面前，他从不含糊。他总是非常巧妙地运用一些具体事例进行回击。王先生跟我谈到，有一次出国时，一位境外学者指着九宫格，大谈这是藏文化，和汉文化没有关系。王先生问他知道来源吗？问罢就把关于九宫格的汉藏交流过程详细讲了一遍。这位学者听后心悦诚服，说没想到汉藏文化之间的交流有这么深。王先生是踏踏实实地用自己潜心研究的成果来履行为维护祖国统一，加强民族团结服务的，是通过培养藏学人才来实践为西藏与四省藏区的发展稳定和精神文明建设服务。他的"两个服务"的良好效果也是有目共睹的。

在履行"两个服务"方面，王先生为我们树立了很好的榜样。藏学界的各位同仁，应当追寻王先生的足迹，把他未竟的事业继续往前推进。藏研中心的各位专家学者将沿着他的足迹一直向前，为"两个服务"做出更大的贡献。

喜饶尼玛（中央民族大学藏学研究院教授）：

王尧先生是著名藏学家、中央文史研究馆馆员、中央民族大学教授及藏学研究院名誉院长，更是我们尊敬的老师。他辛勤耕耘，著作等身，为新中国的藏学研究事业作出了不可磨灭的贡献。

正是由于他数十年如一日，苦心孤诣，勤于著述，广征博引，钩沉稽玄，探幽发微，在藏族史、藏传佛教、敦煌藏文文献、藏族文学、藏语言等领域都有广泛而深入的研究，为我们留下多部学术价值、文献价值、现实意义都极高的大作。正如他所说"藏族的文献典籍浩如烟海，卷帙浩繁，内容广博，对我国各族人民和世界人民的贡献也是巨大的，我们应该加强这方面的研究"。

正是由于他数十年如一日，辛勤工作在教育战线，抚育了众多各民族学子，使他们茁壮成长，今天已经成为各行各业的优秀代表，为西藏和其他藏区的繁荣发展做出了重要贡献。尤其是中国藏学界的不少专家学者都受过他直接和间接的指导和教育，与他有着不解之缘。

2015年12月17日，是一个令我终生难忘的日子。当天下午，我和班班多杰老师去航天中心医院看望他老人家。他躺在病床上，看着我们，还能紧紧握手，点头示意。我们忍住心中的悲痛，轻声表达希望他战胜病魔，再回学校的心意。谁知我们刚刚到家，就传来他去世的噩耗。他家里人说我们是最后一批看望者。

那个夜晚直至今天，我想起了许多和王先生接触的往事。我本人有幸跟王先生学习，和今天在座的不少人一起听他讲授萨迦班智达那封著名的信、米拉日巴传等等，感受到的不仅仅是知识，更多的是他的为人，他对后学的无私关心和帮助；我也有幸和王先生在一个研究所里工作，感受到的不仅仅他的是学者风范，更是他对事业的那份执着和热爱。

我想起他教我们学习藏文典籍时的风趣幽默、循循善诱；想起他在家里为我查找一本书时的急切表情；想起为召开"纪念于道泉先生诞辰100周年学术追思会暨《平凡而伟大的学者——于道泉》首发式"，他为于老师忙碌的身影。那个会上大师云集，他提出要我在会上代表民大藏族学者发言。作为晚辈，我感到胆怯。是他的鼓励，让我走上了发言席，得到了锻炼。

我还想起2004年的一天，我和他在办公室，论及中国藏学研究的往昔与未来，论及我校藏学研究院的发展方向。先生谈至激动处，情绪亦为之变化。他深情的话语，深深地震撼和打动了我。当时，一个念头涌上我的心头，我们的藏学研究院目前不正需要一面旗帜吗？这旗帜非王尧先生莫属。那次谈话一结束，我立即请示学校主要领导，希望聘请王尧先生为藏学研究院名誉院长。学校非常支持，破例批准离休多年的王先生担任名誉院长，并招收博士生。这以后，他除了培养学生，还做了不少工作，现任我校藏学研究院院长才让太的引进就得到了他的鼎力支持。中央民族大学建校60周年前夕，王尧先生又将自己的存书捐赠给藏学研究院。那次先生所赠图书共计500余卷（册），包括《西藏大藏经》（日本版）150卷，《大正新修大藏经》101卷，新纂大藏经《续藏经》52册，《大藏经》（法轮图标）110 册,《故宫博物院藏文物珍品全集》44 卷。他捐的不仅仅是书，更是对学院，对师生那颗真诚的心。当时，我代表学校向王尧先生表示了衷心的感谢，为他的赠书，更为他的高尚。

我更想起去年，他身体特别不好，却仍对一个想要拜访求教的普通藏族学生所说的话："你随时来！"那位同学后来激动不已，说真不敢想象一个大师级的老师会是如此平易近人，讲起拉萨话是如此流利自如，给自己提出的建议是如此中肯。王先生的这件小事让我也特别受感动。

如今，这一切都成了永久的回忆。

我相信，王尧先生等老一辈专家学者为中央民族大学创下的深厚的文化底蕴和学科优势，以及他们勇于奉献的高风亮节正是我们这所大学形成的重要根基，是需要后来者继承和发扬光大的。从这个意义上讲，今天的追思会也显出其意义之重大。

耿识博（国务院参事室文史业务司司长）：

王尧先生对中央文史研究馆非常有感情。他积极参加中央文史研究馆的很多活动。2010 年我和陈先生陪着王先生到青海去参加《中国地域文化通览》的审阅工作。王尧先生不顾年龄大，亲自到青海，和专家们进行座谈，一条一条地梳理书稿内容。王尧先生也经常参加中央文史馆所组织的其他活动。有一次我陪着王尧先生和阿姨到青岛去，当时王尧先生还列了几本他自己的著作，希望能把这几本书转送给中央文史研究馆的几位馆员。

先生确实是一位受到我们尊敬和热爱的老师。我最近在中央党校学习，我班里也有几个西藏的藏族同学，他们也听说了王尧先生去世的消息。他们对我说，王尧先生在西藏有着很高的威望。所以今天几个单位联合起来组织这么一个追思会，很有必要，很有意义。我们应该牢记先生身前的愿望，把先生对西藏、对西藏人民的感情发扬好，把我们的工作做好！

宗性（中国佛教协会副会长）：

王先生非常关心中国佛教界的人才培养和发展。大概在"文革"结束以后，整个中国佛教事业面临着复兴的机遇期，复兴工作中很重要的一项就是人才培养，因此在上世纪80年代就恢复了在"文革"中中断的中国佛学院的教育工作。那时候，王尧先生与法尊法师的交往、和赵朴老的交往，还有他一直对当时佛教协会整理房山石经的工作给予了很多关心和帮助。鉴于王先生一直以来在藏学领域的成就和在藏传佛教方面的精深造诣，中国佛学院恢复的时候，赵朴老就提议请王尧先生担任中国佛学院的院务委员。所以王先生在中国佛学院早期担任院务委员的时候，对整个中国佛教教育事业、人才培养工作都提出了很多好的建议，作出了重要的贡献。特别是当时佛学院刚恢复的时候，课程设置、内容安排、师资队伍都是比较缺乏。当时王尧先生帮助我们佛教界恢复中国佛教教育事业贡献了很多独到见解。所以我们今天回忆起来，中国佛教界如果说在人才培养上还有一点点积累的话，这都跟王先生在上世纪八十年代初期给我们的帮助和关怀是密不可分的。

耿昇（中国社会科学院历史研究所研究员）：

王先生有"三好"。

第一，王先生是一个好学者。我记得他的同学及老乡庞朴先生跟我讲过，王尧先生的国学底子非常深厚。他不但搞好藏学，庞朴先生当时跟我讲，王先生如果不搞藏学搞国学，他一样能搞得非常好。王尧先生所取得的藏学成就我们可以看出来的，《敦煌本吐蕃历史文书》《吐蕃金石录》《吐蕃简牍综录》，这些不是一般熟悉藏文的人或者是熟悉藏文历史的人能做的，这是相当难做的。我记得非常清楚的是，2001年，他从西藏回来，我们中外关系史学会在兰州开会，他听说了，给我打电话说要参加活动。他没有准备论文。他就着在西藏捡的一枚硬币滔滔不绝地做了一个非常好的讲座。这个没有学术底子是做不出来的。

第二，王先生是一个好先生。我说的好先生不是狭义上的导师、硕士生导师、博士生导师。他对于一切人都是好先生。我记得我们搞《国外藏学研究译文集》的时候，当时的一大帮子中青年，我、向红笳、谢继胜、陈楠、沈卫荣。开始是分着审稿，后来绝大多数由我来审稿；我审完稿，然后由王先生审定；最后交出版社出版。王尧先生很忙，一般白天都找不到他，不知道他在哪儿，只有晚上吃饭的时候他在。我一般都晚上去找他，如果饿了就在他家吃饭。他很有耐心，不仅是对他的入门弟子很有耐心，所有人找他，他都会提供帮助。他原来最早住在两居室的小房子里的时候，人都是络绎不绝。

第三，王尧先生是一个好朋友。王尧先生和大家的交往，有文化之交，也有朋友之交。由于他学术深奥，接人待物有独到的一套，大家都愿意和他交往。20世纪80年代的时候，没有电话，我经常是在吃饭的时候破门而入，到他家里去请教他。他每次都非常耐心。他讲的话我到现在还记得，对我将来做学问永远有帮助。

王尧先生走了，非常遗憾。王先生所留下的遗产，越来越显示出他的重要性。我们要继承王先生的遗产，把中国藏学搞好！

杜永彬（中国藏学研究中心当代研究所研究员）：

2015年12月17日，国际知名藏学家王尧先生驾鹤西去。藏学界失去了一位诲人不倦、德高望重的良师益友。12月18日，我写了寄托哀思的8句话："初入藏学门径，神交藏学大家。视若亲炙弟子，关怀备至有加。拜访如沐春风，领教获益良多。赐教诲人不倦，提携传道不厌。先生魂归道山，音容笑貌宛在。学术巨著传世，大师风范长存！藏学薪火传承，有赖后辈钻研。待到登堂入室，告慰恩师英灵。"今天我顺着上述思路表达三个意思：

（一）感谢王尧先生对我从事藏学研究的关怀和提携。初入藏学门径，神交藏学大家。1988年，我从四川大学硕士毕业分配到中国藏学研究中心工作，在《中国藏学》当编辑，总干事多杰才旦老师给我安排了一项很有意义的任务——拜访北京藏学界的知名学者，其中就有被称为中央民族大学"三王"的王森、王尧、王辅仁先生。我到王尧先生家拜访，得知我是任乃强先生的硕士研究生，王先生说："我刚从事藏学研究时就读任先生的书。"一下就拉近了和王先生的距离。当时从事藏学研究的学者和同行，几乎都是毕业于中央民族学院的"正规军"，我有"游击队"的感觉。

视若亲炙弟子，关怀备至有加。拜访如沐春风，领教获益良多。我虽然不是王先生的入室弟子，但是王先生对我这个藏学后辈非常关怀，并给予热情激励和提携，所以一些老师和朋友都认为我是王先生的学生。这样，我这个从藏学研究的"游击队员"就自然而然地成了"正规军"。王先生创办并长期担任《国外藏学研究译文集》和《贤者新宴——藏学研究》的主编，我在这两种刊物上都发表过译文和论文，从中也切身感受到王先生对后学的提携和指导。后来，我的研究方向和兴趣从人文科学转向社会科学，与王先生的学术交流自然就减少了。但是，王先生对我从事的新的研究领域仍十分关注，经常询问研究进展。

赐教诲人不倦，提携传道不厌。认识王先生之后，我经常登门拜访，并请教国外藏学和藏传佛教等方面的问题，他总是热情地传道解惑。终生难忘的是王先生对我从事英文藏学专著汉译的关怀和帮助：王先生曾推荐我翻译海德·斯多达的《早期汉藏艺术》，后因另有人同时翻译而"撞车"了。于是王先生又推荐我翻译戈尔斯坦的《西藏现代史——喇嘛王国的覆灭》。在翻译过程中遇到困难和问题，王先生总是热情鼓励和解答。汉译杀青时，又遇到出版方面的困难，王先生又帮助联系出版。随后又应我的请求为该书作序，写下了激情洋溢、充满爱国情怀和真知灼见并热情提携后辈的文字。后来，我在中国社科院研究生院师从导师多杰才旦先生（时任中国藏学研究中心总干事）攻读西藏历史研究博士学位，选定藏族学术大师更敦群培作为博士论文题目，得到了多杰才旦老师和王先生的认可。博士论文答辩时，王先生又拨冗给予了中肯的评阅和指点。博士论文出版时，我请王先生作序，他欣然应允,再次写下了热情提携和奖掖后学的文字。王先生的鼓励和提携,成为我潜心藏学的不竭动力。

（二）学习王尧先生的藏学研究成果和治学精神。作为国际知名的藏学大家,王先生的才、学、识、德,研究方法、研究成果和治学精神,都值得我们后辈学习。

第一,学习王先生的研究成果和治学方法。王先生一生发表和出版了大量藏学论文、专著和译著,大部分已汇集成《王尧藏学文集》（5卷）,由中国藏学出版社出版。王先生的藏学研究成果惠及后世,不但是治吐蕃史的专家的重要参考书,也是从事藏学研究的年轻学者的必读论著。他运用语言历史学等方法治藏学,取得了国际学术界公认的藏学研究成果。王先生曾指导我以藏文经典原著与相应的汉译对读的方式学习藏文,并让我读《藏族王统世系明鉴》。后来,我又将宗喀巴大师的《菩提道次第广论》与法尊法师的汉译逐行逐页对读,获益匪浅。

王先生的藏学研究具有藏区视野、中国视野和国际视野:他精通藏语文、藏族历史和藏传佛教,同藏族同胞交朋友交心,结下深厚的友谊,成为藏汉民族团结和睦的楷模。王先生国学根底深厚,谙熟中国历史、中国国情、历史上中央王朝对西藏的治理、新中国的民族政策、宗教政策和治藏方略,他时时处处都强调藏区是中国一部分,藏族是中华民族56个成员中的一员。

王先生长期活跃在国际藏学舞台上，他十分了解世界历史和世界大势，不但把中国藏学输出去，还把国外藏学引进来。王先生严谨的学风和雅致的文风也值得我们学习，他的藏学论著不但考证阐发精到，而且文情并茂，他的藏学译著信、达、雅。他的学风和文风与美国藏学家戈尔斯坦有异曲同工之妙。

第二，学习王先生的治学思想和治学精神。虽然王先生一生主要从事吐蕃及藏族历史和藏传佛教研究，但是他的藏学研究处处体现着"经世致用""参与研究"的治学思想和治学精神，继承和发扬了中国知识分子及前辈藏学家的优良传统。王先生还十分注重与不同学科和不同研究领域的学者交往交流，这样的学术交往拓宽了学术视野，丰富了学术养分，完善了治学思想和治学精神，还结交了不同学术领域的良师益友。"桃李不言，下自成蹊。"王先生的治学思想和治学精神已为弟子和后学所效仿。

第三，学习王先生对人才的爱惜和对晚辈的提携。王先生在培养藏学传人方面倾注了大量的热情和精力。他悉心指导的藏学硕士生和博士生大多成为了藏学界的骨干。他竭力提携年轻科研人员，不遗余力地鼓励和提携学界后辈，对后学的提携之情发自内心，溢于言表，充满了老一辈藏学家对后学的殷切期望。他还热情帮助藏学领域的同仁和同道，为专著作序、校订译文、解答问题等，总是有求必应。正因为如此，王先生的弟子中既有师门的、亲炙的，也有私淑的、神交的，真正是桃李满天下。王先生还十分注重同自己的学生合作研究和著书立说，这种亲密无间的师生之情及师生之间密切学术合作和传承学术的方式，值得学术界提倡。

（三）传承王尧先生的学术思想，告慰恩师在天之灵。先生魂归道山，音容笑貌宛在。学术巨著传世，大师风范长存。王先生虽然魂归道山离开了我们，但是他的音容笑貌依然活在藏学界。王先生的学术成果、治学方法、治学思想、治学精神，以及文风和学风都值得后辈学习和传承。王先生的藏学研究尤其是吐蕃研究水平举世公认，在中国现代藏学史上写下了璀璨夺目的一页，国际藏学发展史上理应有王尧先生一席之地。藏学薪火传承，有赖后辈钻研。今天，从事藏学的同仁和同道，更应当像王先生及其前辈和同辈藏学家那样，"咬定青山不放松，任尔东南西北风"，不断打牢学术定力，力争在藏学研究领域取得更大的进步，把中国藏学事业不断推向前进，不辜负王先生的鼓励、提携和殷切期望。中国藏学只有规模和数量还远远不够，只有拿出更多的原创性、高水平的藏学精品力作，不断提升中国藏学研究的国际学术竞争力，才无愧于藏区广大民众和国家及时代所赋予藏学研究者的神圣使命。待到登堂入室，告慰恩师英灵。中国藏学研究人员只有勇猛精进，奋起直追，不断拿出国际一流的藏学研究成果，不断增强中国藏学研究的整体实力，才能促进祖国藏学事业更加繁荣昌盛。

待到中国藏学在主要研究领域都取得举世公认的研究成果，藏学的故乡中国成为名副其实的国际藏学研究中心时，告慰王尧先生等九泉之下老一辈藏学家的在天之灵！

罗文华（故宫博物院藏传佛教文物研究所研究员）：

王尧先生去世以后，我一直在回想跟王先生有关的往事，发现10年前跟王先生的交流比较多，后来因为工作忙，交流少了很多。在我的脑海里闪现的都是一些跟他交流的片段，有些场景非常鲜活，恍如昨日，历历在目。

记得我们故宫博物院聘请王先生作为顾问是在1990年。当时故宫第一次办一个藏传佛教文物的展览，所里几乎没有任何资料，所以就聘请了王先生作为此次展览的顾问。也是因为这次展览，我有机会时时地去麻烦王先生。说实话，现在想起来非常惭愧，我只是一个毛头小伙子，跟王先生说话百无禁忌，王先生对待我这样的无知晚辈，总是客气有加，时时加以鼓励。我遇有问题就跑去王先生家里请教，王先生知识面非常宽广，经常会把他的资料，尤其是难得一见的外文资料翻出来给我看。记得那个时候，我把自己写的一些小文章拿给王先生看，王先生读了以后，除了略微指点一些不足之外，褒奖有加。今天看起来，这些文章都是非常幼稚，但王先生的鼓励却给了我坚定的信心和勇气，走上学术研究之路。先生曾说：你要立足于故宫做一些研究，里面是学术资料的宝库，将来一定能有成就。这些教诲对当时处于迷茫状态的我来说受益无穷。今天自己带学生了，对于王先生当年的心态有了更为深刻的理解，自省自己的教学水平自然难望其项背，就是跟学生的交流也无法像他那样从容，充满感召力，批评多而鼓励少。我想如果当时王先生不是对我循循善诱的话，我恐怕也会缺少坚持下去的勇气。所以王先生对我个人的影响不仅仅是学问，更多的是做人方面的。

有一件事我印象特别深。2000 年我申请到维也纳大学访问，当时是请王先生做推荐老师。王先生说，你先拟一下内容，好了给我看一下。我当时特别傻地问了一个问题。我说，您懂英文吗？王先生当时哈哈大笑说：我略懂一二。他不以为忤，我作为一个晚辈，确实很失礼，今天想起来都感觉汗颜。后来我跟褚俊杰先生学习的时候，才从他的嘴里听到很多有关王先生在国际藏学界的神采，以及在国外教学和生活的往事，让我对他更加的敬佩。

记得去维也纳之前，我到王先生家里告别。临走时，他亲自送我到门口，语重心长地说，我不知道你能为这个国家做什么，但是你应当知道在国外一定不能做什么。这是第一次看到王先生这么严肃跟我说话，他当时的这个表情和语气一直刻在我的心里。

对于先生的去世，我感觉精神上出现了一个空洞。一位老师、一位长者离开了我们，留下了很多，也带走了很多。作为一位藏传佛教的研究人员，对于王尧先生开辟的藏学研究的道路，我们会尽最大的努力一直耕耘不辍，让它结出更为丰硕的成果来，以慰先生的在天之灵。对于我个人而言，我只有一个目标，就是要配得上王先生当年在我还是一名毛头小伙子时对我的鼓励。

张长虹（四川大学中国藏学研究所副教授）：

王尧先生是我认识的第一位藏学大家。因着四川大学中国藏学研究所这个平台，我得以能够近距离接触到这样一位享誉国内外的藏学大家，先生丝毫没有学术大腕的傲慢，就像邻家大爷，平易近人、妙趣横生、提携晚学。

2000 年底，四川大学中国藏学研究所成立，随即成立了学术委员会，王尧先生连续两届任学术委员会主任（2000—2008），给这个新成立的、势微力弱的研究所以极大的鼓励和支持，并且于 2003 年 10 月 8 日至 11 月 9 日应邀来校进行讲学和驻所研究，我和杨清凡等几名青年学子也得以有机会近侍左右。在这一个月的时间里，先生开设了《走近藏传佛教——谈藏传佛教的若干特点》系列学术讲座，共 8 讲，12 次。先生的讲座旁征博引，谈经论典，信手拈来，以通俗易懂、生动幽默的语言将博大精深的藏传佛教及历朝人物掌故、文物典籍以及中华文化多元一体的思想发挥得淋漓尽致，原想只针对历史文化学院和藏学所的师生，没想到开讲后吸引了校内外200多人前来听讲，教室不得不一换再换。王尧先生以75岁的高龄，每次坚持站着讲座，并一一耐心回答学生们提出的问题，常常一次讲座要持续近3个小时，每次讲课下来，尽管是深秋，但也累得大汗淋漓。驻所讲课期间，在北京的老伴患病住院，经检查系心血管主动脉堵塞95%，异常凶险，决定立即做心脏搭桥手术，为了不耽搁讲课，王先生请远在欧洲的儿子回国照顾，而王先生一直坚持到讲座结束，等到他返回北京时，老伴已经做完手术出院回家了，所幸手术顺利！王先生这种因公忘私无我的敬业精神令我们敬佩不已。先生在川大的讲座是我所成立以来举办的第一次大型系列学术讲座，在川大校园首次掀起了藏学热，先生的讲座录音我也是反复听学，受益匪浅，经和杨清凡、高泽祯、曾穷石等几名当时在川大读书的青年学子商量合作，先是整理成了内部印制的讲义，后又在清凡博士的努力下，正式由中华书局于2013年出版，保留了先生原汁原味的语言风格，深受广大读者喜爱。

先生对学术的要求精益求精，对讲座的题目斟酌再三，特意叮嘱讲座题目的用字是"走近"而不是"走进"，因为藏传佛教博大精深，我们只能相对地接近她,而要想真正地走进去,还要花大功夫才可以。在生活上,先生则从来不提任何要求,当时川大能够提供的条件非常有限,居住在简陋的教工宿舍,我们为先生准备了简单的生活用品,每每问起先生还有什么需求,总是说"很好了,很好了",常常一碗面条就是一餐饭,若是炖点鸡汤什么的就要算大餐了。

2001年11月和2003年11月,王先生两次亲临成都,参加我所首次举办的大型学术会议"西藏和其他藏区现代化道路选择研讨会"和第二次大型学术会议"藏彝走廊历史文化学术讨论会",给我们以极大的支持。2007年12月,王先生又莅临成都,参加我所首届西藏考古与艺术研究方向杨清凡、张长虹和吕红亮的博士论文答辩,并任答辩委员会主席。早前得知我欲从事西藏阿里石窟考古的研究,王先生便鼓励我要不怕吃苦,一定要到遥远的阿里去实地考查;进行西藏考古与艺术研究,一定要学习藏文,不然走不远,学习藏文最快捷有效的办法就是找一部翻译过的文献进行汉藏对照阅读。多年来,遵从先生的这些教诲进行学习,果然受益匪浅,我又把这种行之有效的方法传递给了我的学生们。

成都有一位王先生的好友,就是四川大学的张永言教授,著名的语言学家。先生每到成都,必去看望张先生。我和霍巍教授曾经两次陪同王先生前往,看着两位白发苍苍的老人坐在一起,回忆属于他们的往昔岁月,令人唏嘘不已。后来每次打电话或前往北京看望先生，他必嘱托我们替他看望张先生。王先生对友人的深切挂怀和真挚感情令人感佩。

　　王先生走了，中国藏学界失去了一位学问灯炬，川大藏学所失去了一位强力后盾，我失去了一位可敬可亲的学界长者。追念逝者，唯有好好学习，努力工作，发展自己，发展川大藏学，发展中国藏学，以告慰先生在天之灵！

巨匠陨落化甘露，桃李芬芳在人间——缅怀王尧先生

《中国西藏》编辑部

著名藏学家王尧先生于 2015 年 12 月 17 日 18 时在北京逝世，享年 87 岁。听闻此讯，凡涉藏之士皆悲痛不已！王尧先生为藏族文化的弘扬传承、中外文化的交流贡献全部心力。本刊特约请部分藏学家，节略记述，集而成篇，以为追思和纪念。

扎洛（中国社会科学院近代史研究所研究员）：

王尧老师在大家都觉得快要渡过难关的时候突然去世了，也许是因为他一生钟情佛教研究的缘故，微信里大家都用了"往生净土"的说法，寄托着大家对他最后的祈愿。

我并非王老师门下弟子，但与王老师相熟，有过一段难忘的学缘，这全源于他老人家热心助人的天性。大约在 2003 年底，我奉命编辑柳陞祺先

生百年诞辰纪念文集，老师应约惠赐文稿。在文稿编辑过程中，与王老师电话往来，谈及我正在以布鲁克巴（不丹）为题撰写博士论文，遇到资料方面的困难。王老师对此非常关心，称他很早以来一直关心对喜马拉雅山国家的研究，因为这是藏学研究的重要组成部分，曾经专门安排自己的研究生研究不丹和锡金的历史，可惜他们毕业后都未能从事学术研究工作。他说："喜马拉雅山南面的这些地方，历史上都是我国的藩属，后来英国把他们搞走了，应该好好地研究这段历史。"他还说："藏族历史上出过许多伟大的人物，高僧学者很多。你要努力，在这个领域做出扎实的成果，发出我们的声音。"他表示愿意把自己收藏的相关资料送给我。我当时论文写作正值进退维谷，一度有改换题目的念头。几次与王老师的谈话，给了我极大的鼓舞。

不久，王老师如诺让人转来英国学者迈尔考·阿里斯（Micheal Aris）的成名作《不丹：一个喜马拉雅王国的古史》。翻开一看，扉页上原印有 For Suu 字样，Suu 即阿里斯的爱妻、缅甸政治领袖昂山素季（Aung San Suu Kyi），其下有作者用藏文所题"赠予我的朋友王尧阁下，作者迈尔考·阿里斯敬呈。1985 年 3 月 1 日。"昂山素季是诺贝尔和平奖获得者，阿里斯也是国际藏学界的翘楚，有他的亲笔签名，自然颇具收藏价值，而王老师却慷慨相赠，着实令人感动。后来，王老师又打电话来说，他在香港大学讲课，与不丹驻香港的代表相熟，如果我想去不丹访问，他愿意推荐。虽然未能成行，但我深切地感受到王老师对我的关怀、对于不丹研究这个选题的重视。

2012年，拙作《清代西藏与布鲁克巴》一书出版，我恭敬地签名后送给他，感谢他给予指点鼓励，无私地提供资料。他说："我已经老了，有很多事想干却干不了了，学术事业薪火相传，能为你们提供帮助，我感到高兴。"得知我下一步的研究计划，他又说了许多鼓励的话，并提供了具体的资料信息。

2015年7月在西安开会，得知老师将自己毕生所藏图书资料分别捐赠给了中国人民大学、中央民族大学、复旦大学、陕西师范大学。学者无不视书为命，老师毅然将珍爱的图书全部捐给社会，嘉惠万千后学，让人油然生起深深敬意。

王老师走了，他那百科全书式的藏学知识与热心慷慨的师者风范堪称楷模。想起往日与王老师的交往，内心充满了温暖和感动。祈愿老师早登极乐，在西天无量数经卷书册的陪伴中，自在安住。

苏发祥（中央民族大学民族学与社会学学院教授）：

12月17日下午6时，王尧先生，一个跨越两个时代的著名学者，学生眼中慈祥的老师，同事朋友眼中尊敬的长者，静静地永远地合上双眼，告别了他为之钟爱一生、奋斗一生的藏学事业，踏上了去往西天净土之路。

王尧先生热爱藏族文化，尊重藏族文化，他一生主张和践行把学习和掌握藏语文作为藏学研究的金钥匙。一口流利、纯正的拉萨话，不仅赢得了藏族学者的认可，也得到了国际藏学界的崇敬，为中国的藏学研究赢得了尊严和地位。在其一生的学术生涯中，始终与国内外藏族一流学者，如东噶·洛桑赤列、木雅·曲吉建才、南喀诺布、木雅贡布等，保持着密切的联系和交流。

王尧先生早年致力于藏语文和藏族文学的翻译和研究。上世纪50年代，他翻译出版的《西藏萨迦格言选》至今仍是人们学习的范本。后来，他对藏族民间故事和藏剧故事的整理、翻译和研究也广为流传。在多篇论文和多次访谈中，王尧先生都强调语文学对一名研究者的重要意义。

上世纪八九十年代，王尧先生先后参加七届国际藏学会议，与国际藏学界的巨匠们保持着不间断的学术交往和私人友谊，如乌瑞、李方桂、石泰安、噶尔梅等。从1985年开始，王尧先生主编的《国外藏学研究译文集》，成为国内学界了解国际藏学研究的窗口。

桃李不言，下自成蹊。王尧先生亲自指导的硕士和博士研究生中，藏族学子占了大部分，他们现在都是各自单位的中坚力量，而受他耳提面命成为国内藏学界栋梁之才的学生更是无从计数。终其一生，王尧先生对自己的启蒙老师于道泉先生和贡噶活佛念念不忘，每每谈及，动情之处，潸然泪下，令人感动不已！2001年，先生在其古稀之年，用饱含深情和充满敬仰之笔，撰写了《平凡而伟大的学者——于道泉》。这是先生的泣血之作，从某种程度上也反映出先生崇高的学术理想和人生追求。

王尧先生不仅是国内系统搜集、整理和研究敦煌古藏文文献的第一人，也是迄今为止国内外学界研究吐蕃历史文化、碑铭石刻、藏文简牍成果最为丰富的学者。《吐蕃金石录》《吐蕃简牍综录》《吐蕃文献选读》《敦煌吐蕃文献选》《吐蕃文化》等开创性的著作，使得后来者受益匪浅，难忘项背。而《吐蕃金石录》前言中关于藏文演变发展的精彩论断，成为今天学者们研究藏语文的原点。

王尧先生是上世纪以来中国藏学界最为"预流"的学者，其治学精神和学术财富将激励和鼓舞当代和未来的学人们！惟此，敬为先生挽曰：

上贡噶，过唐拉，足迹遍青藏雪域；
译格言，释敦煌，妙笔著汉藏春秋。

挽诗挽联选摘

追思王尧先生

神山贡嘎雪皑皑,缘分逾越六十年;
倾力藏汉文化路,真情流露笔墨间。
赤诚凝聚成纽带,缔结千秋疆宇安;
冰心一片日月朗,蹒跚足迹遍雪山。
鸿泥法源留踪影,讲堂忆诵萨迦篇;
寒梅经冬枯槎老,清香四溢芳满天。

宗性
2016年1月9日

王尧先生千古

展写卷,磨金石,史乘浩繁,唯先生究其阃奥;
承真言,受正教,学路修远,蒙恩师点亮智灯。

弟子 陈楠 敬挽　2015 年 12 月 19 日

天挺老前辈大人千古

昨晚惊悉王老溘逝,痛何如之!谨奉挽联一副,以表哀悼:

通汉藏历史文明置邮,高斋聆謦欬,追忆已成前世语;
极唐蕃简书金石窔奥,海上想音容,往生应到雪山巅。

末学 许全胜 拜挽　2015 年 12 月 18 日

(作者:许全胜,复旦大学文史研究院研究员)

王尧先生千古

崇山远去,此生自了乐空究竟;
飞雁归来,何得再话庄岳余声。

任小波、闫雪 拜挽　2015 年 12 月 20 日

(作者:任小波,复旦大学中国历史地理研究所讲师;
闫雪,上海社会科学院宗教研究所助理研究员)

王尧先生学术成就评述

陈楠

此文原载沈卫荣、谢继胜主编《贤者新宴——王尧先生八秩华诞藏学论文集》（中国藏学出版社，2009年），对王尧先生的学术成就作了全面的评述。而今收入此集，作为一份永久的纪念。

"藏学"（亦有称"西藏学"）是一门综合性研究学科，实际上包括语言文字学、考古学、历史学、地理学、宗教学、文学、艺术、美术、雕塑、绘画、音乐、舞蹈、民间说唱、戏剧、天文、历法、藏医藏药、建筑等多种学术领域。举凡对藏学（不论哪一分支）有些许了解的人，对王尧这个名字都不会陌生。我生也有幸，得遇良师。1984年考入中央民族大学，跟随苏晋仁先生研读吐蕃历史，同时师从王尧先生学习藏文及藏文文献。留校工作后，也因近水楼台，在西藏历史文化的教学研究工作中，一直得到王先生的教导。算起来，师从王先生已有25年。这25年，人生最重要的成长与发展时期,是在先生教育、培养、帮助和影响下走过来的。

王尧先生祖籍江苏涟水,建国初期就读于南京大学中文系。1951年春,年轻的共和国一方面正进行着轰轰烈烈的"抗美援朝,保家卫国",同时和平解放西藏的伟大斗争已拉开序幕。国家从全国重点大学(北京大学、南京大学、复旦大学、山东大学、湖南大学、广西大学、安徽大学等)调集一批优秀大学生来到北京,为解放和建设西藏培养专门人才。"到西藏去,到祖国最需要的地方去!"也成为那一时期青年才俊舒展宏图、报效祖国的理想追求。王先生正是响应国家召唤,胸怀"参与保卫国防,解放西藏伟大事业"的雄心壮志,辞别母校,成为刚筹建的中央民族学院第一批学习藏语的大学生。从那时起,广博丰厚的藏文化,就是他安身立命的根本所在。他在藏学这一宽阔领域遨游探索,孜孜以求,迄今已逾58年矣。朱熹言曰:"君子之学,不为则已,为则必要其成,故常百倍其功。"(朱熹:《四书集注·中庸二十章》),王先生正是如此。

藏学虽学科众多,但藏语文恰是藏学入门的钥匙。王尧先生接触、进入藏学领域,正是从学习藏语文开始的。在学习藏语文的过程中,对王先生影响最大的老师是著名语言学家于道泉教授。于先生精通藏、蒙、满、英、法、德、匈、土耳其和世界语等多种语言,他不仅具有广博的语言学知识,而且宽容谦和,他自行设计一套拉丁字母拼写藏语的方案,并且制定从口语到文字的学习程序，他自编生动有趣的口语教材，聘请曲吉洛卓（李春先）、土登尼玛、罗桑曲准等精通拉萨藏语的藏人做学生的口语老师。具备了初步的藏语文知识后，王先生和他的同学们又被派往藏区学习。这期间，对王先生影响颇深的是著名的贡噶活佛。贡噶上师是康区木雅人，曾担任十六世大宝法王噶玛巴的经师，著有关于西藏历史、宗教、文化等内容的多种著作，在东部藏区有极高的威望。王先生即是在贡噶上师的本寺，坐落在贡噶雪山上的"康松扎"寺，师从贡噶上师等高僧大德学习藏文文献，诸如萨迦班智达的哲理诗《萨迦格言》、关于印度佛教史及佛本生内容的《佛陀释迦牟尼赞注》等。其后，贡噶活佛又应邀来中央民族学院客座讲学。1954年9月，第一届全国人民代表大会第一次会议期间，贡噶上师被聘为大会翻译处的顾问，与于道泉教授、法尊法师、才旦夏茸活佛、黄明信先生等参与了《宪法》等五部法律文件的藏文翻译工作。王先生则以助手身份随侍大师身边，既在实际工作中得到了锻炼，同时也从先辈学者的言传身教中获益极多，为其后的学术研究打下了坚实基础。

自1956年在《中国语文》上发表《藏语的声调》一文起，一位才华聪慧的青年藏学家开始登上在当时并不宽阔的学术舞台。这篇文章是根据赵元任博士在《仓央嘉措情歌》一书的音系分析，对藏语拉萨方言的语音系统归纳后得出的观点，进一步明确了藏语拉萨方言中声调形成的语音变化现象，并以若干书面语的实例来证明声调是书面语（也就是古代藏语）演变的结果。这篇言之有物、见解新颖的论文，随即引起了著名语言学家北京大学中文系教授王力先生的重视，并在其《汉语史稿》（第一分册）中加以征引。老一辈学者的认可，给王尧先生以很大的鼓励。1956—1957年间，《人民日报》副刊腾出宝贵的篇幅，以连载的方式，刊登王先生翻译的200余篇《萨迦格言》译文。20世纪60年代，当时根据需要，中央民族学院举办了两期藏文研究班，敦请西藏当代最著名的学者东噶•洛桑赤列活佛承担研究班的教学工作，王先生当时担任教学助理。在6年时间里，王先生得以与东噶活佛朝夕共处，切磋学术。这两期研究班卓有成效，培养了一批人才，有些后来成为藏学研究的骨干力量，有些担任了藏族地区的党政要职。王先生与东噶活佛前后共事10余年，还曾几次一起去德国、奥地利等国参加国际会议。他对东噶活佛非常钦敬，评价甚高："他虽身为活佛，饱学经典，但思想活跃，不落流俗，颇能适应新的时代潮流；他锐意吸收新的知识和新的理论，能开拓新的视野，绝不囿于陈说，是最为通达的大师级的藏学权威"，并说"他对我的学术生涯影响至巨"。

早在藏文研究班教学期间，由于工作的实际需要及学术使命感的催促，王尧先生即开始探索古代藏文的发展脉络，主要把精力放在吐蕃时期藏文的研究上，以极大的兴趣研究敦煌石窟遗书中的藏文写卷。他的研究工作，得到于道泉先生的鼓励和支持。于先生将从海外携回的巴考等人合著的《敦煌本吐蕃历史文书》（1940年，巴黎出版）交与王先生，王先生如获至宝，用心研读。因无法看到藏文原卷，他只得先将书中藏文拉丁转写还原为藏文，然后再仔细研究琢磨。至此，开中国藏学界研究敦煌古藏文写卷之先河。

自1966—1978年10余年间，国家经历浩劫，个人命运坎坷多舛，无人能够幸免。1969—1972年，王先生被下放到湖北潜江"五七干校"劳动。在此期间，他忍辱负重，利用一切机会，抓紧一切时间深入研读古藏文文献。在"文革"后期政治形势有所缓解之时，王先生跟随于道泉、费孝通等学术前辈，已是察于未萌：一面暗自努力，钻研学术，一面期待着社会变革之日的到来。风水轮流转。至1978年，历尽劫波的中华大地春风鼓荡，萌发出无限生机。王先生于知天命之年身负推动藏学发展的使命，厚积薄发，游走于国内外藏学界，著书立说，培养后学。30年过后的今天，收官盘点，先生可谓是硕果累累、桃李天下。

"学之广在于不倦，不倦在于固志。"王尧先生正是矢志藏学，万难不辞。50多年来，王先生从事藏族语言、文学、古藏文文献、藏传佛教等多个领域的研究与教学。他曾10余次走进藏区，与藏族同胞一起生活、学习和工作，他钟情藏学，与藏族人民结下了水乳交融般的深厚情谊。在藏学界，王先生是一个辛勤的耕耘者和拓荒者。当然，他也获得了学界瞩目钦羡的大丰收！根据任小波同学整理的《王尧教授历年论著目录》，王先生著有各类论文（包括杂文）近200篇，各类学术专著（包括合著）27部，其中最重要的有《吐蕃金石录》《吐蕃简牍综录》《敦煌本吐蕃历史文书》《吐蕃文化》《宗喀巴评传》《藏学概论》等。另外，他还主编参编各类大型丛书、工具书《国外藏学研究译文集》《贤者新宴》《西藏历史文化辞典》等14部。

王尧先生在藏学领域的开拓性贡献在于：

（一）对西藏古代历史文献的整理和开拓性研究。西藏古代历史文献主要有三大类，即敦煌古藏文写卷、吐蕃时期遗留的金石铭刻以及在新疆、青海等地发现的简牍文字。这些文献是研究西藏古代历史（吐蕃史）最可信最宝贵的第一手资料。王先生集前辈学者研究之大成，对此三类古藏文文献进行了全面系统的整理和研究。20世纪80年代初，他的三部吐蕃文献专著《吐蕃金石录》《敦煌本吐蕃历史文书》（与陈践合著）《吐蕃简牍综录》（与陈践合著）相继问世，其中考释部分探幽阐微、博征广引，尤见功力。他对藏学研究最突出的贡献在于，把古藏文文献引进对西藏古代历史的研究，开辟了吐蕃历史研究的新时期，同时对唐史、中亚史研究等相关学科亦起到了异乎寻常的裨益作用。

（二）对汉藏之间源远流长的文化交流关系的探求。王先生从翻译、释读敦煌本《尚书》《战国策》等藏译汉文古代文献写卷入手，进而研讨阴阳五行、八卦、河图洛书等中国古代文化思想体系在吐蕃社会的影响，有理有据地说明藏族古代的天文、历法、医药等方面，从形式到内容均体现了中原文化的深刻影响。

（三）关于藏语的历史分期及方言划分。在长期对藏族语言、历史、文献的综合研究的基础上，王先生认为历史上的藏文文献大致可分属5个时期，即上古、中古、近古、近代及现代。在方言划分方面，他认为在传统的拉萨方言、康巴方言和安多方言外，还应加上嘉绒方言。1981年，在维也纳召开的第三届国际藏学会上，他宣读的学术论文《藏语 Mig 字古读考》，受到国际藏学界的赞扬与关注。

（四）关于汉藏佛典的对勘和比较研究。王先生很早就把宗教作为文化现象来认识和研究，认为佛教是藏文化的重要载体。他的独到之处是汉藏佛典的对勘和比较研究，涉及的主要佛典有《金刚经》《般若波罗密多心经》《大乘无量寿宗要经》《佛说阿弥陀经》《贤愚经》等。另外，他的佛教研究专著《宗喀巴评传》（与褚俊杰合著）更是另辟蹊径，把藏族人民深深崇爱的宗教大师视作学者和思想家，从而更全面系统地阐述了宗喀巴大师在藏族思想文化史上的卓越贡献。另外值得一提的是，王先生培养的弟子之一，现任中国人民大学国学院西域历史语言研究所所长沈卫荣教授,在王先生汉藏佛教文化比较研究的基础上,将这一领域更加向前推进。有理由相信,这项十分重要的学术事业一定会薪火相传、前途无限。

另外一个重要方面,王尧先生在中国藏学界与国际藏学界的学术交流上贡献甚大。古人云:"独学而无友,则孤陋寡闻。"他经常参加各类国际学术会议,对国际藏学界的学术研究动态及发展情况了如指掌,毫无保留地将这些奉献给国内同仁和后学,为此还主持编辑了《国外藏学研究译文集》。这套系列丛刊已出版近20辑,已成为国内学人了解国外藏学研究概况和动态的重要窗口,为中国藏学界源源不断地注入新鲜活水,使日益兴旺的中国藏学事业更加充满生机活力。几十年来,作为国内外知名学者,王先生在海内外学术界甚为活跃,是一位不知疲倦的文化使者。他曾先后在奥地利维也纳大学、德国波恩大学、加拿大多伦多大学、日本京都佛教大学、美国洛杉矶西来大学,以及国内北京大学、清华大学、南京大学、香港中文大学等知名高校客座讲学,培养的学生难以数计,真正是桃李满天下。

在国内学术文化界,王尧先生的影响及声誉早已超出藏学界,其学术研究和交往涉及历史学、民族学、敦煌学、佛学等众多文史领域。除担任海内外多所大学的客座教授之外,他还兼任中国佛教文化研究所、敦煌研究院等学术机构的研究员,同时还是中央民族大学藏学研究院名誉院长、中国敦煌吐鲁番学会少数民族语言文字专业委员会主任、中国文化书院导师、中国佛教协会《法音》杂志编委、德国波恩大学《藏文历史文献》专刊编委。另外，他还是《中国文化史丛书》的编委会成员，在萧克任编委会主任的百卷巨著《中国文化通志》中担任《民族文化典》的主编。

而今，作为国务院文史参事之一，王尧先生所承担的社会责任更加重要。先生本是文化人，是学者，但同时也是坚定不移的爱国者，是保家卫国的志士。当年，他便是响应新中国经略西藏的需要而投身藏学事业。几十年间，他热爱藏学，不遗余力地传播藏文化。在涉关西藏问题上，王先生从来旗帜鲜明、立场坚定，与各种别有用心者作不调和的斗争。近几年来，西藏问题更成为社会的焦点之一。王先生更是不辞辛苦，参与内外宣传工作，从学者的视角为有关决策部门提供意见参考，为维护祖国统一和民族团结做出了应有贡献。当然，王先生的主要精力，仍是继续他的藏学研究事业。在他看来，这块广袤无垠的土地上，永远有尚待开拓的荒莱。值此先生80华诞之际，衷心地祝愿他学术生命长青，继续攀登藏学事业的新高峰。

王尧先生论著目录

任小波 整理

（一）论文、杂文

1956 年

《藏语的声调》，《中国语文》1956 年第 6 期。

1957 年

《西藏谚语俗语选》，《民间文学》1957 年第 1 期。

1958 年

《藏语数词中的"垫音"》，中国语文杂志社编：《少数民族语文论集》第 2 集，北京：中华书局，1958 年。

1962 年

《藏族史札记》，中央民族学院历史系编：《中央民族学院历史系科学讨论会论文汇编》，北京：中央民族学院，1962 年。

《略谈西藏民歌中的谐系民歌》，《民间文学》1962 年第 2 期。

1963 年

《藏文大藏经（西蕃字藏）述略》，藏族研究班专题讲座讲稿，北京：中央民族学院，1963 年。

1965 年

《萨迦世系、帕竹世系》，王森：《关于西藏佛教的十篇资料》附录，北京：中国社会科学院民族研究所，1965 年。

1978 年

《西夏黑水桥碑考补》，《中央民族学院学报》1978 年第 1 期。

《萨迦班智达公哥监藏致蕃人书》，韩儒林主编：《元史及北方民族史研究集刊》第 3 辑，南京：南京大学历史系元史组，1978 年。

1979 年

《黄河源上两大湖——扎陵、鄂陵名称位置考实》，《社会科学战线》

1979 年第 3 期。

《喇嘛教对藏族文化的影响》,《青海民族学院学报》1979 年第 3、4 期。

《藏文》,《民族语文》1979 年第 1 期。

《藏戏和藏戏故事——西藏文化巡礼之一》,《西藏文艺》1979 年第 3 期。

《〈敦煌古藏文历史文书〉中的藏族古代歌谣——西藏文化巡礼之二》,《西藏文艺》1979 年第 4 期。

《西藏访书简记》,《中国史研究动态》1979 年第 9 期。

《〈敦煌古藏文历史文书〉序言》,王尧、陈践:《敦煌古藏文历史文书》,西宁:青海民族学院,1979 年。

1980 年

《吐蕃佛教述略》,《青海民族学院学报》1980 年第 4 期。

《藏族翻译家管·法成对民族文化交流的贡献》,《文物》1980 年第 7 期。

《第巴·桑结嘉措杂考》,中国人民大学清史研究所编:《清史研究集》第 1 辑,北京:中国人民大学出版社,1980 年。

《藏文古代历史文献述略》,《西藏民族学院学报》1980 年第 2 期。

《史传文学及〈米拉日巴传〉——西藏文化巡礼之三》,《西藏文艺》1980 年第 2 期。

《〈萨迦格言〉评价——西藏文化巡礼之四》,《西藏文艺》1980年第3期。

《推荐〈国外西藏研究概况〉》,《中国出版》1980年第3期。

《对音译转写地名的一点补充意见》,《民族语文》1980年第2期。

1981年

《南宋少帝赵㬎遗事考辨》,《西藏研究》1981年第1期。

《山东长清大灵岩寺〈大元国师法旨碑〉考释》,《文物》1981年第11期。

《藏语Mig字古读考——兼论藏语声调的发生与发展》,《民族语文》1981年第4期。

《〈苯教史〉汉译本导言》(噶尔美撰,与陈观胜合译),《青海民族学院学报》1981年第3期。

1982年

《吐蕃文献学概述》,王尧:《吐蕃金石录》,北京:文物出版社,1982年。

《P.T.1283号〈北方若干国君之王统叙记〉文书》(与陈践合撰),《敦煌学辑刊》1982年第2期。

《〈于阗教法史〉——敦煌古藏文写卷 P.T.960 号译解》（与陈践合撰），《西北史地》1982 年第 3 期。

《敦煌藏文写卷 P.T.986 号〈尚书〉译文证补》（与陈践合撰），中央民族学院藏族研究所编：《藏族研究论文集》第 1 集，北京：中央民族学院藏族研究所，1982 年。

《敦煌本藏医学残卷介绍（上）》（与陈践合撰），《中华医史杂志》1982 年第 4 期。

《纪念中孟人民的友谊使者、孟加拉族佛教学者阿底峡大师》，《南亚研究》1982 年第 3 期。

《承德〈安远庙碑〉考释》，《法音》1982 年第 3 期。

《关于 chis 一词的翻译问题》（今枝由郎著，王尧译），《民族译丛》1982 年第 1 期。

1983 年

《敦煌古藏文〈礼仪问答〉写卷译解》（与陈践合撰），《西北史地》1983 年第 2 期。

《敦煌吐蕃文书 P.T.1291 号〈战国策〉藏文译文证补》（与陈践合撰），《青海民族学院学报》1983 年第 3 期。

《敦煌古藏文〈罗摩衍那〉译本介绍》（与陈践合撰），《西藏研究》1983 年第 1 期。

《敦煌本藏医学残卷介绍（下）》（与陈践合撰），《中华医史杂志》1983 年第 2 期。

《辽刻〈契丹藏〉发微》，《中国历史博物馆馆刊》第 5 卷，1983 年。

《再论民族民间文学与宗教的关系》（与马学良合撰），《西藏文学》1983 年第 2 期。

1984 年

《吐蕃文献叙录》，中国民族古文字研究会编：《中国民族古文字研究》，北京：中国社会科学出版社，1984 年。

《敦煌藏文写卷 P.T.1083、1085 号研究——吐蕃占有敦煌时期的民族关系探索》（与陈践合撰），《历史研究》1984 年第 5 期。

《嘉木样协巴》，王思治主编：《清代人物传稿》（上编）第 1 卷，北京：中华书局，1984 年。

《敦煌藏文写本手卷研究近况综述》，朱东润、李俊民、罗竹风主编：《中华文史论丛》第 30 辑，上海：上海古籍出版社，1984 年。

1985 年

《吐蕃时期的占卜研究——敦煌藏文 P.T.1047、1055 号译释》（与陈践合撰），《世界宗教研究》1985 年第 3 期。

《吐蕃的鸟卜研究——P.T.1045 号卷子译解》（与陈践合撰），中央民族学院藏族研究所编：《藏学研究文集》第 3 集，北京：民族出版社，1985 年。

《唐拨川郡王事迹考——吐蕃大相禄东赞嫡孙仕唐故实》，朱东润、李俊民、罗竹风主编：《中华文史论丛》第 35 辑，上海：上海古籍出版社，1985 年。

《西藏佛教及教派简介》，中央民族学院藏族研究所编：《藏学研究文集》第 3 集，北京：民族出版社，1985 年。

《藏语西部方言——巴尔提（Balti）话简介》，《西藏民族学院学报》1985 年第 3 期。

《〈苯教史〉（嘉言宝藏）选译（一）》（噶尔美著，与陈观胜合译），王尧主编：《国外藏研究译文集》第 1 辑，拉萨：西藏人民出版社，1985 年。

《介绍〈藏汉对照拉萨口语辞典〉及其主编于道泉教授》，《辞书研究》1985 年第 3 期。

《回顾与前瞻——记中央民族学院的敦煌吐鲁番学研究》（与陈践合

撰),中央民族学院藏族研究所编:《藏学研究文集》第3集,北京:民族出版社,1985年。

1986年

《吐蕃兵制考略——军事部落联盟剖析》(与陈践合撰),《中国史研究》1986年第1期。

《从一张借契看宗教的社会作用——P. T. 1297 (1) 号敦煌吐蕃文书译解》(与陈践合撰),《世界宗教研究》1986年第4期。

《敦煌本〈瑜伽师地论·菩萨地〉藏汉对照词汇考诠校录》(与陈践合撰),《青海民族学院学报》1986年第2期。

《敦煌吐蕃写卷〈医马经〉〈驯马经〉残卷译释》(与陈践合撰),《西藏研究》1986年第4期。

《新疆吐蕃简牍考述及释例》,王尧、陈践:《吐蕃简牍综录》,北京:文物出版社,1986年。

《藏族的古歌与神话》,《青海社会科学》1986年第5期。

《藏文大藏经——丽江—理塘版〈甘珠尔〉经述略》,《中央民族学院学报》1986年第3期。

《〈红楼梦〉第63回中的"土番"正解》,中国曹雪芹研究会编:《曹学论丛》，石家庄：群众出版社，1986年。

1987 年

《有关吐蕃法制的三件敦煌文书译释》（与陈践合撰），《中国史研究》1987年第4期。

《P.T.1188号〈登里回鹘可汗告牒〉译释》，《西藏民族学院学报》1987年第2期。

《归义军曹氏与于阗之关系补证——P.T.1284号吐蕃文书译释》（与陈践合撰），《西北史地》1987年第2期。

《三探吐蕃卜辞——伦敦印度事务部图书馆所藏藏文占卜文书译释》（与陈践合撰），《青海社会科学》1987年第3期。

《吐蕃饮馔与服饰》，马雍主编：《中亚学刊》第2辑，北京：中华书局，1987年。

《西藏佛教文化十讲》，《中國文化研究集刊》第5卷，1987年。

《〈苯教史〉（嘉言宝藏）选译（二）》（噶尔美著，与陈观胜合译），王尧主编：《国外藏学研究译文集》第2辑，拉萨：西藏人民出版社，1987年。

《〈西藏的鬼怪和神灵〉再版导言》（博·克瓦尔内著，王尧译），王尧主编：《国外藏学研究译文集》第3辑，拉萨：西藏人民出版社，

1987年。

1988 年

《蕃占期间的敦煌佛教事业探微——P.T.999、1001号藏文写卷译释》（与陈践合撰），《世界宗教研究》1988年第2期。

《试论藏族的史学和藏文史籍》（与沈卫荣合撰），《史学史研究》1988年第2、3期。

《摩挲遗文忆前贤——记顾颉刚先生序〈五凤苑藏汉字典〉》，编辑组编：《藏族史论文集》，成都：四川民族出版社，1988年。

《张建木先生所译〈印度佛教史〉读后赘语》，多罗那它：《印度佛教史》附录，张建木译，成都：四川民族出版社，1988年。

《西藏问题与中国边疆史地研究》，《中国边疆史地研究》1988年第4期。

1989 年

《吐蕃的王权与官制考略》，编辑组编：《藏学研究文选——祝贺王森先生从事藏学研究工作50周年》，拉萨：西藏人民出版社，1989年。

《吐蕃职官考信录》（与陈践合撰），《中国藏学》1989年第1期。

《敦煌吐蕃官号"节儿"考》，《民族语文》1989年第4期。

《藏汉佛典对勘释读之一——〈般若波罗密多心经〉》，《西藏研究》1989 年第 3 期。

《藏汉佛典对勘释读之二——〈金刚经〉》，《西藏研究》1989 年第 4 期。

《藏历图略说》，中国社会科学院考古研究所编：《中国古代天文文物论集》，北京：文物出版社，1989 年。

《陈寅恪先生对我国藏学研究的贡献》，纪念陈寅恪教授国际学术讨论会秘书组编：《纪念陈寅恪教授国际学术讨论会文集》，广州：中山大学出版社，1989 年。

《藏学研究在台湾》，《西藏研究》1989 年第 2 期。

《考释蕃文开盛业，征研元史见和光——序〈仁庆扎西藏学研究文集〉》，仁庆扎西：《仁庆扎西藏学研究文集》，天津：天津古籍出版社，1989 年。

《〈西藏宗教艺术〉中译本序言》，扎雅·诺丹西绕：《西藏宗教艺术》，谢继胜译，拉萨：西藏人民出版社，1989 年。

《〈唐五代敦煌寺户制度〉评介》，《书品》1989 年第 1 期。

1990 年

《马球（Polo）新证》，《法言》（香港）1990 年第 8 期。

《〈凉州广善寺碑〉藏汉文释读》（与陈践合撰），《西北民族研究》

1990 年第 1 期。

《藏汉佛典对勘释读之三——〈大乘无量寿宗要经〉》，《西藏研究》1990 年第 2 期。

《藏汉佛典对勘释读之四——〈佛说阿弥陀经〉》，《西藏研究》1990 年第 4 期。

《奈巴教法史——古谭花鬘》(奈巴班智达著,与陈践合译),《中国藏学》1990 年第 1 期。

《中国的藏学》，汤一介主编：《中国文化与中国哲学：1988 年》，北京：三联书店，1990 年。

《汉经融藏典，教理叩禅关——太虚大师创办汉藏理教院的伟大贡献》，《法言》第 2 卷第 2 期，1990 年。

《怅望雪山悲遗志，俯首幽燕哭斯人——悼念郎卡孜·罗桑多吉》（与徐盛合撰），《中央民族学院学报》1990 年第 3 期。

1991 年

《敦煌 P.T.351 号吐蕃文书及景教文献叙录》，汉学研究中心编：《第二届敦煌学国际研讨会论文集》，台北：汉学研究中心，1991 年。

《青海吐蕃简牍考释》（与陈践合撰），《西藏研究》1991 年第 3 期。

《宗喀巴思想的历史渊源》（与褚俊杰合撰），《中国藏学》1991年第3期。

《〈周叔迦佛学论著集〉读后感言》，《书品》1991年第3期。

《书卷纵横崇明德，山河带砺灿晚霞——评王森先生〈西藏佛教发展史略〉》，《中国藏学》1991年第2期。

《匈牙利藏学泰斗G.乌瑞教授逝世》，《中国藏学》1991年第4期。

1992年

《〈敦煌本吐蕃历史文书〉导言》，王尧、陈践：《敦煌本吐蕃历史文书》，北京：民族出版社，1992年。

《藏传佛教译经史料钩沉》，《中国藏学》1992年第3期。

《萨迦班智达贡噶坚赞及其哲理诗〈萨迦格言〉》，王尧：《西藏文史考信集》，高雄：佛光出版社，1992年。

《缘起不能破——宗喀巴对中观缘起学说的肯定》（与褚俊杰合撰），中华佛学研究所编：《中华佛学学报》第5期，台北：中华佛学研究所，1992年。

《〈敦煌本吐蕃历史文书〉再版前言》，王尧、陈践：《敦煌本吐蕃历史文书》，北京：民族出版社，1992年。

《〈国外敦煌吐蕃文书研究选译〉前言》，中国敦煌吐鲁番学会编：《国外敦煌吐蕃文书研究选译》，兰州：甘肃人民出版社，1992年。

《〈川甘青藏走廊古部落〉中译本跋尾》，[法]石泰安：《川甘青藏走廊古部落》，耿昇译，成都：四川民族出版社，1992年。

1993年

《〈贤愚因缘经〉藏文本及其译者小考》，王宗维、周伟洲编：《马长寿纪念文集——纪念马长寿教授诞辰85周年逝世20周年》，西安：西北大学出版社，1993年。

《山东长清大灵岩寺〈大元国师法旨碑〉考释补证》，中央民族学院藏学研究所编：《藏学研究》第7集，北京：中央民族学院出版社，1993年。

《摩诃葛剌（Mahākāla）崇拜在北京》，蔡美彪主编：《庆祝王锺翰先生80寿辰学术论文集》，沈阳：辽宁大学出版社，1993年。

《少数民族与道教——读史劄记》，戴庆厦、罗美珍、杨应新编：《民族语文论文集——庆祝马学良先生80寿辰文集》，北京：中央民族学院出版社，1993年。

《台湾近期藏学论著述评》，《中国西藏》1993年第2期。

《〈周叔迦佛学论著集〉读后感言》，《书品》1991年第3期。

《〈西藏的神灵和鬼怪〉中译本序言》，[奥地利]勒内·德·内贝斯基·沃杰科维茨：《西藏的神灵和鬼怪》，谢继胜译，拉萨：西藏人民出版社，1993年。

1994 年

《从两件敦煌吐蕃文书来谈洪辩的事迹——P.T.999、1201 号卷子译解》，复旦大学中文系编：《选堂文史论苑——饶宗颐先生任复旦大学顾问教授纪念文集》，上海：上海古籍出版社，1994 年。

《清廷治藏盛事有见证——介绍台北"故宫博物院"所藏几件藏传佛教文物》，《中国西藏》1994 年第 6 期。

《西藏与藏传佛教一席谈》（王俊中采访），《法光》第 60 期，1994 年。

《〈喇嘛王国的覆灭〉中译本序言》，[美]梅·戈尔斯坦：《喇嘛王国的覆灭》，杜永彬译，北京：时事出版社，1994 年。

1995 年

《元廷所传西藏秘法考叙》，王元化主编：《学术集林》第 3 卷，上海：上海远东出版社，1995 年。

《从"河图洛书""阴阳五行""八卦"在西藏看古代哲学思想的交流》，

饶宗颐主编：《华学》第 1 辑，广州：中山大学出版社，1995 年。

《〈金瓶梅〉与明代道教活动》，陈鼓应主编：《道家文化研究》第 7 辑，上海：上海古籍出版社，1995 年。

《"双运论"与"次第论"》，《佛教与中国文化国际学术会议论文集》中辑，台北：中华文化复兴运动总会宗教研究委员会，1995 年。

《〈宗喀巴评传〉序言及后记》，王尧、褚俊杰：《宗喀巴评传》，南京：南京大学出版社，1995 年。

1996 年

《从"血亲复仇"到"赔偿命价"看藏族的传统思想与社会变迁》，王元化主编：《学术集林》第 8 卷，上海：上海远东出版社，1996 年。

《藏族四大诗人（米拉日巴、萨迦班智达、宗喀巴、仓央嘉措）合论》（与褚俊杰合撰），饶宗颐主编：《华学》第 2 辑，广州：中山大学出版社，1996 年。

《作为哲学家的宗喀巴和宗喀巴的中观哲学》（与褚俊杰合撰），陈庆英主编：《藏族历史宗教研究》第 1 辑，北京：中国藏学出版社，1996 年。

《宗喀巴的密宗思想——"双运论"与"次第论"》（与褚俊杰合撰），中央民族大学藏学研究所编：《藏学研究》第 8 集，北京：中央民族大学出版社，1996年。

《藏语 Zla ba 一词音义考》，《民族语文》1996年第5期。

《枭（Sho）、博（sBag）考源——西藏民间娱乐文化探讨》，《中国藏学》1996年第2期。

《十一世班禅大师应化现身追记》，《炎黄春秋》1996年第6期。

《〈风马考〉代序》，谢继胜：《风马考——西藏民间宗教、仪轨与神话》，台北：唐山出版社，1996年。

1997年

《〈佛教与中国传统文化〉编辑缘起及后记》（与陈楠合撰），王尧主编：《佛教与中国传统文化》，北京：宗教文化出版社，1997年。

《〈题万松图〉的故事》，《佛教文化》1997年第5期。

1998年

《敦煌吐蕃文书 P.T.1297 号再释——兼谈敦煌地区佛教寺院在缓和社会矛盾中的作用》，《中国藏学》1998年第1期。

《藏语的文化语言学释例》，《中央民族大学学报》1998年第3期。

《中国佛教回顾和前瞻》，《1993年佛学研究论文集——佛教未来前途之开展》，台北：佛光文化事业有限公司，1998年。

《〈西藏历史文化辞典〉前言》，王尧、陈庆英主编：《西藏历史文化辞典》，拉萨：西藏人民出版社；杭州：浙江人民出版社，1998年。

《〈宁玛派次第禅〉序言》，摧魔洲尊者：《宁玛派次第禅》，敦珠宁波车科判、谈锡永导论、许锡恩翻译，香港：密乘佛学会，1998年。

《〈藏史丛考〉序言》，陈楠：《藏史丛考》，北京：民族出版社，1998年。

1999年

《賨人初考——藏族与道教的关系一探》，王尧主编：《贤者新宴——藏学研究丛刊》第1辑，北京：北京出版社，1999年。

《我与西藏学》，张世林编：《学林春秋》第2编，北京：朝华出版社，1999年。

《〈法藏敦煌藏文文献解题目录〉序言》，王尧主编：《法藏敦煌藏文文献解题目录》，北京：民族出版社，1999年。

《〈贤者新宴〉创刊序言》，王尧主编：《贤者新宴——藏学研究丛刊》第1辑，北京：北京出版社，1999年。

《〈敦煌汉文吐蕃史料辑校〉序言》，杨富学、李吉和：《敦煌汉文吐蕃史料辑校》第 1 辑，兰州：甘肃人民出版社，1999 年。

《〈八思巴生平与《彰所知论》对勘研究〉序言》，王启龙：《八思巴生平与〈彰所知论〉对勘研究》，北京：中国社会科学出版社，1999 年。

《潇洒无尘，耿介绝俗，崎岖历尽，书生面目——为费孝通老师 90 大寿献词》，张荣华编：《薪火相传——记费孝通教授》，北京：群言出版社，1999 年。

2000 年

《吐蕃时期藏译汉籍名著及故事》，王尧：《水晶宝鬘——藏学文史论集》，台北：佛光文化事业有限公司，2000 年。

《诗人、圣者米拉日巴的自然雅趣与性瑜伽观》，王尧：《水晶宝鬘——藏学文史论集》，台北：佛光文化事业有限公司，2000 年。

《明初与藏事有关的诏文及河西碑刻考异》，王尧：《水晶宝鬘——藏学文史论集》，台北：佛光文化事业有限公司，2000 年。

《〈金瓶梅〉与明代藏传佛教》，王尧：《水晶宝鬘——藏学文史论集》，台北：佛光文化事业有限公司，2000 年。

《台北故宫博物院藏一件驻藏大臣奏折介绍——嘉庆治藏政策平议》，王尧：《水晶宝鬘——藏学文史论集》，台北：佛光文化事业有限公司，

2000 年。

《古藏文概述及图例》，王尧：《水晶宝鬘——藏学文史论集》，台北：佛光文化事业有限公司，2000 年。

《千江映月，同是一月——〈解深密经疏〉遗事掇琐》，韩金科主编：《'98法门寺唐文化国际学术讨论会论文集》，西安：陕西人民出版社，2000 年。

《近十年中国藏学研究概述（1986—1996）》，王尧：《水晶宝鬘——藏学文史论集》，台北：佛光文化事业有限公司，2000 年。

《记韩儒林、于道泉二位老师的友谊》，陈得芝、丁国范、韩朔眺编：《朔漠情思——历史学家韩儒林》，南京：南京大学出版社，2000 年。

《〈更敦群培评传〉序言》，杜永彬：《二十世纪西藏奇僧——人文主义先驱更敦群培大师评传》，北京：中国藏学出版社，2000 年。

《藏学研究与外宣工作之浅见》，《中央民族大学学报》2000 年第 6 期。

2001 年

《云南丽江吐蕃古碑释读剳记》，荣新江主编：《唐研究》第 7 卷，北京：北京大学出版社，2001 年。

《〈大宝积经〉汉藏文对勘校读本述略前记》，胡军、孙尚扬主编：《诠释与建构——汤一介先生 75 周年华诞暨从教 50 周年纪念文集》，北京：

北京大学出版社，2001年。

《藏译本〈大唐西域记〉的翻译、译者和大乘上座部等几个问题述记》，乐黛云主编：《季羡林与二十世纪中国学术——纪念季羡林教授90寿辰》，北京：北京大学出版社，2001年。

《特立异行，追求真理——记我所知道的先师于道泉先生》，王尧编著：《平凡而伟大的学者——于道泉》，石家庄：河北教育出版社，2001年。

《于道泉先生年谱简编》，王尧编著：《平凡而伟大的学者——于道泉》，石家庄：河北教育出版社，2001年。

《百万珠玑灼灼新——纪念法尊法师往生二十周年》，《法源》2001年总第19期。

《两位学术大师：周叔迦与于道泉》，湛如主编：《华林》第1卷，北京：中华书局，2001年。

《〈早期汉藏艺术〉中译本序言》，[法]噶尔美•海瑟：《早期汉藏艺术》，熊文彬译，石家庄：河北教育出版社，2001年。

2002年

《吐蕃古史探微——神话、传说、故事与寓言》（与褚俊杰合撰），陈高华、余太山主编：《中亚学刊》第6辑，乌鲁木齐：新疆人民出版社，2002年。

《从敦煌文献看吐蕃文化》，黄征主编：《南京栖霞山石窟艺术与敦煌学》，杭州：中国美术学院出版社，2002年。

《〈藏学文库〉总序》，王尧主编：《藏学文库》，西宁：青海人民出版社，2002年。

《〈雪域旧旅丛书〉总序》，王启龙主编：《雪域旧旅丛书》，成都：四川民族出版社；北京：中国社会科学出版社，2002年。

2003年

《唐帝国统治下的西域与吐蕃王国》（与穆舜英合撰），[俄]B.A.李特文斯基主编：《中亚文明史》第3卷，马小鹤译，北京：中国对外翻译出版公司，2003年。

《〈中国藏学史〉序言》，王尧、王启龙、邓小咏：《中国藏学史：1949年前》，北京：民族出版社、清华大学出版社，2003年。

《〈吐蕃文献选读〉序言》，陈践、王尧：《吐蕃文献选读》，四川民族出版社，2003年。

《记与王重民先生交往二三事》，国家图书馆善本特藏部编：《文津流觞》第11期，2003年。

《高山仰止——长忆李方桂先生》，李方桂：《李方桂先生口述史》附录，王启龙、邓小咏译,北京:清华大学出版社,2003年。

《〈洋人眼中的西藏译丛〉总序》,王启龙主编:《洋人眼中的西藏译丛》,拉萨:西藏人民出版社,2003年。

2004 年

《青海玉树地区贝考石窟摩崖吐蕃碑文释读》,荣新江主编:《唐研究》第10卷,北京:北京大学出版社,2004年。

《〈拉萨尼寺梵呗〉序言》,黄勇:《拉萨尼寺梵呗——阿尼仓空宗教仪轨供品研究》,北京:中国藏学出版社,2004年。

2005 年

《青海都兰新出吐蕃文汇释》,北京大学考古文博学院、青海省文物考古研究所:《都兰吐蕃墓》附录,北京:科学出版社,2005年。

《〈藏族与长江文化〉序言》,王尧、黄维忠:《藏族与长江文化》,武汉:湖北教育出版社,2005年。

2006 年

《蹉跎岁月里的辅仁》,李丽主编:《王辅仁与藏学研究》,北京:

中央民族大学出版社，2006年。

2007年

《吐蕃"钵阐布"考论》，四川大学中国藏学研究所编：《藏学学刊》第3辑，成都：四川大学出版社，2007年。

《西藏地名释例》，唐晓峰主编：《九州》第4辑，北京：商务印书馆，2007年。

《藏汉文化的双向交流》，陆挺、徐宏主编：《人文通识演讲录·历史卷》，北京：文化艺术出版社，2007年。

《藏族为中华文明做出了重大贡献》（杨君采访），《中国宗教》2007年第12期。

《〈古代西藏碑文研究〉汉译本序言》，丁邦新主编：《李方桂全集》第9卷，王启龙译，北京：清华大学出版社，2007年。

《〈图说西藏古今〉序言》，廖东凡、张晓明、周爱明、陈宗烈：《图说西藏古今》，北京：华文出版社，2007年。

《我陪耀邦总书记进藏侧记》，胡耀邦史料信息网，2007年7月30日。

2008 年

《藏戏源于佛教述略》，王俊义主编：《炎黄文化研究》第 8 辑，郑州：大象出版社，2008 年。

《文化的认同和融合——汉藏文献互译浅见》，北京：国际藏学讨论会，2008 年。

《〈敦煌本吐蕃历史文书〉三版前言》，王尧、陈践：《敦煌古藏文文献探索集》，上海：上海古籍出版社，2008 年。

《点点滴滴，关于丽江和纳西族的回忆（代序）》，木仕华主编：《丽江木氏土司与滇川藏交角区域历史文化研讨会论文集》，北京：中国藏学出版社，2008 年。

《儒雅博学，热爱祖国——长忆柳陞祺先生》，郝时远、格勒主编：《纪念柳陞祺先生百年诞辰暨藏族历史文化论集》，北京：中国藏学出版社，2008 年。

2009 年

《藏传佛教与灵童转世》，《中国文化》2009 年第 3 期。

《长安佛教与西藏佛教》，西安：长安佛教论坛，2009 年。

《丰富精美，耳目一新——序〈汉藏交融——金铜佛像集萃〉》，王家鹏主编：《汉藏交融——金铜佛像集萃》，北京：中华书局，2009年。

《〈藏传佛教寺院美岱召五当召调查与研究〉序言》，王磊义、姚桂轩、郭建中：《藏传佛教寺院美岱召五当召调查与研究》，北京：中国藏学出版社，2009年。

2010年

《藏传佛教的发展传承》(张萍采访)，《精品购物指南》2010年第75期。

《藏学家王尧教授访谈录》（何贝莉采访），王铭铭主编：《中国人类学评论》第14辑，2010年。

《〈贤者喜宴吐蕃史译注〉序言》，黄颢、周润年：《〈贤者喜宴〉吐蕃史译注》，北京：中央民族大学出版社，2010年。

《朴老与三代班禅大师的旷世友情》，《中国宗教》2010年第6期。

《深切怀念王永兴先生》，编委会编：《通向义宁之学：王永兴先生纪念文集》，北京：中华书局，2010年。

2011年

《藏传佛教之活佛转世制度的形成和发展》，《国学新视野》2011年第1期。

《西藏历史进程中的两座丰碑——萨班·贡噶坚赞与阿沛·阿旺晋美合论》，《中国藏学》2011 年第 3 期。

《惠果所传曼荼罗画与唐密、东密、藏密的殊胜因缘》，西安：大兴善寺与唐密文化学术研讨会，2011 年。

《语文学的持守与创获——沈卫荣〈西藏历史和佛教的语文学研究〉书后》，《读书》2011 年第 8 期。

《〈巴尔蒂斯坦的历史与文化〉序言》，陆水林编译：《巴尔蒂斯坦的历史与文化》，北京：中国藏学出版社，2011 年。

《追忆季羡林先生二三事》，张世林主编：《想念季羡林》，北京：新世界出版社，2011 年。

2012 年

《〈青史〉汉译本序言》，王启龙、还克加译注：《青史》，北京：中国社会科学出版社，2012 年。

《王尧教授访谈录》（周齐采访），《宗风》2012 年第 4 期。

2013 年

《我参加历届国际藏学会议的经历》（王玥玮采访），《中国藏学》

2013 年第 1 期。

《纪念谔谔之士朱维铮先生》，复旦大学历史学系编：《怀真集：朱维铮先生纪念文集》，上海：复旦大学出版社，2013 年。

2014 年

《〈吐蕃卜辞新探〉序言》，陈践：《吐蕃卜辞新探：敦煌 PT 1047 + ITJ 763 号〈羊胛骨卜〉研究》，上海：上海远东出版社，2014 年。

2015 年

《我所结识的喇嘛》，《中国藏学》2015 年第 1 期。

（二）专著、合著

《西藏民间故事》，北京：通俗读物出版社，1955年。

《说不完的故事》，北京：通俗读物出版社，1956年；西宁：青海民族出版社，1962、1980年。

《文成公主的故事》，北京：通俗读物出版社，1956年；上海：上海文艺出版社，1958年。

《珍珠》（与开斗山合著），北京：通俗文艺出版社，1957年。

《蒙藏民间故事》（与李翼合著），香港：今代图书公司，1957年；香港：国光书局，1975年。

《西藏萨迦格言选》，西宁：青海人民出版社，1958年；西宁：青海民族出版社，1981年；当代中国出版社，2011年。

《藏剧故事集》，北京：中国戏剧出版社，1963年；拉萨：西藏人民出版社，1980年；英文本，北京：新世界出版社，1986、2013年。

《藏族民间故事选》（与佟锦华合著），上海：上海文艺出版社，1980年。

《敦煌本吐蕃历史文书》（与陈践合著），北京：民族出版社，1980年；增订本，北京：民族出版社，1992年。

《吐蕃金石录》，北京：文物出版社，1982年。

《吐蕃文献选读》（与陈践合著），北京：民族出版社，1983年；成都：四川民族出版社，2003年。

《敦煌吐蕃文献选》（与陈践合著），成都：四川民族出版社，1983年；藏文本，北京：民族出版社，1983年。

《吐蕃简牍综录》（与陈践合著），北京：文物出版社，1986年。

《吐蕃时期的占卜研究——敦煌藏文写卷译释》（与陈践合著），香港：香港中文大学出版社，1987年。

《敦煌吐蕃文书论文集》（与陈践合著），汉藏合刊本，成都：四川民族出版社，1988年。

《吐蕃文化》，长春：吉林教育出版社，1989年。

《西藏文史考信集》，高雄：佛光出版社，1992年；北京：中国藏学出版社，1994年。

《藏学零墨》，高雄：佛光出版社，1992年。

《宗喀巴评传》（与褚俊杰合著），台北：东初出版社，1992年；南京：南京大学出版社，1995年。

《中国地域文化·藏文化卷》（与丹珠昂奔合著），济南：山东美术出版社，1997年。

《水晶宝鬘——藏学文史论集》，台北：佛光文化事业有限公司，

2000 年。

《平凡而伟大的学者——于道泉》，石家庄：河北教育出版社，2001 年。

《中国藏学史：1949 年前》（与王启龙、邓小咏合著），北京：民族出版社、清华大学出版社，2003 年；北京：中国社会科学出版社，2013 年。

《藏学概论》，太原：山西教育出版社，2004 年。

《西藏文史探微集》，北京：中国藏学出版社，2005 年。

《藏族与长江文化》（与黄维忠合著），武汉：湖北教育出版社，2005 年。

《敦煌古藏文文献探索集》（与陈践合著），上海：上海古籍出版社，2008 年。

《当代名家学术思想文库·王尧卷》，沈阳：万卷出版公司，2010 年。

《藏汉文化考述》，北京：中国藏学出版社，2011 年。

《藏传佛教丛谈》，北京：中国藏学出版社，2011 年。

《王尧藏学文集》（第 1—5 卷），北京：中国藏学出版社，2012 年。

《中华佛教史·西藏佛教史卷》，太原：山西教育出版社，2013 年。

《走近藏传佛教》，北京：中华书局，2013 年。

（三）主编、参编

《国外藏学研究选译》，兰州：甘肃民族出版社，1983年。

《藏汉对照拉萨口语词典》（于道泉主编），北京：民族出版社，1983年。

《国外藏学研究译文集》（第1—20辑），拉萨：西藏人民出版社，1985—2013年。

《藏汉大辞典》（张怡荪主编），北京：民族出版社，1985年。

《中国大百科全书·语言文字》（中国大百科全书编辑委员会编），北京：中国大百科全书出版社，1988年。

《中国大百科全书·宗教》（中国大百科全书编辑委员会编），北京：中国大百科全书出版社，1988年。

《国外敦煌吐蕃文书研究选译》，兰州：甘肃人民出版社，1992年。

《佛教与中国传统文化》，北京：宗教文化出版社，1997年。

《西藏历史文化辞典》（与陈庆英联合主编），杭州：浙江人民出版社；拉萨：西藏人民出版社，1998年。

《中华文化通志·民族文化典》，上海：上海人民出版社，1998年。

《法藏敦煌藏文文献解题目录》，北京：民族出版社，1999年。

《贤者新宴——藏学研究丛刊》（第1—5辑），北京：北京出版社，

1999 年; 石家庄: 河北教育出版社, 2000—2005 年; 上海: 上海古籍出版社, 2007 年。

《佛教小辞典》（杜继文、黄明信主编），上海: 上海辞书出版社, 2001 年。

《中国佛教文化大观》（方广锠主编），北京: 北京大学出版社, 2001 年。

《藏学文库》，西宁: 青海人民出版社, 2002—2008 年。

《敦煌典籍与唐五代历史文化》（张弓主编），北京: 中国社会科学出版社, 2006 年。

《李方桂全集·古代西藏碑文研究》（与柯蔚南合作主编），北京: 清华大学出版社, 2007 年。

附录：

王尧先生英文论文目录

1983 "Fragments from Historical Records about the Life of Emperor Gongdi of the Song Dynasty", E. Steinkellner & H. Tauscher eds., *Contributions on Tibetan Language, History and Culture: Proceedings of the Csoma de Kőrös Symposium Held at Velm-Vienna, Austria, 13-19 September 1981*, Vol. 1, Wien: Arbeitskreis für Tibetische und Buddhistische Studien, Universität Wien.

1983 "A Study on the Ancient Pronunciations of the Word Mig in Tibetan: Currently on the Occurrence and the Development of the Tones in Tibetan", E. Steinkellner & H. Tauscher eds., *Contributions on Tibetan Language, History and Culture: Proceedings of the Csoma de Kőrös Symposium Held at Velm-Vienna, Austria, 13-19 September 1981*, Vol. 1, Wien: Arbeitskreis für Tibetische und Buddhistische Studien, Universität Wien.

1983 "The Formation of the Lama Religion in Tibet", *Contemporary Chinese Thought*, Vol. 15, No. 1.

1985 "Tibetan Operatic Themes", B.N. Aziz & M. Kapstein eds., *Soundings in Tibetan Civilization: Proceedings of the 1982 Seminar of the International Association for Tibetan Studies Held at Columbia University*, New Delhi:

Manohar Publications.

1988 "Introductory Notes on Ancient Tibetan Wooden Slips from Nob–čhuṅ", H. Uebach & J.L. Panglung eds., *Tibetan Studies: Proceedings of the 4th Seminar of the International Association for Tibetan Studies, Schloss Hohenkammer, Munich 1985*, Vol. 1, München: Kommission für Zentralasiatische Studien, Bayerische Akademie der Wissenschaften.

1990 "A Brief Introduction to Tibetology in China", *Japanese Association for Tibetan Studies*, Vol. 36.

1991 "Notes on rTse–rje: A Tibetan Official in Tunhuang", E. Steinkellner ed., *Tibetan History and Language: Studies Dedicated to Uray Géza on His Seventieth Birthday*, Wien: Arbeitskreis für Tibetische und Buddhistische Studien, Universität Wien.

1992 "An Inquiry into Polo: Tibet's Contribution to the Athletic Sports", Shōren Ihara & Zuihō Yamaguchi eds., *Tibetan Studies: Proceedings of the 5th Seminar of the International Association for Tibetan Studies, Narita 1989*, Vol. 2, Narita: Naritasan Shinshoji.

1994 "A Cult of Mahākāla in Beijing", P. Kvaerne ed., *Tibetan Studies: Proceedings of the 6th Seminar of the International Association for Tibetan Studies, Fagernes 1992*, Vol. 2, Oslo: Institute for Comparative Research in Human Culture.

1994 "Hu Yaobang'i Visit to Tibet, May 22–31, 1980: An Important Development in the Chinese Government's Tibet Policy", R. Barnett & S. Akiner eds., *Resistance and Reform in Tibet*, Bloomington: Indiana University Press.

1997 "On the Origin of Sho (Dice) and sBag (Domino): Explorations in the Amusement Culture of the Tibetan People", H. Krasser, M.T. Much, E. Steinkellner & H. Tauscher eds., *Tibetan Studies: Proceedings of the 7th Seminar of the International Association for Tibetan Studies, Graz 1995*, Vol. 2, Wien: Verlag der Österreichischen Akademie der Wissenschaften.

编后记

  呈现在读者面前的这部纪念文集，承载了王尧先生的好友、学生、家人对他深切的缅怀和无尽的思念。

  王尧先生逝世以后，学术界和文化界陆续发表了多篇纪念文章；中国藏学研究中心、中央民族大学、中央文史馆共同举行了王尧先生追思会。今年1月中旬开始，我们在先生众位弟子、朋友的鼓励和帮助下，发愿编辑王尧先生纪念文集，一方面搜寻已经见诸报端的相关纪念文章，一方面约请与先生有交往的学人撰文赐稿，筹划结集出版，以为永久缅怀。而今，此书得以如期付梓，首先应当感谢各位师友、同仁的大力支持和真诚襄助！

  这部纪念文集，适在王尧先生逝世一周年之际出版，寄托了王门弟子缅怀师尊、传承薪火的共同愿望。此书所收文章，透过点点滴滴的追忆和怀念，多角度地展现了先生的生平、学术和思想。先生生前矢志学术、成全后辈、富有大爱，是当代中国藏学界的一代宗师。正如谈锡永上师写的祭辞所言："治史通汉藏，识见两圆融；笔发江山气，帐含桃李风。"我们相信，先生的功德和风范，将永远是中国藏学继续前行的精神灯炬！

今年12月17日，王尧先生的弟子、朋友50余人，聚集在中国人民大学国学院圆桌会议室，举行了先生逝世一周年追思会。——这是他十分熟悉的地方。记得2012年9月，也正是在这里，众多弟子、再传弟子齐聚一堂，共同庆贺他从事藏学事业60周年。先生在天有灵，定会倍感亲切和欣慰。大家一致认为，将先生倡导的藏学理念和事业发扬光大，是对他最好的纪念！

作为纪念文集的编者，我们曾经有幸跟随王尧先生问学，受到难以忘怀的学术陶冶和人生启迪，自审难报先生恩情于万一。而今，惟有将此书呈奉于先生灵前。由于编辑时间仓促，尽管我们付出了最大的努力，此书或许仍有不足之处，敬祈各位读者见谅。

沈卫荣 徐忠良 任小波

2016年12月20日